湖南科技大学学术著作出版基金
国家自然科学基金项目（40771019）资助

基于 GIS 的关中地区土地利用变化及土地生态安全动态研究

莫宏伟　任志远　著

中国环境科学出版社・北京

图书在版编目（CIP）数据

基于GIS的关中地区土地利用变化及土地生态安全动态研究/莫宏伟，任志远著. —北京：中国环境科学出版社，2011.5
（博士文库）
ISBN 978-7-5111-0563-9

Ⅰ. ①基… Ⅱ. ①莫…②任… Ⅲ. ①地理信息系统—应用—土地利用—研究—陕西省②地理信息系统—应用—土壤生态学—研究—陕西省 Ⅳ. ①F321.1-39 ②S154.1-39

中国版本图书馆CIP数据核字（2011）第069200号

责任编辑 李卫民
封面设计 玄石至上

出版发行 中国环境科学出版社
（100062 北京东城区广渠门内大街16号）
网 址：http://www.cesp.com.cn
联系电话：010-67112765（总编室）
发行热线：010-67125803，010-67113405（传真）

印 刷 北京中科印刷有限公司
经 销 各地新华书店
版 次 2011年5月第1版
印 次 2011年5月第1次印刷
开 本 880×1230 1/32
印 张 6.5 彩插37面
字 数 180千字
定 价 25.00元

摘 要

土地是人类生存和发展的基础，随着人口增长以及工业化、城市化的推进，土地生态问题日趋严重地影响着人类的安全、制约着社会经济的发展。因此，土地生态安全成为当前的研究前沿和热点问题之一。然而，目前土地生态安全研究的理论和方法都还处在探索阶段，在评价指标构建、评价尺度选择、指标权重确定等方面有诸多问题亟待解决。关中地区是西部地区的经济文化中心，涵盖高原、盆地、山地等多个地形区，退耕还林、城市化等全局性的土地利用变化在本区均有典型体现。随着西部大开发进程的提速，该区的环境、经济、人口压力加大，区域土地生态系统的结构和功能变化加剧。研究这些变化对区域土地生态安全的影响过程和机理，对该区域土地资源持续利用及深化土地生态安全的理论与方法研究具有重要意义。

本书依托国家自然科学基金项目（编号：40771019），以遥感影像、野外考察数据、气候数据、土壤数据、土地利用数据、各种专题图及环保经济统计数据为依据，以 ERDAS 9.2、ENVI 4.5、ARCGIS 9.2 等 RS 和 GIS 软件为平台，选择土地生产潜力总量、植被覆盖指数、土地生态系统服务价值、土地生态风险强度指数作为土地生态安全评价指标，并运用熵权法、主成分分析法对其进行加权和去相关处理，然后按欧氏距离法合成关中地区土地生态安全综合评价指数分布图；同时借助地学信息图谱的理论和方法，在栅格、地貌单元、坡度带、区县行政单元、地市行政单元及关中地区全域尺度上对土地生态安全各单项及综合评价指标的变化情况进行了多尺度的时空动态分析，最终得出了以下初步结论：

（1）1986—2007 年，关中地区耕地、草地、水域、未利用地减少，林地、建设用地增加。土地利用变化面积占全区总面积的 5.70%，土地利用变化图谱共 29 类；耕地-林地、草地-林地、耕地-建设用地三种图谱类型的变动量占全区总变动量的 81.52%；平原区、黄土台塬区变动最大的图谱类型为耕地-建设用地，而黄土梁峁区、黄土塬区、山地区变动最大的图谱类型则为耕地-林地。各地貌单元的土地利用综合动态度均表现为 2000—2007 年大于 1986—2000 年；前时段土地利用变化热点在平原区和黄土台塬区，后时段变化热点则转移到黄土塬、山地及黄土梁峁区。研究区景观离散程度增加、破碎化加剧、景观多样性增加。研究区土地利用程度在 1986—2000 年处于发展时期，在 2000—2007 年则为调整期。

（2）1986—2007 年，关中地区耕地-林地、草地-林地、耕地-建设用地三种土地生产潜力转移类型的转移量之和分别占全区的光合、光温、气候、土壤四种潜力转移总量的 80.79%、76.55%、78.08%、78.54%；其中，耕地流转为建设用地所造成的光合、光温、气候及土壤潜力损失量分别占全区对应级别潜力转移总量的 20.01%、24.83%、23.62%、21.51%，均高于其面积变动量占比（19.41%）。研究期内，关中地区农用地光合、光温、气候及土壤潜力总量分别减少了 1.05%、1.37%、1.29%、1.06%，其中耕地相应级别总潜力减少了 6.41%、5.88%、6.28%、6.64%；林地各级总潜力总体增加，草地各级总潜力总体减少。各地貌单元的农用地生产总潜力总体减少，潜力减速以平原区最大、山地区最小。0°～20°坡度段的各类农用地生产总潜力减少，0°～3°段则集中了其光合、光温、气候及土壤总潜力减少总量的 86.14%、86.80%、87.20%、88.72%。各地市的农用地总潜力都减少，其减速排序为：西安市＞咸阳市＞渭南市＞铜川市＞宝鸡市；研究期内只有 5 个区县的农用地总潜力略有上升。1986—2007 年，研究区耕地潜力利用率增幅约为 41.05%；所有地貌单元的耕地潜力利用率都在提高，平原区耕地潜力利用率最高，黄土梁峁区最低。各坡度带耕地的潜力利用率都增加，0°～3°带耕地的潜力利用率最高。各地市耕地潜力利用率总体增加，西安市和咸阳市的耕地潜力利用率较大；各区县耕地潜力利用率总体增加。

（3）1986—2007 年，关中地区年度 NDVI 值增加了 20.91%，2000—2007 年增速约为 1986—2000 年的 2.31 倍；各地貌单元中，山地区的 NDVI 最大、黄土台塬和黄土塬区最小，但 NDVI 增速最快的是黄土台塬区，最慢的是黄土塬区；各坡度带 NDVI 值均增大；

各地市年度 NDVI 增速为：渭南市＞铜川市＞宝鸡市＞西安市＞咸阳市；除西安市区外，各区县 NDVI 值都增大。研究期内，关中地区林草覆盖率增加 15.25%，后时段增速约为前时段的 2.60 倍；各地貌单元林草覆盖率增幅表现为：山地＞黄土梁峁＞黄土塬＞黄土台塬＞平原；各坡度段的林草覆盖率都有较大幅度增加，且增速随坡度加大而加大；各地市林草覆盖率总体表现为：宝鸡市＞西安市＞铜川市＞咸阳市＞渭南市，但增速顺序为：西安市＞渭南市＞咸阳市＞铜川市＞宝鸡市；所有区县的林草覆盖率均增加，增速最大的是周至县，最小的是西安市区。

（4）1986—2007 年，关中地区土地生态系统服务价值总量增加 51.41×10^{8} 元，增幅为 10.09%；2000—2007 年增速约为 1986—2000 年的 33.65 倍；其中，林地生态系统服务价值量持续增加，草地生态系统服务价值量是先减后增、总体增加，其他生态系统服务价值量基本是持续减少的。平原区的土地生态系统服务功能价值量减少，其余四类地貌单元的土地生态系统服务价值量均增加，增速最快的是山地区。0°～3° 坡度段的土地生态系统服务价值量持续下降，大于 3° 段则增加，且增速随坡度的增加而增加。各地市的土地生态系统服务价值量均有不同程度增加，增速最快的是宝鸡市，最慢的是咸阳市。各区县中，有 11 个区县的土地生态系统服务价值总量减少，减速最快的是西安市区。

（5）1986—2007 年，关中地区土地生态风险强度先增后减，总体减少。各地貌单元中，平原区土地生态风险强度持续增加；黄土台塬区土地生态风险强度先增后减，总体加大；其余三类地貌的土地生态风险强度是先增后减，总体变小。各坡度带中，大于 3° 段的土地生态风险强度是先增后减，总体降低；0°～3° 段则连续增加。各地市中土地生态风险强度最大的是渭南市，最小的是宝鸡市；渭南、西安两市的土地生态风险强度是先增后减、总体加大，宝鸡、铜川、咸阳三市则是先增后减、总体变小。所有区县中，有 17 个区县土地生态风险强度加大。土地生态风险强度在 2000—2007 年均以中低风险区向低风险区转化为主，而 1986—2000 年则主要为中等风险区流向较高风险区。土地生态风险强度指数的变动频度和幅度增加，空间关联性降低。

(6) 1986—2007年，关中地区生态安全情况总体改善，且2000—2007年改善程度比1986—2000年明显。研究期内，各地貌单元、各坡度带、各地市及各区县（西安市区除外）的土地生态安全态势总体好转；1986—2000年，平原区、黄土塬区，0°～3°段，咸阳市、渭南市，以及22个区县评价单元的土地生态安全情况恶化。研究区的土地生态安全程度的时空变化特点是土地利用变化的结果，“退耕还林”政策的实施促使了该区土地生态安全态势的总体好转。

本书对目前土地生态安全研究存在的主要不足之处尝试性地提出了一些解决问题的新思路，并在以下几方面做了一些创新性的工作：

（1）尝试提出了新的土地生态安全评判指标：土地生产潜力总量、土地生态系统服务功能价值量、土地生态风险强度指数、植被覆盖指数四项指标从不同侧面反映了土地生态安全状况，各项指标指示意义明确、综合性和代表性强、各指标的计算方法比较科学。

（2）利用土地利用图和生态服务价值当量因子表获取单位生产力价值当量分布图，然后与植被和坡度修正后的土壤生产潜力分布图作地图运算，最终比较好地在栅格尺度上解决了土地生态系统服务功能价值评价的空间异质性问题，弥补了生态价值当量因子表评价生态服务功能价值量的一个主要缺陷。

（3）利用土地利用变化图叠加土地生产潜力分布图，得到各类土地的各级潜力的转移图谱，其结果不仅包含了土地利用的数量变化信息而且也包含了质量变化信息，从而解决了土地类型数量变化不能反映优质土地流失的缺陷，为国家耕地占补平衡政策的进一步完善提供了可操作性的方法。

（4）运用GIS手段，实现了从栅格单元到地貌单元、坡度带以及行政单元等多尺度的动态研究，从而对土地生态安全状况在各种尺度上的转换情况有了更深入的了解。

土地生态安全研究涉及自然和人文科学的多个领域，处于众多学科的交叉点，是一个综合性的系统研究；由于资料、时间以及作者学识水平的限制，本书尚存在诸多不甚完善之处，敬请各位专家学者及各位读者朋友批评指正。

目　录

第一章 绪论

1.1 研究意义

1.1.1 学术意义

生态安全是 21 世纪人类社会可持续发展所面临的一个新课题（王耕等，2007；刘彦随，2006）。它是由资源安全、生物安全、环境安全等多方面组成的安全体系（杨京平，2002），其中，环境安全是区域生态安全的起点（陈星等，2005），而土地是人类生存和发展的基础，健康的土地生态功能是保障经济安全和社会稳定的决定性因素，与国家的经济安全、政治安全、国防安全和人民的生存安全密切相关（曲格平，2002；王根绪，2003；崔胜辉，2005）。随着人口增长以及工业化、城市化进程的推进，人类对土地开发利用的广度和深度不断拓展，土地生态恶化问题制约着人类的发展乃至生存，因而土地生态安全成为当前的研究前沿和热点。

土地生态安全研究涉及地学、生态学、安全科学等众多领域，研究内容包含自然、社会、经济等诸多方面，是典型的学科交叉性研究，也是人类社会不得不密切关注的一个研究领域；土地生态安全研究或将成为一个新的学科增长点，并为多个学科的发展提供新的内涵。然而，目前土地生态安全研究的理论、方法都还有待完善；如何建立简洁有效的土地生态评价指标体系？如何确定各单项及综合评价指标的安全底线？如何客观合理地确定各评价指标的权重大小？这些都是土地生态安全研究中亟待解决的问题。本书在上述部分问题的解决方面尝试提出新的思路，对土地生态安全研究的进一步完善具有一定的意义。

1.1.2 实践意义

关中地区位于陕西中部，北部是渭北高原，降水相对较少，土壤潜在侵蚀量大，生态环境较为脆弱；中部是关中平原，土地肥沃，水利设施完善，是重要的农业区，同时也是建设用地的主要扩张区；南部是秦岭山地，地势高峻，森林覆盖率高，是关中和陕南的重要水源地，也是我国中西部地区的一个重要生态屏障。近年来，我国历经了改革开放之初的耕地扩张、20 世纪 90 年代末开始的“退耕还林”以及多年来一直在快速推进的城镇化过程等几种全局性的土地利用大变动，这些变化在关中地区均有典型反映，其中渭北高原的“退耕还林”以及关中地区的城市化进程的典型性尤为突出；研究这几次重要的土地利用/覆被变化对区域土地生态系统自身结构和服务功能的影响，对揭示关中地区土地利用变化的土地生态安全效应机理、保障土地资源可持续利用都至关重要，同时，也可为西部河谷地区的可持续发展途径提供决策依据。

1.2 土地生态安全研究进展

1.2.1 概念界定

土地生态安全是一个全新的概念，它源于近年来兴起的“生态安全”研究（梁留科等，2005），从内涵上看，土地生态安全定义基本可分为下列三种情况：①强调土地生态系统自身的健康（刘勇，2004）；譬如：刘勇、郭凤芝等学者认为土地生态安全是指土地生态系统处于不受或少受污染威胁的可持续的健康状态，内容包括土地自然生态安全、土地经济生态安全和土地社会生态安全（刘勇等，2004；郭凤芝，2004；高桂芹等，2005）；或者认为土地生态安全是指土地生态系统的结构和功能在其弹性限度内处于不受或少受威胁的动态平衡状态，强调土地生态安全随时间和驱动力变化的动态性（李小玲，2006）；还有的则认为土地生态健康反映了系统内在的结构和功能完整，系统具有活力与恢复力，但健康的土地生态系统并不一定是安全的，土地生态安全态势还与其所处的风险状态有关。②强调土地生态系统为人类提供稳定的生态服务的能力，认为土地生态安全是指一个地区的全部土地资源对实现其可持续发展具有稳定的供给状态和良好的保障能力（孟旭光，2002；谷树忠等，2002），从而使土地资源的数量、质量和结构始终处于一种有效供给状态，从而满足当代人和未来世代人发展的动态需要（谢俊奇等，2004）。③综合上述两者，将土地生态安全定义为：一定时空范围内，在确保土地资源合理开发利用和生态环境良性循环的条件下，土地生态系统既能保障其结构与功能的状态与变化态势不被损害，又能保障人类社会经济可持续发展的态势（赵凤琴等，2005）；毛良祥、梁留科、王楠君等学者基本持此观点（毛良祥，2006；王楠君等，2006；陈美球等，2002）。尽管不同学者对土地生态安全的概念给予了不同的表述，但在土地生态安全定义上却达成了以下共识：土地生态安全的多系统和多尺度性；土地生态安全与土地生态风险互为反函数；土地生态安全是一个相对的概念；土地生态安全是一个动态的概念；土地生态安全的威胁往往具有区域性、局部性；土地生态安全在一定范围内可以调控（高长波等，2006）。

1.2.2 理论依据

土地生态安全研究的理论依据有：人地关系理论、可持续发展理论、生态系统服务理论、生态承载力理论、突变理论、系统工程理论、景观生态学理论、生态伦理学理论等。人地关系是指人口增长与土地利用和生态环境的关系（朱国宏，1995；王爱民等，2002），人地关系地域系统研究的核心领域是土地利用变化问题（樊杰等，2002），土地承载力是人地关系协调的重要特征指标，人地关系协调发展意味着土地生态系统处于安全状态。可持续发展理论实质是人地关系理论的延续和拓展，是基于生态文明的发展观和实践观，可持续发展是在不突破资源和环境承载力的条件下，发展经济、改善生活（高长波等，2006）；土地资源可持续是可持续发展的基础（都沁军，2006），土地利用可持续性又包括生态可持续性、经济可持续性和社会可持续性，而土地生态可持续性即为土地生态的安全性（杨子生等，2003）。生态系统服务功能是指生态系统与生态过程所形成及所维持的人类赖以生存的自然环境条件与效用，生态系统服务功能反映了自然生态系统的安全程度，自然生态系统安全的核心就是通过维护与保护生态系统服务功能来保护人类需求，土地生态安全的特征之一就是土地生态系统服务功能的状态（高长波等，2006）。生态承载力是生态系统自我维持能力、自我调节能力以及环境系统的容纳能力，生态承载力可以分为资源承载力、环境承载力和生态系统的抗干扰能力；土地生态安全是生态系统的承载能力大于人类对它的影响时所处的一种状态。突变理论主要以拓扑学为工具，以结构稳定性理论为基础，从量的角度研究各种事物在连续变化过程中的突然变化现象；突变理论的多维性和多元性适应了客观事物是由多因子、多要素组成的系统这一事实，可以用来研究突发事件对土地生态安全的影响。系统工程理论是具有普遍指导意义的科学理论，其基本观点是：任何复杂的大系统都由众多子系统构成，子系统与子系统，子系统与大系统之间相互协调、相互配合，共同确保大系统的有机存在；土地生态安全研究必须以系统工程理论为指导，关注自然—经济—社会人工复合生态系统中的各个维度，确定土地生态安全的不同层次和不同维度。景观生态学注重研究土地利用影响物质流和能量流的机理，注重分析结构和过程的相互关系；景观结构与功能理论、生态整体性与空间异质性理论、等级尺度理论、景观变化与稳定性理论等都是土地生态结构性安全研究的基石（尹君等，2004）。生态伦理是关于人与环境之间关系的道德原则、道德标准和行为规范；生态安全建设强调人类必须学会尊重自然、保护生态、与自然和谐相处。因此，从生态伦理道德的角度来理解土地生态安全，把生态伦理观纳入土地生态的保护、开发和持续利用的实践中，意义重大（王庆礼等，2002；盛乐山等，2004；杨国清等，2005）。

1.2.3 研究进展

土地生态安全包括系统的稳定性、持续性、有序性等方面。吴次芳等对土地生态系统的复杂性进行了分析（吴次芳等，2002）；梁留科等对土地生态系统随时间的演化状况进行了研究，并依据耗散结构理论构建了土地生态系统演化的函数模型（梁留科等，2002）；陈利顶等认为人类可通过调整土地生态系统中各组分的空间组合、优化土地结构模式，促进其向有序的良性的生态平衡发展（陈利顶等，1996）。土地生态服务功能也是土地生态安全的一个重要方面。土地生态服务功能的变化是土地利用变化的生态效果（李晶等，2002）；很多学者利用生态系统服务价值理论从土地利用的角度定量估算土地生态系统为人类提供服务的经济价值（白晓飞等，2004；沈叶琴等，2005；曹顺爱等，2006），通过土地生态价值增减情况反映土地生态安全变化态势（周小莉等，2006）。

土地生态安全评价是土地生态安全研究的基础，是土地生态安全分析、土地生态安全预测和预警的重要依据（汤洁等，2006；吴次芳等，2003，2004；彭建等，2003）。土地生态安全评价指标体系主要采用系统分解法，将土地生态系统分解为若干子系统，目前的系统分解方案有："生态（自然）—经济—社会"子系统（杨子生等，2007；李玉平等，2007；谢花林，2008；朱红波等，2007）、"压力—状态—响应"指标体系（经济合作与发展组织 OECD）（曹新向等，2004；张建新等，2002）、"驱动力—状态—响应"（DSR）框架（联合国可持续发展委员会 UNCSD）、"驱动力（Driving force）—压力（Pressure）—状态（State）—暴露（Exposure）—影响（Impact）—响应措施（Action）"指标体系（欧洲环境署）、"生态价位—生态成熟度"指标体系（肖笃宁等，2002；付在毅等，2001）、"资源依赖性—生态环境状态—生态系统服务功能" 指标体系（肖荣波等，2004）、"耕地安全—草地安全—林地安全"指标体系（杜巧玲等，2004）等。土地生态安全的主要评价方法有：系统聚类法（罗贞礼，2002）、Q 型系统聚类和主成分分析法（杨永生等，2006）、土地利用格局优化模拟 LUOS 模型（苏伟等，2006）、综合指数法（肖荣波等，2004）、层次分析法（黄妮等，2008）、层次分析模糊评价法（田克明等，2005）、FDA 方法、模糊综合法（钱金平等，2001；刘占才，2008）、空间关联法（郭建宏等，2007）、灰色关联法（吴开亚等，2004；陈浩等，2003；林彰平等，2002）、层次分析—变权—模糊—灰色关联复合模型（左伟等，2005）、趋势分析模型（施晓清等，2005）、物元评判法（门宝辉等，2002；谢花林等，2004）、熵值法（耿海波等，2008；崔丽等，2007）、熵权—模糊综合评价法（高长波等，2006）、主成分投影法（杨永生等，2006；官紫玲，2007；李宗尧等，2008；吴炳方等，2007；吴开亚等，2003，2004）、生态风险指数法（韦仕川等，2008）、BP 网络法（WU Kai-ya et al.，2008）、生态足迹法（李翔等，2005；任志远等，2005；方一平等，2004）、景观生态安全格局法（俞孔坚等，1999）、景观空间邻接度法（角媛梅等，2004）、数字生态安全法（左伟等，2003；田克明等，2007；许联芳等，2006）等。

国外的土地生态安全评价主要是从土地生态健康入手。1999 年 8 月，在美国召开的国际生态系统健康大会提出的“生态系统健康评价方法及指标体系”成为 21 世纪生态系统健康研究的主要内容。国外土地生态系统健康评价的对象涉及农业、森林、草原、城市等，评价内容有生态系统的功能过程、持续能力、总产量、抑制性、恢复性等方面。Waltner-Toews D 特别重视评价干扰后的恢复能力，包括完整性、适应性和效率（Waltner-Toews D，1996）；W.G. Whitford 和 D.J. Rapport 则以抑制性、恢复性作为生态系统健康状态的评价指标（Whitford W G et al.，1995）；Rapport 等提出以“生态系统危险症状”评价生态系统的非健康状态（Rapport D L et al.，1985）；Costanza 提出表述系统可持续能力状态的活力、组织和恢复力及其综合评价（Costanza R，1998）；Jorgensen 等使用活化能、结构活化能、生态缓冲量作为生态系统健康的评价标准（Jorgensen S E et al.，1995）；Cairns 将生态健康评价指标体系分为物理化学指标、生态学指标、社会经济指标三大类，其中，物理化学指标包括大气污染状况、水质优劣情况、土壤理化性质等；生态学指标则包括物质和能量流动、初级生产力、食物链、群落结构、稳定性、抵抗力、恢复力、生态系统服务功能等；社会经济指标包括人类健康水平、公众生活质量观念、经济发展水平、技术发展水平、公众环境质量观念、政府决策等[95]；Westman 等认为生态健康程度由弹性、可塑性、振幅和滞后性四个方面构成（Westman W E，1997）。

我国学者从不同角度采用不同的指标体系和权重确定方法对不同区域的土地生态安全状况进行了评价，取得了一系列研究成果：曲衍波等从经济社会安全、城镇环境安全、辖区农村环境安全和城乡资源利用 4 个层面对小城镇土地生态安全进行评价（曲衍波等，2006）；康相武等根据陆地表层气候-植被-土壤自然综合体的地带性分布规律，综合区域自然环境背景、生态系统稳定性、景观结构和外界干扰 4 个方面，以地理信息系统和模糊数学作为支撑，构建了区域土地生态安全评价指标体系（康相武等，2007）；王耕等用AHP法对研究区大气圈、水圈、岩石圈、生物圈、人类圈综合打分以评价区域生态安全（王耕等，2007）；陈星用GDP和人口数量两个指标，描述区域人类社会系统所产生的生态安全负荷量，用区域森林分布生物量作为生态安全支持系统的能力指标，用区位系数表达自然地域差异在生态环境方面的特征，建立生态安全空间格局模型（陈星，2008）；陈雷等基于耗散结构理论和信息熵原理，通过计算生态经济熵、生态功能熵、城市生态系统总熵变，分析城市生态系统的演化发展规律，利用综合发展度和协调发展度两个指数，建立城市生态水平评价的定量模型（陈雷等，2007）；王宏昌等从生态系统的状态、压力、效应3个方面选取28项指标，对辽西大凌河流域不同时期的生态安全进行了综合评价（王宏昌等，2006）；邓爱珍等在分析影响区域土地生态安全的主要胁迫因子的基础上对鄱阳湖区土地生态安全进行了评价（邓爱珍等，2006）；王耕等提出了状态-隐患-响应（S-D-R）的生态安全机理框架（王耕等，2006）；刘世梁等构建了不同尺度上的生态安全指标体系，利用层次分析法，对不同尺度上生态安全的空间分异进行了研究（刘世梁等，2007）；王耕等借助GIS格网赋值技术，对辽宁省境内辽河干流饮用水水源地的生态安全演变趋势进行了评价（王耕等，2007）；李晶等通过计算生态服务价值随人口压力增长的拐点，得到生态安全的阈值，判定生态不安全区，进一步通过马氏距离法，做相似性判定，而得到整个陕北黄土高原每一个自然生态单元的生态安全状态（李晶等，2008）；赵有益等提出草地生态系统安全评价的health-service-risk and management（HSRM）模型，构建了HSRM评价模型的指标体系，提出草地生态安全评价中草地生态安全度计算公式和安全状态分级标准（赵有益等，2008）；巴日斯等运用ARCVIEW计算额济纳绿洲景观类型和荒漠景观类型之间的邻接长度和数目比例，据此计算了绿洲生态安全程度（巴日斯等，2008）；李芬等从生态环境、社会经济、综合功能3方面构建了黄土丘陵区流域农业生态安全评价指标体系（李芬等，2008）；曲衍波等综合应用 DEM、TM 影像和各种调查数据，在 GIS 支持下，基于栅格对栖霞市土地生态安全状况进行了评价与分析（曲衍波等，2008）；荆玉平等基于遥感影像获取的土地利用信息，构造综合性生态风险指数，利用空间分析方法对生态风险指数进行空间化，研究生态风险空间分布特征和形成机理（荆玉平等，2008）；杨俊等提出了生态安全评价因果网络模型，结合 GIS 空间分析的方法，研究了大连市生态系统健康状况（杨俊等，2008）；杨子生等在探讨山区土地利用生态友好性评价原理、指标体系和评价方法基础上，构建了山区土地利用生态友好性程度分级系统及定量的划分标准（杨子生等，2008）；魏婷等基于 P-S-R 框架和突变级数法，构建了评价城市生态安全的突变模型（魏婷等，2008）；王娟等以破碎度、分离度、优势度等景观格局指数和景观类型的脆弱度为评价指标研究澜沧江流域景观生态安全的时空分异特征（王娟等，2008）。

土地生态规划设计是土地生态安全研究的核心内容。土地生态规划是以土地利用方式为中心，以土地生态条件为基础，以土地生态适宜性和土地生态潜力为依据，结合当地经济社会发展规划及各部门发展要求，对土地利用结构和空间配置进行合理的安排和布局（杨子生，2002），是实现区域可持续发展的土地利用方式配置的空间途径（尹君等，2004）。张爱国等提出了土地系统的生态功能分类研究法和分室研究法（张爱国等，1999）；曹可对小流域土地生态系统进行了模拟与分析，提出不同土地类型生态设计的优化模式与对策（曹可，2001）；苏伟等在综合使用灰色线性规划方法和元胞自动机方法的基础上，建立了土地利用格局优化模拟模型，进行了中国北方农牧交错带生态安全条件下的土地利用格局优化模拟研究（苏伟等，2006）；吴次芳等对城市土地生态规划做了初步探讨（吴次芳等，1996）。土地生态经济规划是把土地生态规划和土地经济规划进行有机结合，实现生态目标和经济目标的协调统一（李杰，2005）。

1.2.4 存在的问题

（1）评价指标繁杂，指标的代表性及有效性无法检测；指标体系缺乏统一的准则，不同学者在不同地区的研究中采用与研究区域特定生态系统相适应的特定准则，不能适应不同时空尺度上的量度。

（2）指标权重的确定大多采用层次分析法和专家打分法，这些方法容易受主观因素的影响，并且评价方法过于简单；不安全等级的划分无统一标准，随意性较大，评价结果有效性不足。

（3）在土地生态安全评价中虽然已经注意到数学方法的作用，但缺乏对各模型基本参数可信度、准确性的评价。

（4）系统构建土地生态安全的研究框架体系及其监测、预警和决策支撑体系，仍是极其薄弱的环节。

（5）土地生态安全研究强调现状评价，而对土地生态安全变化过程研究不足。

（6）土地生态安全异质性研究不足，研究尺度和研究角度单一，难以客观全面地反映研究区的土地生态安全态势。

（7）未将土地生态安全机理研究、土地生态安全评价和土地生态安全设计几部分研究内容整合起来进行综合研究。

1.3 研究目的与研究内容

1.3.1 研究目的

（1）尝试建立简明普适的土地生态安全评判指标体系。本研究选择了土地生态系统服务价值、土地生产潜力总量、土地生态风险强度指数、植被覆盖指数四个指标作为土地生态安全程度的评判依据。土地生态系统服务价值量的变化情况可反映土地生态系统对人类的生态保障的变动态势，土地生产潜力总量可揭示土地生态系统对人类的食物供给能力，土地生态风险强度指数则反映了土地生态系统自身结构的受损程度，植被覆盖指数可从总体上反映土地生态系统的自然度；上述四个指标包含土地生态安全内涵中的两个方面，因此，其变动情况基本能从不同的侧面指示土地生态系统安全程度的变化趋势。

（2）尝试运用 GIS 技术对土地生态安全状况做多尺度动态评价。本研究运用 GIS 的插值、地图运算、分区统计等功能在栅格、地貌区、坡度带及各级行政区尺度上对研究区的土地生态安全程度进行多方位动态评价，以便较为全面地了解不同评价尺度上的土地生态安全状况及其转化特点，为土地生态安全研究提供新的研究视角和新的研究案例。

（3）以土地生态单元作为土地生态安全评价的基本单位，尝试解决土地生态安全异质性研究不足的问题。土地生态服务价值是土地生态安全程度评判的核心指标之一，但其测算方法一直存在服务功能考虑不全面和空间异质性研究不足的缺陷，因而影响其对土地生态安全走向评判的可信度。本书综合运用土壤潜力、土地利用、植被指数及 DEM 数据，利用 GIS 手段将土地生态系统服务价值量计算单元细化到栅格上，从而较好地解决了土地生态系统服务价值空间异质性的问题。同时借用谢高地等学者在生态价值当量因子方面的最新研究成果基本解决了土地生态系统服务功能考虑不全面的问题。

（4）弄清关中地区近二十年来土地各级潜力总量、潜力利用率变化情况，从而以土地质量损益研究弥补土地利用数量动态研究的不足；同时从土地总供给力的变化、林草覆被变化、土地生态服务功能价值量变化、土地景观结构风险变化来综合分析关中地区近二十年来的土地生态安全时空动态，为西部河谷平原的可持续发展提供决策参考。

1.3.2 研究内容

（1）关中地区土地利用类型遥感解译：土地利用类型数据是土地生态安全研究最重要的基础数据，本书将传统遥感解译手段和现代解译方法相结合，借助多元遥感数据和非遥感数据，同时辅助大量的野外 GPS 定点调查和验证，力求提高遥感解译数据的精度。

（2）关中地区土地利用多角度时空动态分析：土地利用是人与自然交叉最为密切的环节，土地利用变化必然会产生相应的生态效应，从而影响土地生态安全。本书从多个尺度分析了关中地区土地利用的数量变化、结构变化、动态度变化、利用程度变化、类型转移、变化图谱类型以及地类景观格局指数变化的时空分布特点。

（3）关中地区土地生产总潜力多角度时空动态分析：土地生产潜力受气候、地形、植被、土壤等众多因素的影响，在时间方面具有一定的稳定性；但随着土地利用类型的变化，土地生产总潜力却在不断的变动中，而土地生产总潜力和潜力利用率的变化则直接影响土地对人类的承载力度，进而决定土地生态安全程度。本书从多个角度分析了关中地区林地、草地、耕地等农用地的生产总潜力、耕地现实总潜力和耕地潜力利用率的时空变化特征，从而从人类粮食保障这一侧面阐释了研究区的土地生态安全的时空变化特性。

（4）关中地区植被指数及林草覆盖率多角度时空动态分析：植被覆被状况是土地生态安全程度的重要指标，一般来说，植被特别是林草植被比重越大的区域土地生态安全程度越高。本书从多个角度分析了关中地区植被归一化指数年度变化的空间差异以及林草覆盖率时空变化趋势；从而从生态自然度和生态成熟度这一侧面揭示了关中地区的土地生态安全变化情况。

（5）关中地区土地生态系统服务价值量多角度时空动态分析：土地生态系统服务价值量是反映土地对人类生态保障力度的综合性指标，总体来说，区域的土地生态系统服务功能价值量越大，其土地生态越安全。本书从栅格、地形地貌、行政区划等几个侧面分析关中地区的土地生态系统服务价值量的时空变化特点；从土地对人类的生态服务供给力这一侧面反映了关中地区土地生态安全的变化态势。

（6）关中地区土地生态风险强度指数多角度时空动态分析：土地生态风险强度指数主要从结构层面反映土地生态系统自身的安全情况，土地生态风险强度指数越大，土地生态系统就越不安全。本书分析了关中地区土地生态风险强度指数的变化情形，从土地生态系统自身安全的角度阐明了关中地区近二十年来的土地生态安全走向。

（7）关中地区土地生态安全动态：使用熵权法确定土壤潜力、植被指数、土地生态服务价值量、土地生态风险强度指数四项土地生态安全各评判指标的权重，然后运用主成分分析法对其做去相关分析，再采用欧氏距离法合成，即可获得关中地区的土地生态安全综合指数分布图，最后利用 Arcgis 的分区统计功能获取不同分类单元的土地生态安全指数的平均值，进而分析其生态安全变化趋势。

1.4 研究思路和技术路线

1.4.1 研究思路

本研究从土地生态安全所包含的“土地生态系统自身结构安全”和“土地生态系统所提供的各种服务是否能满足人类需要”两重含义出发，构建土地生态安全的评价指标。通过土地生态风险强度指数和植被指数来评判土地生态系统自身的安全性，通过土地生产潜力总量和土地生态系统服务价值量来评判土地生态系统对人类的安全性；再对各单项评价指标进行综合形成土地生态安全综合评价指标，并以此评判土地生态安全的总体走向。土地生态安全的各单项及综合性评价指标均落实到栅格单元上，然后做地貌差异性、坡度差异性、县区差异性、地市差异性分析和时序变化分析，从变化的时空中把握土地生态安全的动态特征。

1.4.2 技术路线

如图 1-1 所示。

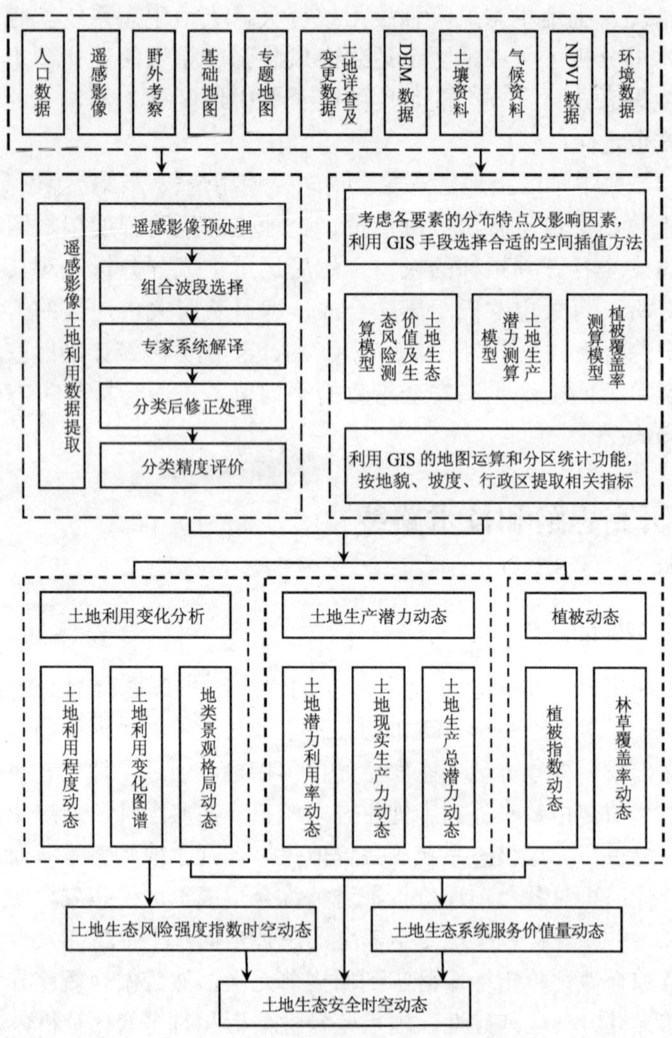

图 1-1 研究技术路线图

1.5 研究区概况

1.5.1 自然条件

关中地区位于陕西省中部，西起宝鸡，东至潼关，南依秦岭，北至黄龙山、子午岭，包括西安、铜川、宝鸡、咸阳、渭南五个地级市以及杨陵区；东部为河南、山西两省，西部与甘肃省接壤，南部毗邻汉中、安康、商洛三市，北部接延安市（图 1-2）；地理位置在北纬 33°34′～35°52′和东经 106°18′～110°38′，东西长约 360 km，南北宽约 170 km，总面积约 5.56 万 km²。为研究方便，本书在进行土地生态安全分区研究时，对行政区做了以下归并：地市差异性研究时，将杨陵区合并到咸阳市；区县差异性研究时，将未央区、莲湖区、新城区、灞桥区、雁塔区合并为西安主城区，渭城区、秦都区归并为咸阳市区，杨陵区并到武功县，渭滨区、金台区合并为宝鸡市区，印台区、王益区归并为铜川市区。

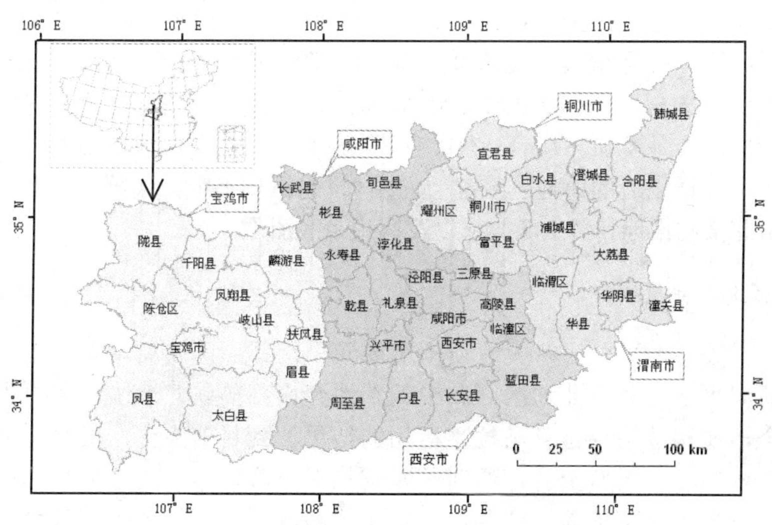

图 1-2 关中地区位置和范围

1.5.1.1 地形地貌

关中地区可分为五种地貌类型：黄土梁峁区、黄土台塬区、黄土塬区、平原区及山地区，其面积分别为 335 338.24 hm^2、1 030 182.08 hm^2、662 080.04 hm^2、1 166 680.61 hm^2、2 363 655.16 hm^2，各占总面积的6.03%、18.54%、11.91%、20.99%、42.53%；关中地区中部地势低平，南北及东面地势较高；0°～3°、3°～8°、8°～15°、15°～20°、20°～25°及大于25°坡度区面积分别为1 963 492.90 hm^2、631 241.28 hm^2、852 236.37 hm^2、642 644.01 hm^2、548 975.61 hm^2 和 919 345.95 hm^2，各占总面积的 35.33%、11.36%、15.33%、11.56%、9.88%、16.54%（彩图 1-1）。渭河自西向东穿过关中地区中部，黄土台塬在渭河南岸有孟塬、崇凝塬、阳郭塬、横岭塬、白鹿塬、神禾塬、五丈塬等，在北岸则连续分布。渭河两侧是经黄土沉积和渭河干支流冲积而成的“关中平原”，其范围与渭河地堑一致；东起潼关，西到宝鸡，南到秦岭，北达北山，介于陕北高原与陕南山地之间，再往东北则与汾河地堑谷地相连；平原在宝鸡一带很窄，越往东越宽，西安以东宽达几十公里，是一个西部缩窄闭合、向东开阔的盆地平原；平原西高东低，西部海拔高度为 700～800 m，东部最低处海拔仅 325 m，平均海拔约 520 m。南部秦岭山地群峰起伏，主峰为太白山（海拔 3 767 m），东段有著名的西岳华山（海拔 2 437 m）。关中平原以北的山地区统称“北山”，包括宝鸡市、咸阳市、渭南市北部的山地和黄土塬梁峁以及铜川市（图 1-3）。

1.5.1.2 地质条件

关中地区分属两大地质构造单元，南部山区属秦岭褶皱带，渭河平原及其以北地区则属中朝准地台南部的陕北地块。区内当今地质构造格局是喜马拉雅运动的结果，到目前为止，秦岭与渭北山地仍在缓慢上升，渭河平原则相对下降。本区大部分被厚度不一的黄土所覆盖：渭北山地、子午岭、黄龙山等地有寒武系、奥陶系的石灰岩以及二叠、三叠、侏罗、白垩、第三系的砂岩、页岩、泥岩等出露，秦岭山地出露的岩石以变质岩分布较广、火山岩有零星分布，石灰岩、砂岩等沉积岩出露在秦岭主脊以南（彩图 1-2）。该区的基础构造是汾渭内陆断陷西段的渭河地堑，是一个断陷盆地；渭河东西贯穿盆地中央，把关中平原分为南北两个大区。第四纪以来，风成黄土堆积在渭河两侧的基岩断块上，形成了东西展布、微向渭河谷底倾斜的黄土台塬；在新构造运动的控制下，沿渭河及其一级支流两岸形成了 3～5 级黄土覆盖阶地；台塬上的黄土-古土壤序列连续完整，厚度一般为 80～130 m，夹有 30～40 层红褐色古土壤，钙质结核淀积层发育好，剖面底部一般出露第三系红色黏土；在近山麓地带，黄土厚度变薄，下伏地层为砂砾石及砂质黏土层。

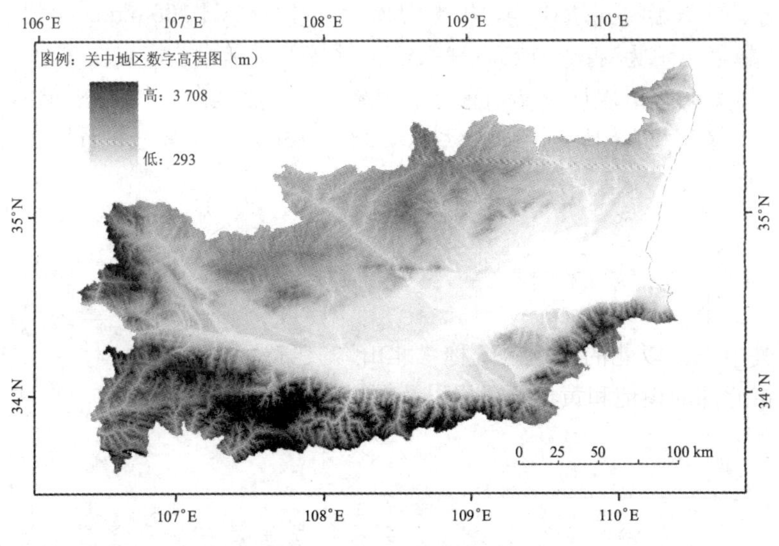

图 1-3　关中地区数字高程图

1.5.1.3 气候气象

关中地区处于暖温带半湿润与半干旱气候的过渡地带；属大陆

性季风气候，冬冷夏热、四季分明、降水集中、雨热同季；气候的水平地带性和垂直地带性规律表现明显，气温从低海拔到高海拔、由南部向北部逐渐降低；年平均气温为 9.9～15.8℃（图 1-4），最冷月均温-1～-7℃，最热月均温 23～26℃，无霜期 130～220 天；≥5℃积温 4 000～4 200℃，≥10℃积温 3 900～4 700℃。年平均降水量 500～700 mm，北部少于南部，东部少于西部（图 1-4）；降水年际变化大，年降水变化率在 20%～25%；年内分配不均，降水主要集中于夏、秋两季，夏秋季降水占全年总降水的 60%左右，夏季多突发性暴雨，秋季常阴雨连绵，秋雨占该区年降水量的 30%左右。该区形成降水的暖湿空气主要来自印度洋的孟加拉湾和西太平洋两个方向，夏季在副热带高压的影响下，孟加拉湾水汽随西南季风北上，经西藏、云南以及四川西部到达关中平原；太平洋水汽则沿着副高的南缘越秦岭到达该区。年平均蒸发量 1 000～1 200 mm；年度太阳辐射总量为 110～120 kcal[①]/cm^2，月辐射量最大值出现在 6 月，年度太阳辐射表现出从初春逐渐增高、从初秋逐渐降低的规律性，春、夏两季太阳辐射量占比最大，秋季次之，冬季最低；该区水热条件与光照资源满足一年两熟。

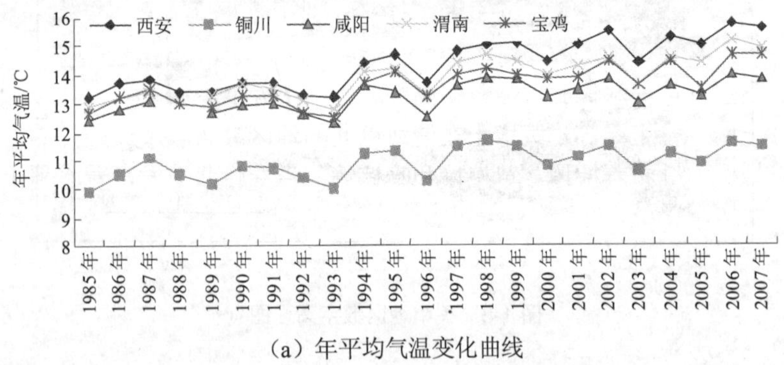

(a) 年平均气温变化曲线

① 1kcal=4.186 8 kJ

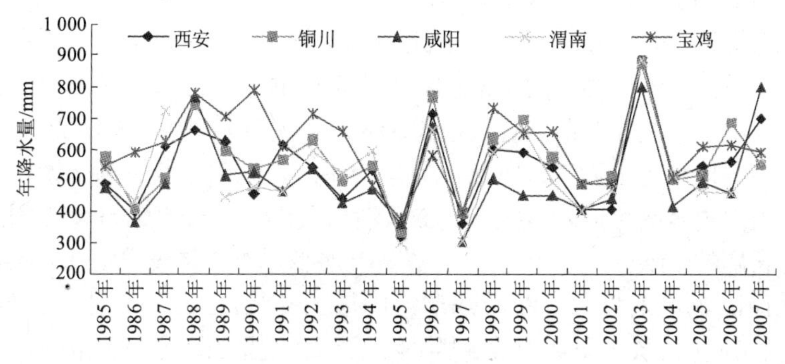

（b）年降水量变化曲线

图 1-4 关中地区年平均气温和年降水量变化曲线

1.5.1.4 土壤特征

塿土、褐土、黑垆土、黄墡土等是关中地区的主要土壤类型。塿土又分为立茬土、油土、垆土等。立茬土多分布在秦岭北坡残存黄土洪积扇上，以长安、周至、宝鸡、蓝田境内最广；塿土中以油土最肥沃，它主要分布在关中平原西部的高阶地上；垆土分布在关中东部比较温暖干旱的地方，尤以西安以东渭河南北的黄土台塬上比较集中。褐土是分布于渭河平原低山丘陵地的一种自然土壤，土质黏重，虽保水保肥，但耕作困难。黑垆土分散展布于黄土台塬及黄土塬、黄土梁等，黄墡土在渭河以北的地区分布较广。此外靠近秦岭山地分布着棕壤、黄棕壤和暗棕壤，沿秦岭北坡发育着水稻土和沼泽土，大荔沙苑区分布着沙土（彩图 1-3）。

1.5.1.5 水资源

关中地区是我国东部季风同纬度带地表径流较少的区域，全年蒸发量大于降雨量，属于资源型缺水地区；该区地表水资源量约为 73.70 亿 m^3，地下水资源量约为 53.41 亿 m^3，扣除两者重复量 45.08 亿 m^3，水资源总量约为 82.03 亿 m^3，人均地表径流只有 400 m^3，亩[①]均 240 m^3，是全国平均值的 1/6～1/8；关中地区城镇和工农业缺水量达 20 亿 m^3；近年来，地下水水位下降，水供需矛盾极为突出。渭河是本区最重要的水体，它发源于甘肃渭源县的鸟鼠山，流经甘肃、宁夏、陕西三省，全长 818 km，总流域面积 13.48 万 km^2；宝鸡峡以上为上游，宝鸡峡至咸阳为中游，咸阳至潼关为下游；渭河由宝鸡凤阁岭流入本区，于潼关巷口流出，全长 502 km，占渭河总长度的 61.4%；近 50 年来，渭河年径流系数下降速度达 1.44%，且径流变差系数大。泾河是渭河的最大支流，源于宁夏回族自治区泾源县，从宁夏经甘肃到陕西，至高陵县泾渭堡流入渭河，全长 455 km，流域面积 4.54 万 km^2。北洛河是渭河第二大支流，源自陕北吴旗县白于山的草梁山，穿越渭北高原东部由大荔县朝邑进入渭河，全长 6 803 km，流域面积 26 905 km^2。此外，渭河在关中地区的支流还有：千河、清姜河、清水河、黑河、涝河、沣河、灞河等。

1.5.2 社会经济情况

1.5.2.1 人口压力

由图 1-5 可见：关中地区 1949 年人口只有 745.21 万人，2007 年增加到 2 293.35 万人，新增人口 1 548.14 万人，年度递增率为 1.96%；人口密度从 1949 年的 134 人/km^2 增加到 2007 年的 413 人/km^2，每平方千米人口承载量约增加了两倍。其中 1949—1978 年增加 869.30 万人，年度递增率为 2.70%；1978—2007 年增加了 678.84 万人，年度递增率为 1.22%；1978 年为关中地区新中国成立以来人口增长速度的分界点，前段的 29 年时间里，人口增速远大于后段的 29 年，这一特点是国家人口政策调整的结果。

---

① 1 亩=666.67 m^2 。

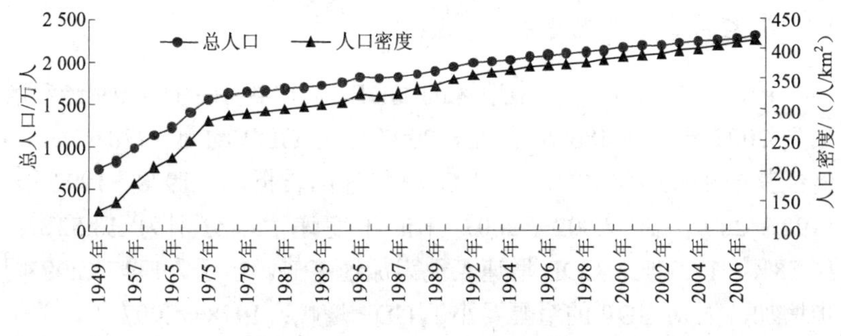

图 1-5 关中地区人口变化曲线

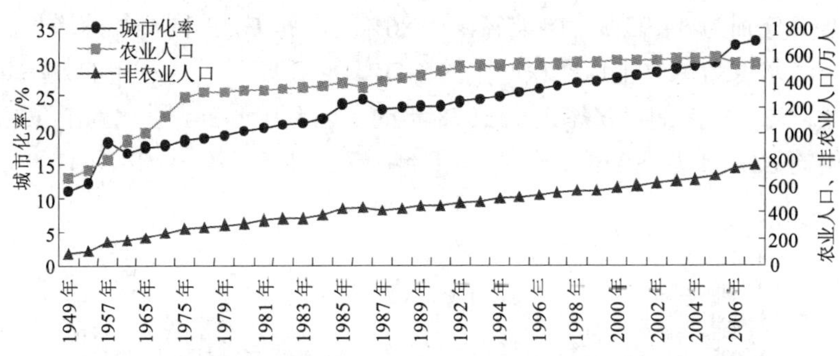

图 1-6 关中地区农业人口、非农业人口、城市化率变化曲线

从图 1-6 可知：1949—2007 年，关中地区农业人口由 663.21 万人增加到 1 530.74 万人，年度递增率为 1.45%；其中 1949—1978 年，农业人口年度递增率 2.39%；1978—2007 年，农业人口年度递增率 0.45%；农业人口在前段的增幅远远大于后段。新中国成立以来，本区非农业人口增加了 680.60 万人，年度递增率 3.92%，其中 1949—1978 年的年度递增率 4.58%；1978—2007 年的年度递增率 3.27%。关中地区城市化率从 1949 年的 11.00%上升到了 2007 年的 33.25%，城市化率约增加了两倍。

1.5.2.2 经济总量变化情况

1978—2007 年，关中地区的 GDP 由 1949 年的 58.03 亿元增加到 2007 年的 3 486.70 亿元，2007 年的 GDP 约为 1978 年的 60 倍；其中 1992 年、2002 年是 GDP 增速的转折年，1978—1992 年、1992—2002 年、2002—2007 年的年度递增率分别为 13.52%、16.58%、17.04%，GDP 增速表现为加速态势。由于人口与 GDP 同步增加，人均 GDP 的增幅要小于 GDP 增幅；1978—2007 年，关中地区人均 GDP 由 356 元增加到 15 204 元，29 年中增加了约 42 倍，1978—1992 年、1992—2002 年、2002—2007 年的人均 GDP 年度递增率分别为 11.95%、15.45%、15.86%；人均 GDP 同样加速增长。经济密度为单位土地面积产生的 GDP，它反映了土地利用的效率高低；关中地区的经济密度由 1978 年的 10.44 万元/km² 增加到了 2007 年的 627.34 万元/km²，土地利用经济效益提高了约 59 倍（图 1-7）。

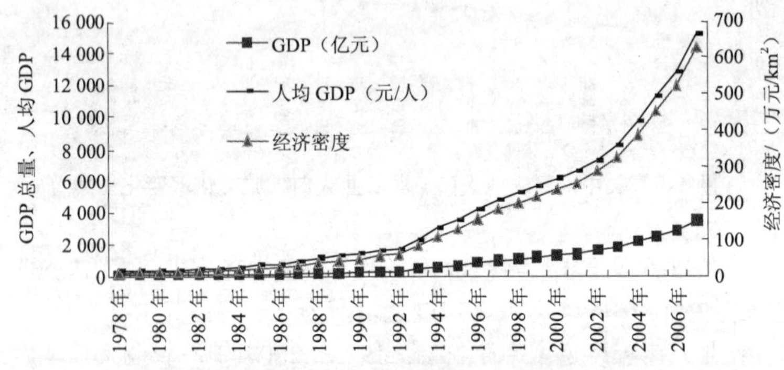

图 1-7 关中地区 GDP、人均 GDP、经济密度变化曲线

1.5.2.3 耕地变化情况

1949—2007 年，关中地区耕地减少了 669 330 hm²，年度递减率为 0.63%；1949—1952 年、1962—1965 年两年段耕地面积增加，其余年段均减少，其中，1952—1962 年、1965—1978 年、1999—2004

年耕地减少速度较大，2004—2007 年减速最小；1978 年前的耕地变速起伏源于开荒和水土流失，1999—2004 年是“退耕还林”加大耕地减速。人均耕地综合考虑了耕地和人口状况，能较好地反映区域的耕地压力情况；1949 年以来，关中地区的人均耕地面积急速下降，人均量由 1949 年的 0.29 hm^2 减少到 2007 年的 0.07 hm^2，前者约为后者的 4.43 倍，年度递减率为 2.54%。新中国成立以来，关中地区的粮食作物播种面积总体减少，但波动幅度很大，1949—2007 年，关中地区粮食作物播种面积减少了 346 010 hm^2，年度递减率为 0.31%；粮食作物播种面积除受耕地面积变化的影响外，气候条件、国家政策、粮食供需情况、经济效益等因素都对其有调节作用。关中地区新中国成立以来的复种指数在 0.96～1.25 变动，且总体略有上升，复种指数最低的年份有 1949 年、1952 年，复种指数最高的是 1999 年（图 1-8）。

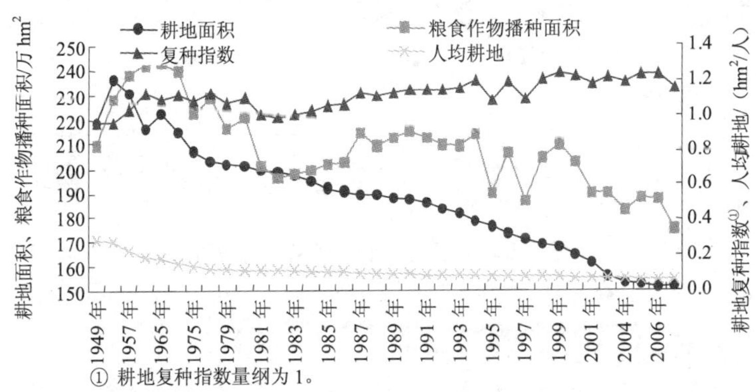

图 1-8 关中地区耕地面积、复种指数及粮食作物播种面积变化曲线

1.5.2.4 粮食产量变化情况

从图 1-9 可见：1949—2007 年，关中地区粮食总产在波动中总体增加，总产由 202.56 万 t 增加到 695.72 万 t，增幅为 243.45%，年度递增率为 2.15%；在粮食总产变化曲线中，1979 年、1993 年、1998 年、2006 年为四个明显的峰值，其值分别为 540.32 万 t、764.82 万 t、

799.56 万 t、818.05 万 t，2006 年为新中国成立以来关中地区粮食总产的最高值。研究区单产也在波动中快速上升，其增速比总产更快，自新中国成立以来总增幅为 394.86%，年度递增率为 2.80%，1979 年、1993 年、1998 年、2006 年四个峰值分别为 2.68 t/hm^2、4.22 t/hm^2、4.74 t/hm^2、5.41 t/hm^2，2006 年单产达到最高值。人均粮食产量反映出耕地实际生产力对人口的支持程度；关中地区人均粮食产量经历了先上升再下降的过程，人均产量最低值是 1962 年的 209 kg/人，1965 年、1979 年、1993 年、1998 年、2006 年五个峰值年份的粮食单产分别为 322 kg/人、331 kg/人、382 kg/人、381 kg/人、361 kg/人，1993 年关中地区人均单产达到最大值。

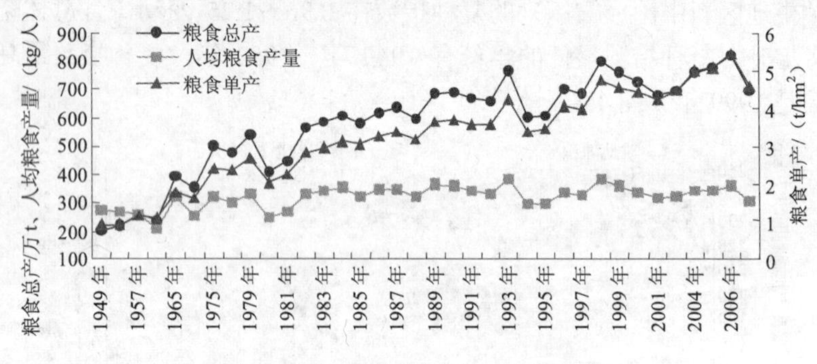

图 1-9 关中地区粮食产量变化曲线

1.5.2.5 其他农产品产量变化情况

由图 1-10 可知：1985—2007 年，关中地区油料总产量在波动中稍有下降，肉类、奶类和水果总产量则在波动中快速增加。油料总产量在 11.27 万～20.73 万 t 变动，油料总产量最低在 1988 年，最高在 1993 年；肉类总产量由 1985 年的 12.91 万 t 增加到 2006 年的 69.14 万 t，增幅为 435.56%；奶类总产量增加了 158.58 万 t，增加了 11.34 倍；水果产量由 19.52 万 t 增加到 627 万 t，增加了约 31.12 倍。四类农产品总产量增长最快的是水果，其次是奶类。

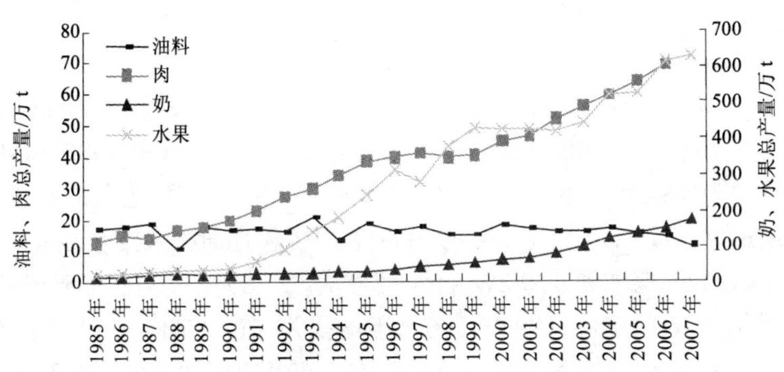

图 1-10 关中地区油料、肉、奶、水果总产量变化曲线

1985—2007 年，油料、肉类、奶类和水果人均产量的变化趋势与其总产量相同，但因有人口增加因素的影响，其变化幅度总体小于总产量变化幅度。油料人均产量在 5.11～10.44 kg/人变动，最小值是 2007 年、最大值是 1987 年；肉类人均产量由 1985 年的 7.11 kg/人增加到 2006 年的 30.52 kg/人，增幅为 329.25%，年度递增率为 7.19%；奶类人均产量增加了 67.54 kg/人，在 1985 年的基础上增加了 8.77 倍，年度递增率为 10.92%；水果人均产量由 10.75 kg/人增加到 273.40 kg/人，2007 年相对于 1985 年增加了约 24.43 倍，年度递增率为 15.84%（图 1-11）。

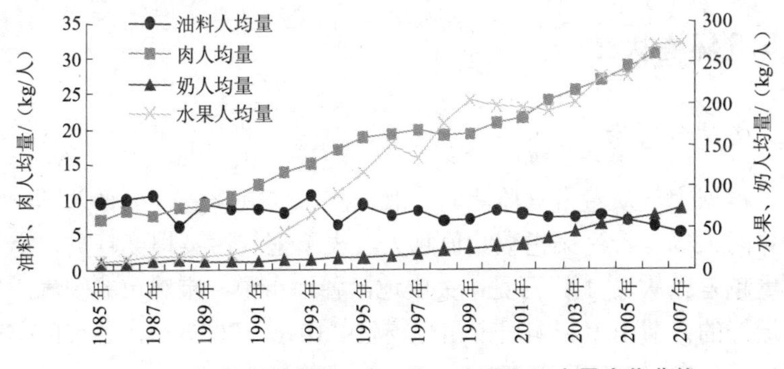

图 1-11 关中地区油料、肉、奶、水果人均产量变化曲线

1.5.2.6 农机动力使用量变化情况

由图1-12可见：1985—2007年，关中地区农机总动力由386.85万kW增加到1 000.12万kW，增幅为158.53%，其中1985—1996年增幅为46.46%；1996—2007年增幅为76.52%；后11年农机总动力增速高于前11年。该时期，关中地区单位耕地面积农机动力从2.01 kW/hm^{2}增加到6.59 kW/hm^2，增幅为227.86%；其中1985—1996年增幅为 62.19%；1996—2007 年增幅为 101.60%。关中地区单位产量农机动力投入量由1985年的0.67 kW/t增加到2007年的1.44 kW/t，增幅为114.93%。

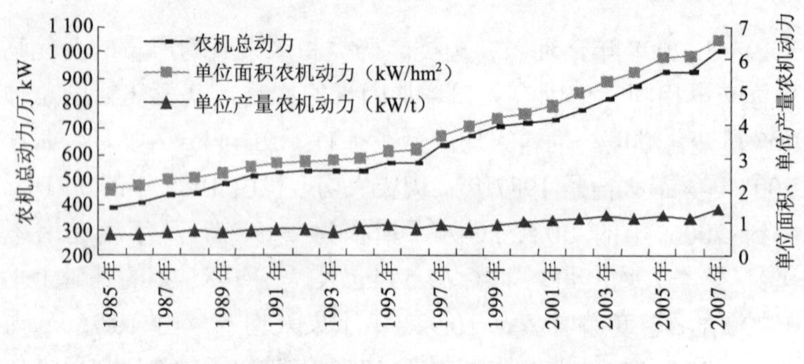

图1-12 关中地区农机动力使用量变化曲线

1.5.3 环境状况

1.5.3.1 大气污染

根据空气质量常规监测的二氧化硫、二氧化氮、可吸入颗粒物计算的大气综合污染指数数值越大，表示空气污染程度越重，空气质量越差。从表1-1可见：关中地区各地市中，宝鸡市的空气质量是最好的，渭南市和铜川市相对较差；1996—2007年，各市的空气质量总体向好的方向转变。

表 1-1 关中地区各地市大气综合污染指数

年份＼城市	宝鸡市	咸阳市	铜川市	西安市	渭南市
1996	3.00	2.75	8.60	3.60	5.26
2002	2.91	3.28	4.92	2.29	3.46
2006	1.93	2.06	2.23	2.76	3.31
2007	1.74	2.05	2.74	2.75	2.91

1.5.3.2 水污染

渭河是关中地区最重要的一条河流，也是陕西省污染最严重的河流。关中地区的水污染情况主要发生在渭河，渭河各支流的污染情况可通过渭河各监测断面的水质状况反映出来，因此本书主要通过对渭河关中段的污染情况来描述整个关中地区的水污染态势。关中地区的渭河流域共有省控水质监测断面 13 个，自西向东依次为：林家村断面、卧龙寺桥断面、虢镇桥断面、常兴桥断面、兴平断面、南营断面、咸阳铁桥断面、天江人渡断面、耿镇桥断面、新丰镇桥断面、沙王渡断面、树园断面、潼关吊桥断面（图 1-13）。对水质的判断依据是《地表水环境质量标准》(GB 3838—2002)，本书侧重分析了渭河水体的高锰酸盐指数浓度、化学需氧量浓度（COD）、氨氮浓度及水体综合污染指数等指标，并对 2000 年以来各监测断面的水质类型进行了说明。

高锰酸盐指数Ⅲ、Ⅳ、Ⅴ类标准值分别为 6 mg/L、10 mg/L、15 mg/L。1999 年、2000 年，关中地区渭河 13 个监测断面中有 11 个断面高锰酸盐指数超Ⅴ类；2006 年、2007 年有 9 个断面的高锰酸盐指数超Ⅴ类；2008 年只有兴平、南营、天江人渡、耿镇桥 4 个断面的高锰酸盐指数超Ⅴ类（图 1-14）；根据对 2005—2007 年渭河潼关出境断面水质自动监测站的监测数据计算，渭河水主要污染物高锰酸钾指数以每年 20%左右的速度在下降。

图 1-13　关中地区主要河流省控断面水质监测点分布图

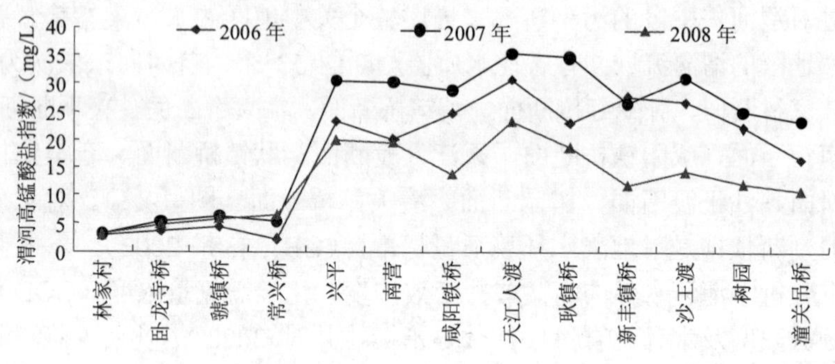

图 1-14　关中地区渭河高锰酸盐指数沿程变化图

化学需氧量浓度（COD）Ⅲ、Ⅳ、Ⅴ类标准值分别为 20 mg/L、30 mg/L、40 mg/L。1998 年，关中地区渭河 COD 污染最严重的是西安段的耿镇桥断面（196.3 mg/L），其次为咸阳铁桥断面（192.4 mg/L）；宝鸡段、渭南段污染最严重的断面分别为卧龙寺桥（80.3 mg/L）、树园（152.7 mg/L）。1999 年，渭河在关中地区的 13 个监测断面中有 10 个断面生化需氧量超Ⅴ类；COD 污染比 1998 年明显减轻，全河段 COD 年均值为 75.45 mg/L，比 1998 年下降 36.22%；其中，渭河入陕断面林家村 COD 为 14.7 mg/L，比 1998 年上升了 6.12%；卧龙寺断面、咸阳铁桥断面、耿镇桥断面、树园断面、潼关吊桥断面 COD 分别为 35.3 mg/L、125.5 mg/L、110.5 mg/L、118.7 mg/L、53.1 mg/L，比 1998 年分别下降了 56.0%、38.4%、43.70%、22.3%、61.3%。2000 年，关中地区渭河 13 个监测断面中有 8 个断面生化需氧量超Ⅴ类；全河段 COD 年均值为 90.88 mg/L，比 1999 年上升 20.45%；其中，林家村断面、卧龙寺断面、咸阳铁桥断面、耿镇桥断面、潼关吊桥断面 COD 分别为 22.48 mg/L、50.78 mg/L、157.66 mg/L、138.73 mg/L、74.63 mg/L，各自在 1999 年基础上上升了 66.53%、43.85%、25.62%、25.66%、40.54%；树园断面 COD 为 99.5 mg/L，比 1999 年下降了 16.18%。2006—2008 年，关中地区渭河林家村、兴平、南营 3 个断面的 COD 上升了 10.94%、4.39%、6.50%，其他断面 COD 均下降，降幅最大的是新丰镇桥断面；其中，2006—2007 年，林家村、卧龙寺、兴平、南营、沙王渡 5 个断面的 COD 分别增加了 16.10%、10.50%、46.74%、62.70%、24.43%，其余 8 个断面的 COD 减少，减幅最大的是新丰镇桥断面；2007—2008 年，虢镇桥、常兴桥 2 个断面的 COD 分别增加了 1.15%、1.554%，其余 11 个断面的 COD 都有不同程度的减少，减幅最大的是沙王渡断面，其次是树园和潼关吊桥断面（图 1-15）。

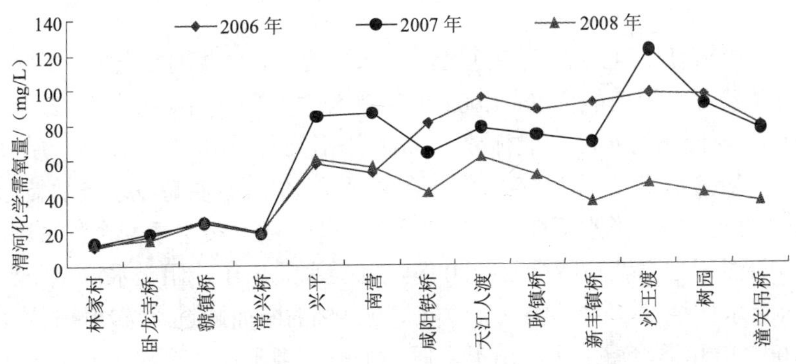

图 1-15　关中地区渭河化学需氧量沿程变化图

从图 1-16 可知：2006—2008 年，关中地区兴平、南营 2 个断面的氨氮浓度分别上升了 1 916.81%、1 515.83%，林家村、卧龙寺桥、常兴桥、咸阳铁桥、天江人渡、耿镇桥、新丰镇桥、沙王渡、树园、潼关吊桥 10 个断面的氨氮浓度分别下降了 14.06%、18.90%、33.86%、46.02%、23.29%、19.33%、29.28%、0.74%、13.67%、14.81%，虢镇桥断面的氨氮浓度变化甚微；其中，2006—2007 年，卧龙寺桥、常兴桥、咸阳铁桥、天江人渡、新丰镇桥 5 个断面氨氮浓度下降，其余断面上升；2007—2008 年，兴平、南营 2 个断面的氨氮浓度增加，其余 11 个断面氨氮浓度减少。

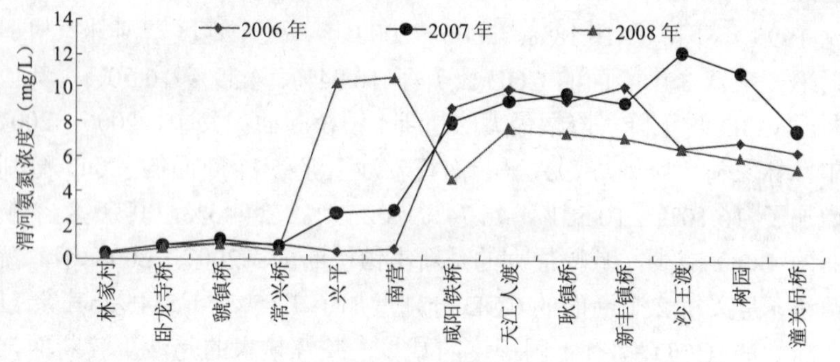

图 1-16　关中地区渭河氨氮浓度沿程变化图

由表 1-2 可知：关中地区渭河水质的 13 个监测断面中，100%断面超过水域功能标准；2002 年Ⅳ类水质 1 个、劣Ⅴ类水质 12 个，100%断面超过水域功能标准；2003 年Ⅲ类水质 1 个、Ⅳ类水质 1 个、Ⅴ类水质 2 个、劣Ⅴ类水质 9 个，100%断面超过水域功能标准；2004 年Ⅲ类水质 3 个、Ⅳ类水质 1 个、劣Ⅴ类水质 9 个，76.9%的断面超过水域功能标准；2005 年Ⅱ类水质 1 个、Ⅲ类水质 1 个、Ⅳ类水质 2 个、劣Ⅴ类水质 9 个，76.9%的断面超过水域功能标准；2006 年Ⅱ类水质 1 个、Ⅲ类水质 1 个、Ⅳ类水质 2 个、劣Ⅴ类水质 9 个，76.9%的断面超过水域功能标准；2007 年Ⅱ类水质 1 个、Ⅲ类水质 2 个、Ⅳ类水质 1 个、劣Ⅴ类水质 9 个；2008 年Ⅱ类水质 1

个、Ⅲ类水质 1 个，Ⅳ类水质 2 个、劣Ⅴ类水质 9 个，76.9%的断面超过水域功能标准。综上可见：2000 年以来，关中地区的水质总体向好的方向转变，2004 年之后，这种转变更明显。渭河水质好转得益于下列治理措施的实施：2004 年，陕西省政府通过《渭河流域水污染防治实施方案》，确定 2005—2010 年对渭河实施专项治理；2006 年实施排污许可证制度，拿出 1.5 亿元作为专项资金用于渭河污染专项治理，关闭渭河流域造纸企业 101 家、新开工城镇污水处理厂 6 个；2007 年 5 月启动渭河流域水质监控体系；2008 年，陕西省政府以“陕政发[2008]38 号”文印发了《陕西省渭河流域综合治理五年规划》。

表 1-2　关中地区渭河省控监测断面水质类别状况

水质监测点	断面情况	断面水质		
		2002 年	2006 年	2007 年
林家村	干流（入陕断面）	Ⅳ	Ⅱ	Ⅱ
卧龙寺桥	干流	＞Ⅴ	Ⅲ	Ⅲ
虢镇桥	干流	＞Ⅴ	Ⅳ	Ⅳ
常兴桥	干流	＞Ⅴ	Ⅳ	Ⅲ
兴　平	干流	＞Ⅴ	＞Ⅴ	＞Ⅴ
南　营	干流	＞Ⅴ	＞Ⅴ	＞Ⅴ
咸阳铁桥	干流	＞Ⅴ	＞Ⅴ	＞Ⅴ
天江人渡	干流	＞Ⅴ	＞Ⅴ	＞Ⅴ
耿镇桥	干流	＞Ⅴ	＞Ⅴ	＞Ⅴ
新丰镇大桥	干流	＞Ⅴ	＞Ⅴ	＞Ⅴ
沙王渡	干流	＞Ⅴ	＞Ⅴ	＞Ⅴ
树　园	干流	＞Ⅴ	＞Ⅴ	＞Ⅴ
潼关吊桥	干流（入黄河前断面）	＞Ⅴ	＞Ⅴ	＞Ⅴ

从图 1-17 可知：1996—2005 年，关中地区渭河 13 个断面的平均综合污染指数在 0.35～14.54 波动，污染最重的断面是西安段的天江人渡断面，污染最轻的断面是宝鸡段的林家村断面；其中，渭河宝鸡段、咸阳段、西安段、渭南段污染最重断面分别是卧龙

寺桥、咸阳铁桥、天江人渡、树园（1998 年其综合污染指数分别是 6.06、10.15、14.39、8.05）。

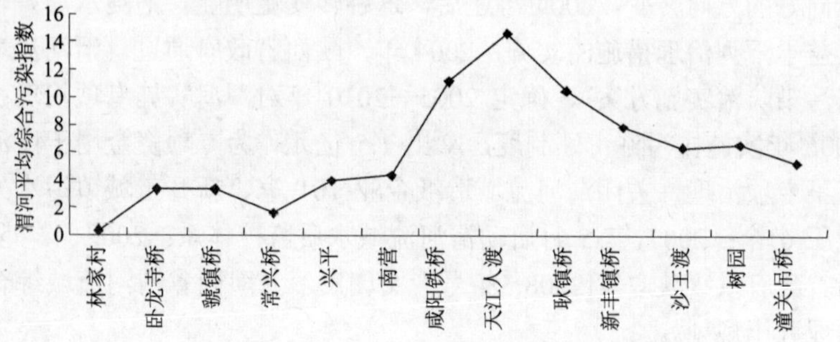

图 1-17 关中地区 1996—2005 年渭河平均综合污染指数沿程变化图

1996—2005 年，关中地区渭河综合污染指数最高的年份是 2003 年，综合污染指数高达 9.042，污染最轻的年份是 1999 年，综合污染指数为 4.437；随着治污力度的加大，2004 年、2005 年的综合污染指数逐年下降；2005 年综合污染指数为 4.441，是十年间的次低点，也是“十五”期间污染最轻的一年；渭河属有机型污染，主要污染物是石油类、氨氮、挥发酚、生化需氧量和高锰酸盐指数，这五项污染因子的污染分担率占污染物总量的 95.9%；渭河枯水期污染重于平水期、平水期重于丰水期（图 1-18）。

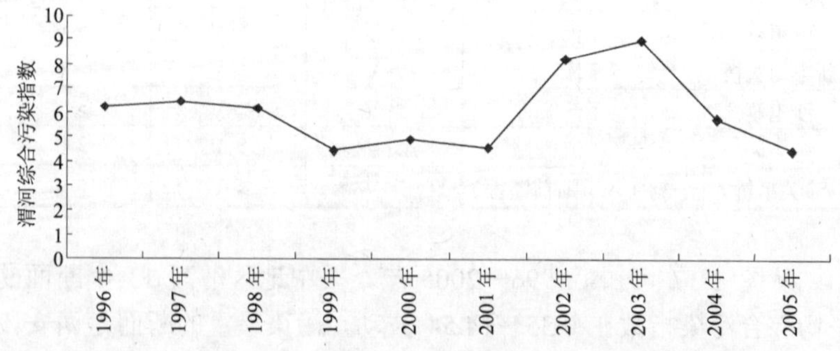

图 1-18 关中地区 1996—2005 年渭河综合污染指数变化图

造成关中地区渭河污染不断加剧的原因包括城镇生活污水和垃圾、工业废水、生态水的严重短缺三个方面。渭河污染因子有化学需氧量（COD）、氨氮、石油类和铅、六价铬、砷、镉、汞等重金属，其中又以 COD 为主；按国家要求渭河出境水按Ⅳ类标准计算，渭河的环境容量为 COD 每年 7 万 t，但 2004 年渭河流域的 COD 实际排放量超过 27 万 t，超过环境容量的 3 倍左右；按行业统计，造纸为第一污染大户，其次为饮料业、纺织业、化工业、农副食品加工业、木材加工业、医药制造业和石油天然气行业等。从 20 世纪 70 年代开始，渭河流域年径流量呈现出逐年减少的趋势，90 年代后年均流量不足 70 亿 m^3，只占到 60 年代的一半左右；而渭河流域的国民经济用水量却不断提高，由 90 年代前的年均 28 亿 m^3 增加到 90 年代后的年均 43 亿 m^3，而且还呈现出逐年增长的态势；渭河现在年均入黄水量不足过去的一半，仅为 40 亿 m^3；依照目前的用水量测算，渭河年产水量需 120 亿 m^3 以上，才能满足国民经济用水和生态水的基本需要，而渭河的缺水量达 50 亿 m^3 以上；严重的缺水导致灌溉用水不足、地下水超量开采、生态水极其缺乏。

1.5.3.3 化肥农药农膜使用情况

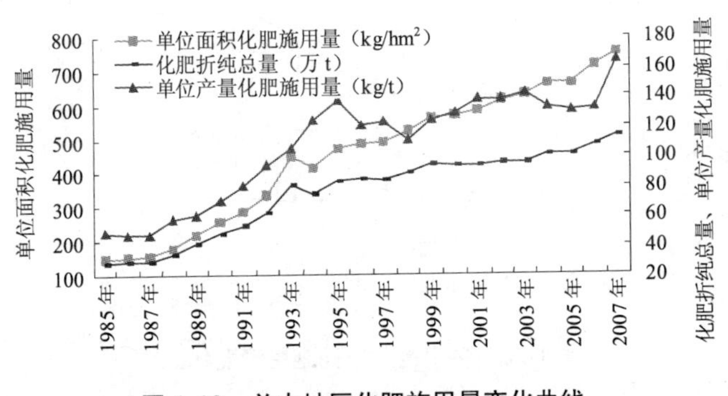

图 1-19 关中地区化肥施用量变化曲线

由图 1-19 可见：1985—2007 年，关中地区施用的化肥折纯总量基本是持续增加的，用量增加了 85.72 万 t，年度递增率为

6.54%；其中 1985—1993 年年度递增率为 14.01%；1994—2007 年年度递增率为 5.35%；后时段化肥施用量增幅比前时段减缓了。单位面积化肥施用量由 1985 年的 147.21 kg/hm² 增加到 2007 年的 750.77 kg/hm²，年度递增率为 7.69%。单位产量化肥施用量也在不断攀升，每产 1t 粮食消耗的化肥量由 48.78 kg 增加到了 164.06 kg，年度递增率为 5.67%；其中 1985—1993 年、1994—2007 年的年度递增率分别为 10.12%、2.21%。

1986—2007 年，关中地区农药施用量在波动中略有减少，1986 年农药施用量为 8 173.38 t，2007 年为 7 805.34 t，总量减少了 368.05 t，减幅为 4.50%，用量最大的年份是 1990 年（8 218.36 万 t），最小的是 1988 年（5 037.55 万 t）。单位面积农药施用量在波动中略有增加，1986 年单位面积农药施用量为 4.29 kg/hm²，2007 年则为 5.14 kg/hm²，2007 年比 1986 年增加了 19.81%，年度递增率约为 0.87%；其中 1986—1988 年单位面积农药施用量降低，最低值在 1988 年（2.66 kg/hm²）。单位产量消耗的农药量由 1.32 kg/t 减少到 1.12 kg/t，减幅为 15.15%，年度递减率为 0.77%；最低值是 1989 年的 0.81 kg/t，最大值是 1986 年和 1994 年的 1.32 kg/t（图 1-20）。

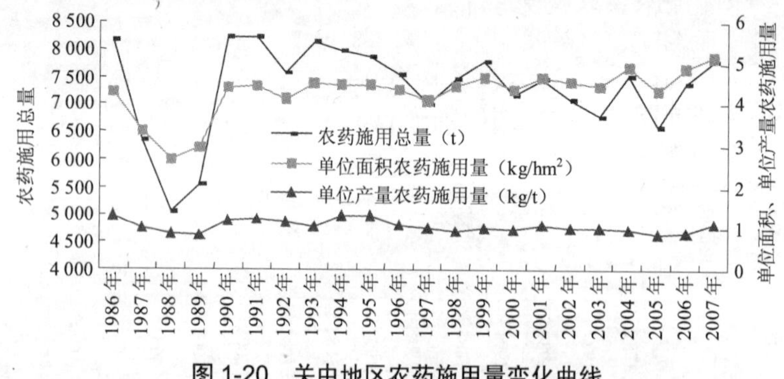

图 1-20 关中地区农药施用量变化曲线

1989—2007 年，关中地区的农膜用量从 5 683.55 t 增加到 14 570.60 t，增幅为 156.36%，年度递增率为 5.37%，1999 年、2003 年为农膜用量的两个峰值，其中又以 1999 年的 18 062.49 t 为整个时期的最大值。单位面积农膜用量变化趋势与总量基本一致，1989—2007年，单位面积农膜用量由3.02 kg/hm^{2}上升到9.60 kg/hm^2，增幅为217.81%，年度递增率为6.63%；1999年、2003年两个峰值分别为10.73 kg/hm^2、11.79 kg/hm^2。单位产量农膜用量由0.83 kg/t增加到2.10 kg/t，增幅为153.13%，年度递增率为5.30%；最大值为2003年的2.65 kg/t，其次为1999年的2.37 kg/t（图1-21）。

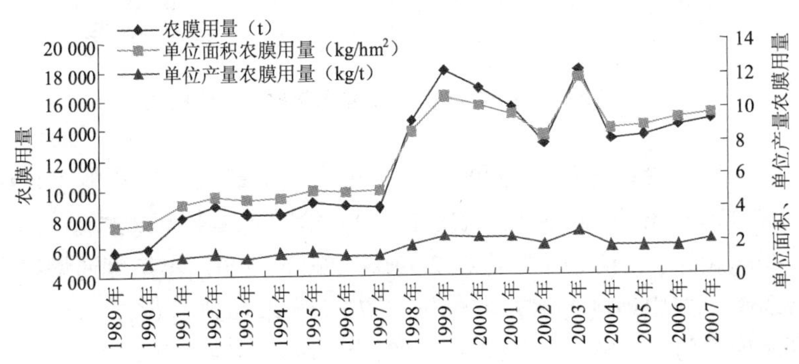

图1-21　关中地区农膜使用量变化曲线

1.5.3.4 “三废”排放情况

1989—2007年，关中地区废水排放量增加了324.00万t，年度递增率为0.82%；其中1989—2001年废水排放量总体减少，2001—2007年则呈增加态势；1995年、1997年、2005年为废水排放量变化曲线的三个峰值，其值分别为32 805.81万t、37 817.32万t、37 452.00万t。废水达标排放量增加了21 910.00万t，年度递增率为5.04%。1989—2007年，关中地区废水排放达标率总体持续改善，其值由45.88%提高到了96%，但1997年和2006年为两个反常点，并且1997年为整个时期废水排放达标率最低的年份，其值为39.59%（图1-22）。

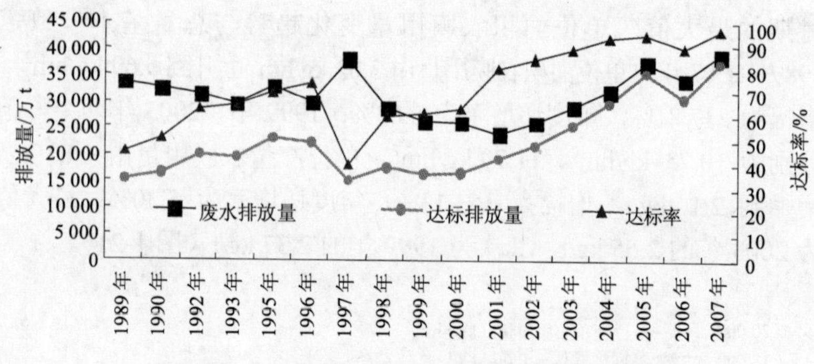

图 1-22　关中地区废水排放量及达标率变化曲线

由图 1-23 可知：1989—2007 年，关中地区废气排放总量由 1 397.77 亿 m^3 增加到 4 943.78 亿 m^3，年度递增率为 7.27%；其中 1989—2000 年年度递增率为 2.99%；2000—2007 年年度递增率为 14.36%。关中地区 SO_2 排放量从 52.77 万 t 增加到了 66.71 万 t，年度递增率为 1.19%；其中 1989—1992 年、1995—1996 年、1997—2001 年、2006—2007 年 SO_2 排放量减少，其他年段增加，增速最快的是 2002—2006 年，其年度递增率为 9.38%。关中地区烟尘排放量在 1989—2006 年呈减少趋势，总烟尘排放量从 36.19 万 t 减少到 17.31 万 t，年度递减率为 4.01%。

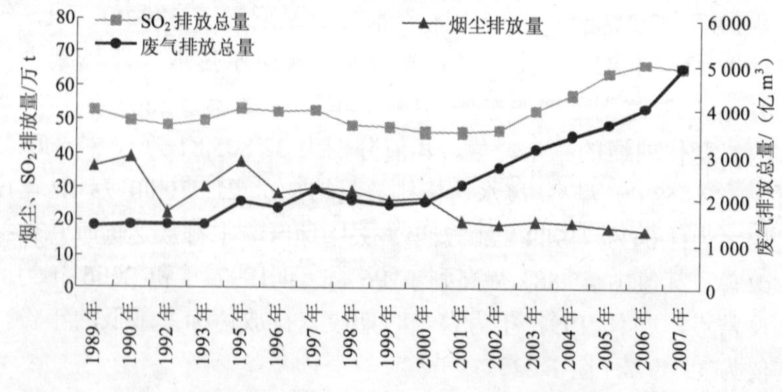

图 1-23　关中地区废气、烟尘、SO_2 排放量变化曲线

第二章 数据收集处理

2.1 数据收集

本书所用资料主要包括遥感数据、非遥感图文数据及野外考察数据三个方面。

2.1.1 遥感数据

本研究主要采用了1988年、2000年和2007年三期TM影像，每期影像9景，每景影像覆盖范围均为185 km×185 km，且包含7个波段，各波段的空间分辨率均为30 m（6波段除外），辐射分辨率为8bit。1988年的9景影像时间跨度比较大，其中包括1987年1景、1988年3景、1990年3景、1992年1景、1994年1景，本期影像主要用来对中科院西部数据中心提供的1986年土地利用遥感解译数据的修改作参考；2000年的9景影像基本上都是5月份接收的，影像质量较好；2007年9景影像中5月1景、6月2景、8

月和9月各3景，其中p127r35、p127r36、p127r37 3景影像上云影较多，质量较差（表2-1）。除TM影像外，本书使用的遥感数据还有美国陆地卫星接收的30 m分辨率DEM数据、1986—2007年的NOAA_AVRHH数据以及1998年4月至2007年12月的SPOT_VGT逐旬的351幅1 km分辨率NDVI数据。

表2-1 关中地区TM影像轨道号及时间表

轨道号	p126r35	p126r36	p126r37	p127r35	p127r36	p127r37	p128r35	p128r36	p128r37
接收时间	1990 0822	1990 0822	1990 0518	1992 0717	1988 0823	1994 0504	1987 0828	1988 0915	1988 0915
	2000 0521	2000 0521	2000 0521	2000 0512	2000 0428	2000 0512	2000 0503	2000 0519	2000 0519
	2007 0602	2007 0517	2007 0602	2007 0812	2007 0812	2007 0812	2007 0920	2007 0920	2007 0920

2.1.2 非遥感数据

本书使用的非遥感数据主要有图件、气象数据、土地调查数据、社会环境经济数据四部分。其中使用的主要图件有：关中地区数字线划数据、中科院西部数据中心提供的1986年和2000年土地利用遥感解译数据、各种比例尺的地形图和地貌图、1996年土地利用现状图、土壤类型分布图、土壤质量分布图、土壤容重分布图、土壤肥力分布图、土壤侵蚀分布图、植被类型分布图等；气象数据为1971—2007年关中地区各区县的辐射、日照百分率、湿度、气温、降水量、蒸发量、霜期、积温等；土地调查数据主要包括关中地区各区县1986年的土地利用详查数据、1992—2007年的土地利用变更数据以及部分地市的二调数据；社会经济统计数据主要为研究区各地市1985—2008年的统计年鉴、环境年鉴、经济年鉴、统计公报、环境公报等。

2.1.3 野外考察数据

为完成本研究，作者于 2008 年 5 月、2009 年 6 月和 2009 年 8 月三次去关中各地进行野外调研，考察的内容主要为遥感解译标志的建立及解译结果的野外校验，同时通过访谈了解 1986 年以来的土地利用变化情况、化肥农药施用情况、农田灌溉情况、粮食单产变化情况、水量变化情况、“退耕还林”情况以及环境变化的综合感知情况，并向各区县的国土局、环保局、农业局、统计局等部门了解情况和收集资料。考察路线设置：考察线路中部以陇海铁路和西宝高速公路为主线，西北到千阳、陇县，西南过秦岭到凤县，东北到韩城市，东到潼关县，北到铜川，南到华山、翠华山、太白山、秦岭野生动物园等地。资料记录方式主要有：GPS 定位、数码相机拍照、谈话笔记（图 2-1）。

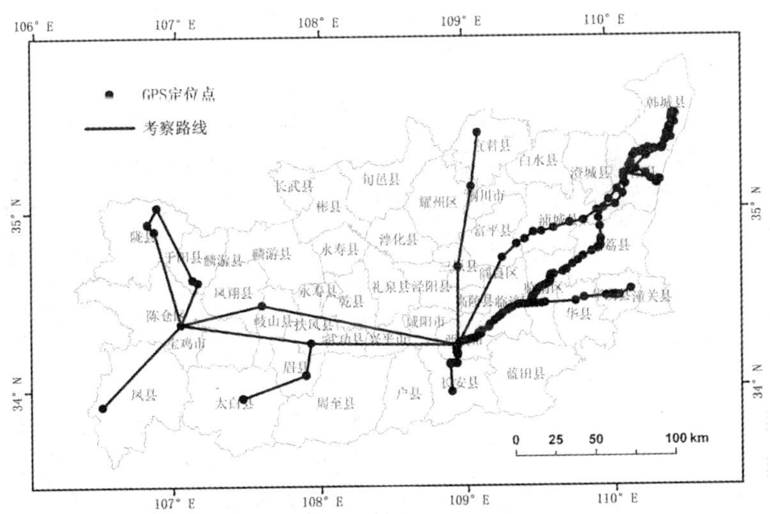

图 2-1 关中地区野外考察路线图

2.2 影像预处理

以 ERDAS9.2 为数据处理平台，首先利用地形图对三期 27 景 TM 影像做几何精校正，然后采用回归分析法去除大气程辐射，并利用 30 m 分辨率 DEM 生成的坡度、坡向图以及影像接收时的太阳高度角、太阳方位角对其做地形辐射校正，再把校正后的影像进行拼接，并以关中地区行政边界对三期拼接图做不规则裁减，最后将其转换成 ALBERS 等面积双标准纬线圆锥投影（彩图 2-1），其投影参数如下：中央经线为 108°、第一条标准纬线 33°、第二条标准纬线 38°、横坐标东移 500 km、椭球体及大地基准面采用 WGS84。

2.3 组合波段选择

本书遥感图像土地信息主要依靠计算机解译获取，但在建立解译标志、结果检验和目视修改时采用的是目视解译方法；在目视解译影像时，一次只能利用三个波段的信息，如何依据解译目标利用信息量最大的波段组合是遥感解译必须解决的问题。美国查维茨提出的最佳指数（OIF，Optimum Index Factor），其方法是先计算各波段的相关系数矩阵，然后依据下述模型求出所有可能的三组合波段对应的 OIF，OIF 越大，则相应组合影像包含的信息量就越大。因此该方法可以作为目视解译组合波段选择的重要依据。

$$\mathrm{OIF}=\frac{\sum_{i=1}^{3}S_i}{\sum_{i=1}^{3}R_{ij}} \tag{2-1}$$

式中：OIF 为最佳指数，S_i 为第 i 波段的标准差，R_{ij} 为 i、j 两波段的相关系数。影像各波段标准差等光谱信息可直接在 ERDAS 软件 Viewer 模块中读取（表 2-2），波段相关系数则可利用 Spatial Modeler 模块建模计算获得（表 2-3）。

表 2-2 关中地区 TM 影像各波段光谱的一般特征

	波段	最小值	最大值	均值	中值	众数	标准差
1988 年	Band1	1	136	71.64	71	58	13.14
	Band2	1	86	35.10	34	32	9.35
	Band3	1	120	37.86	35	21	15.77
	Band4	1	144	75.67	76	74	14.24
	Band5	1	191	82.73	81	68	23.03
	Band7	1	193	39.61	37	24	17.89
2000 年	Band1	1	252	104.18	106	112	13.05
	Band2	1	221	87.94	90	95	12.93
	Band3	1	242	93.16	95	99	18.61
	Band4	1	140	89.29	92	97	14.55
	Band5	1	217	104.32	104	104	16.55
	Band7	1	186	78.40	76	64	18.10
2007 年	Band1	55	205	89.53	89	87	16.68
	Band2	20	119	44.92	44	35	10.83
	Band3	17	161	51.52	50	45	18.77
	Band4	15	187	95.23	95	96	15.53
	Band5	13	255	106.38	106	106	22.32
	Band7	6	242	54.07	52	57	20.15

一般来说，图像数据的标准差越大，所包含的信息量也越大；而波段间的相关系数越小，表明各波段图像的独立性越高，信息冗余度越小。通过分析关中地区 1988 年、2000 年、2007 年三期 TM 影像各波段的光谱特征（表 2-2）可知：1988 年各波段信息量排序为 Band5＞Band7＞Band3＞Band4＞Band1＞Band2，2000 年为 Band3＞Band7＞Band5＞Band4＞Band1＞Band2，2007 年为 Band5＞Band7＞Band3＞Band1＞Band4＞Band2。再从影像各波段相关系数矩阵（表 2-3）可得：Band1、Band2、Band3 的正相关性以及 Band5、Band7 的正相关性都非常高，Band4 的独立性最强。

表 2-3 关中地区 TM 影像各波段相关系数矩阵

	波段	Band1	Band2	Band3	Band4	Band5	Band7
1988 年	Band1	1.00	0.96	0.95	0.10	0.71	0.83
	Band2	0.96	1.00	0.98	0.13	0.78	0.88
	Band3	0.95	0.98	1.00	0.01	0.75	0.89
	Band4	0.10	0.13	0.01	1.00	0.41	0.10
	Band5	0.71	0.78	0.75	0.41	1.00	0.92
	Band7	0.83	0.88	0.89	0.10	0.92	1.00
2000 年	Band1	1.00	0.95	0.92	0.17	0.64	0.70
	Band2	0.95	1.00	0.95	0.22	0.76	0.79
	Band3	0.92	0.95	1.00	0.06	0.79	0.87
	Band4	0.17	0.22	0.06	1.00	0.24	0.00
	Band5	0.64	0.76	0.79	0.24	1.00	0.94
	Band7	0.70	0.79	0.87	0.00	0.94	1.00
2007 年	Band1	1.00	0.95	0.93	0.14	0.60	0.76
	Band2	0.95	1.00	0.98	0.18	0.71	0.86
	Band3	0.93	0.98	1.00	0.11	0.72	0.88
	Band4	0.14	0.18	0.11	1.00	0.50	0.21
	Band5	0.60	0.71	0.72	0.50	1.00	0.90
	Band7	0.76	0.86	0.88	0.21	0.90	1.00

表 2-4 关中地区 TM 影像最佳指数 OIF 计算结果

1988 年			2000 年			2007 年		
OIF 排序	OIF	组合方案	OIF 排序	OIF	组合方案	OIF 排序	OIF	组合方案
1	47.27	3、4、7	1	54.68	3、4、7	1	47.22	1、4、7
2	45.18	3、4、5	2	52.41	1、4、7	2	44.85	3、4、7
3	43.95	1、4、7	3	45.77	3、4、5	3	44.22	1、4、5
4	41.59	1、4、5	4	44.78	2、4、7	4	43.13	1、3、4
5	40.78	1、3、4	5	42.2	1、4、5	5	42.53	3、4、5
6	38.5	4、5、7	6	41.58	4、5、7	6	37.04	2、4、7

1988 年			2000 年			2007 年		
OIF 排序	OIF	组合方案	OIF 排序	OIF	组合方案	OIF 排序	OIF	组合方案
7	37.31	2、4、7	7	40.29	1、3、4	7	35.81	4、5、7
8	35.56	2、4、5	8	37.39	2、3、4	8	35.4	2、3、4
9	35.14	2、3、4	9	36.14	2、4、5	9	34.88	2、4、5
10	30.94	1、2、4	10	30.22	1、2、4	10	33.87	1、2、4
11	22.05	3、5、7	11	20.93	1、5、7	11	26.2	1、5、7
12	21.96	1、5、7	12	20.53	1、3、5	12	25.76	1、3、5
13	21.53	1、3、5	13	20.46	3、5、7	13	24.46	3、5、7
14	19.48	2、5、7	14	19.97	1、3、7	14	22.03	1、2、5
15	19.17	2、3、5	15	19.25	2、3、5	15	21.6	1、3、7
16	18.55	1、2、5	16	19.12	2、5、7	16	21.56	2、3、5
17	17.51	1、3、7	17	18.98	2、3、7	17	21.52	2、5、7
18	15.62	2、3、7	18	18.12	1、2、5	18	18.54	1、2、7
19	15.1	1、2、7	19	18.07	1、2、7	19	18.26	2、3、7
20	13.22	1、2、3	20	15.81	1、2、3	20	16.16	1、2、3

最佳指数 OIF 则是各波段的信息量和相关性综合指标，从关中地区 TM 影像最佳指数 OIF 计算结果（表 2-4）可知：仅以三个波段所包含的总信息量而言，三期影像基本都以 Band7、Band4、Band3 组合最佳，但 TM 影像的 Band7 为中红外波段（2.08～2.35 μm），主要是探测高温辐射源，或用于区分主要岩石类型、岩石的水热蚀变、探测与岩石有关的黏土矿物等；而 Band5 处于水的吸收带（1.4～1.9 μm）内，对含水量敏感，能用于土壤湿度和植物含水量调查、水分状况的研究、作物长势分析等，所以从土地覆盖信息方面考虑，Band7 不如 Band5。综上所述，综合影像各波段的信息含量以及相关性，Band3 基本可以代表 Band1、Band2、Band3 的信息；Band5、Band7 可用其中任意一个波段代表，但因本研究中 1988 年和 2007 年两期影像 Band5 的信息量大于 Band7，同时考虑到本研究遥感解译的目标主要是获取土地利用信息，故选择 Band5；因此，本书所

使用的三期遥感影像，在进行目视解译和修改时的最佳波段组合为 Band5（红）、Band4（绿）、Band3（蓝）。

2.4 遥感图像分类

2.4.1 土地利用分类系统

以国家颁布的土地利用分类系统为基础，同时借鉴众多学者在土地利用方面的遥感分类方案，然后结合关中地区的实际情况，并考虑到在 TM 影像上的可分性，确定将关中地区的土地利用类型分为 19 个二级类，最后将其归并为耕地、林地、草地、水域、建设用地和未利用地 6 个一级类（表 2-5）；其中，在 19 个二级类中又依据各景影像的季节差异、地形地貌差异做了进一步的三级划分。

表 2-5 关中地区土地利用分类系统

一级类	二级类	含义
耕地	水浇地	指有水源保证和灌溉设施，在一般年景能正常灌溉的耕地
	旱地	指无灌溉水源及设施，靠天然降水维持的耕地；有水源和浇灌设施，在一般年景下能正常灌溉的旱作耕地；以种菜为主的耕地，正常轮作的休闲地和轮歇地
林地	有林地	指郁闭度＞30%的天然林和人工林；包括用材林、经济林、防护林等
	灌木林	指郁闭度＞40%、高度在 2 m 以下的矮林地和灌丛林地
	疏林地	郁闭度为 10%～30%的天然林和人工林
	其他林地	未成林造林地、迹地、苗圃及各类园地
草地	高覆盖度草地	指覆盖度＞50%的天然草地、改良草地和割草地，此类草地一般水分条件较好，草被生长茂密
	中覆盖度草地	指覆盖度在 20%～50%的天然草地和改良草地，此类草地一般水分不足，草被较稀疏
	低覆盖度草地	指覆盖度在 5%～20%的天然草地，此类草地水分缺乏，草被稀疏，牧业利用条件差

水域	河渠	指天然形成或人工开挖的河流及主干渠常年水位以下的土地
	湖泊	指天然形成的积水区常年水位以下的土地
	水库坑塘	指人工修建的蓄水区常年水位以下的土地
	滩地	指河、湖水域平水期水位与洪水期水位之间的土地
建设用地	居民点	指大、中、小城市、县镇建成区及农村居民点用地
	其他建设用地	指独立于城镇以外的厂矿、大型工业区、交通道路、机场及特殊用地
未利用地	沙地	指地表为沙覆盖，植被覆盖度在 5%以下的土地，包括沙漠，但不包括水系中的沙滩
	盐碱地	指地表盐碱聚集，植被稀少，只能生长耐盐碱植物的土地
	沼泽地	指地势平坦低洼、排水不畅、长期潮湿，季节性积水或常积水，表层生长湿生植物的土地
	裸土裸岩	指地表为土质、岩石或石砾，植被覆盖度在 5%以下的土地

2.4.2 解译方法的选择

遥感图像解译（Imagery Interpretation）是从遥感图像上获取目标地物信息的过程，分为目视解译和计算机解译。目视解译是指专业人员通过直接观察或借助辅助判读仪器在遥感图像上获取特定目标地物信息的过程；计算机解译又称遥感图像理解（Remote Sensing Imagery Understanding），它是以计算机系统为支撑环境，依据遥感图像中目标地物的各种影像特征（色调、颜色、形状、纹理、大小、图形、空间位置与相关布局），综合运用地学分析、遥感图像处理、地理信息系统、模式识别与人工智能技术，结合专家知识库中目标地物的解译经验和成像规律等知识进行分析和推理，实现地学专题信息的智能化获取。利用计算机进行遥感图像智能化解译，能快速获取地表不同专题信息，并利用这些专题信息迅速地更新地理数据库，这是实现遥感图像自动理解的基础研究之一，也是地理信息系统中数据采集自动化研究的一个方向，因此具有重要的理论意义和应用前景；但计算机解译标志建立、解译结果的抽样核实或检验，都需要运用目视解译的方法进行，因此，目视解译既是遥感图像计算机解译的基础和起点，也在目前阶段的解译终点起作用；目视解译精度受专业知识、解译经验、对解译区域的熟悉程度等因素的影响。

传统的遥感图像计算机分类，依据分类过程中的人工参与程度，可以将其分为监督分类、非监督分类以及两者结合的混合分类等。监督分类是先从研究区域选取有代表性的训练区作为样本，再根据样本选择特征参数建立判别函数用以识别其他像元的类别归属；监督分类技术包括：平行六面体法、最小距离法、马氏距离法、最大似然法、波谱角（SAM）法、二进制编码法。非监督分类是在没有先验类别作为样本的条件下，依据像元间相似度的大小进行归类合并的方法；非监督分类技术包括：多级集群法、动态聚类法等。混合分类一般是先做非监督分类，再在非监督分类模板基础上建立监督分类模板，然后获取分类结果。

传统的遥感图像计算机分类方法主要有以下不足：仅局限于数理统计理论的运用、只考虑影像光谱特征、只对像元进行逐点分类、每个像元仅归属一个类别、只使用单源遥感影像和单分类器，这些缺陷都不同程度地影响分类精度的提高。针对上述不足，近年来，计算机分类方法在以下方面有了新的进展：

（1）对仅基于统计理论方面缺陷改进的方法有：人工神经网络分类法、支持向量机（SVM）分类法、基于知识的分类方法（包括决策树分类法、专家系统分类法等）。

（2）对仅基于光谱特征方面缺陷改进的方法有：纹理信息分类法、时相信息分类法、角度信息分类法。

（3）对逐点分类方面缺陷改进的方法有：图斑分类法、面向对象分类法。

（4）对像元归类唯一性方面缺陷改进的方法有：子像元分类法、模糊分类法。

（5）对单源数据和单分类器方面缺陷改进的方法有：多源数据融合分类法、复合分类法。

考虑到各分类法的优缺点、结合研究区的实际情况以及作者对研究区的资料拥有量和熟悉程度，本研究中的土地利用信息获取采用了基于知识的专家系统初解译与目视修改相结合的方法。遥感图像解译专家系统是模式识别与人工智能技术相结合的产物，它用模式识别方法获取地物多种特征，为专家系统解译遥感图像提供证据，同时应用人工智能技术，运用遥感图像解译专家的经验和方法，模拟遥感图像目视解译的具体思维过程，进行遥感图像解译；遥感图像解译专家系统既需要对遥感图像进行处理、分类和特征提取，又需要从遥感图像解译专家那里获取解译知识，构成图像解译知识库，在基于知识的指导下，由计算机完成遥感图像解译（王圆圆等，2004；李石华等，2005；刘仁钊等，2005）。本研究的专家系统解译是借助于 ERDAS9.2 平台的 Knowledge Engineer 和 Knowledge Classifier 两个模块来完成的；同时，为减少因各景影像的空间差异和时间差异造成的解译误差，本次遥感影像的计算机专家系统解译是先分景解译并修改，然后再将各景解译结果拼合。

2.4.3 遥感影像地类信息指数

2.4.3.1 归一化植被指数

遥感植被信息的自动提取主要依据各种植被指数模型来完成。植被指数是通过多个波段数据的分析运算产生的某些对植被长势、生物量等有一定指示意义的数值；它不需其他辅助资料，也没有任何假设条件，仅利用光谱信号来实现对植物状态信息的表达，是一种简单而有效的定量评价植被覆盖、生长活力及生物量的方法。由于植被光谱受到植被本身、环境条件、大气状况等多种因素的影响，植被指数往往具有明显的地域性和时效性，到目前为止，国内外学者已研究发展了几十种不同的植被指数模型；其中应用最为广泛的是植被归一化指数（NDVI），因为 NDVI 是植被生长状态和植被覆盖度的最佳指示因子，并且几种典型的地面覆盖类型NDVI差别显著，再加上NDVI的比值处理方法部分消除了地形、太阳高度角、卫星观测角等因素对地物信息的影响。当然，NDVI也有一些局限性：NDVI增强了近红外与红色通道反射率的对比度，它是近红外和红色比值的非线性拉伸，其结果是增强了低值区，抑制了高值区，导致对高植被区较低的敏感性；另外，就是对土壤背景信息敏感。为解释背景的光学特征变化并修正NDVI对土壤背景信息的敏感，Huete等提出了可适当描述土壤-植被系统的简单模型（Huete A R，1988），即土壤调整植被指数（SAVI）。本研究在提取关中地区植被信息时采用了NDVI（图2-2），其计算模型如下：

$$\text{NDVI}=(\text{NIR}-\text{Red})/(\text{NIR}+\text{Red}) \qquad (2\text{-}2)$$

式中：NDVI为归一化植被指数，Red代表红波段，NIR为红外波段。

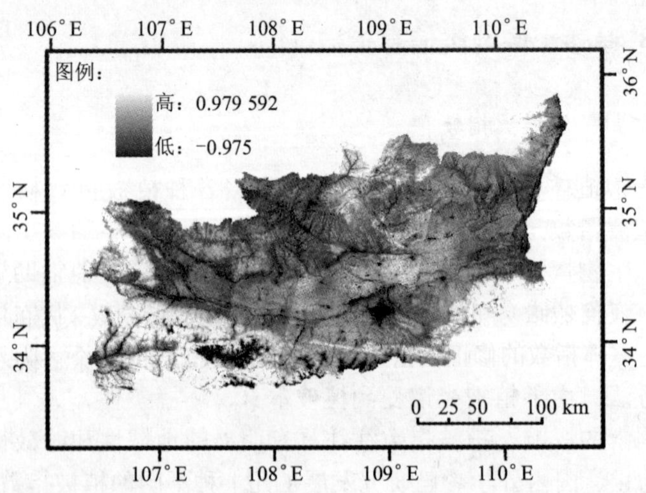

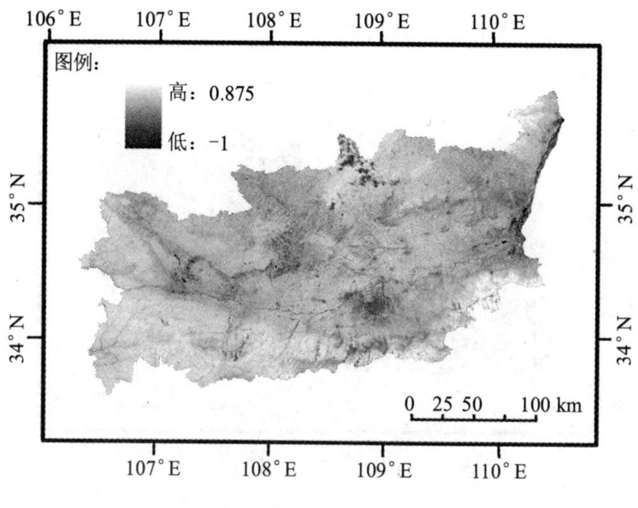

图 2-2　关中地区 NDVI 分布图

2.4.3.2 归一化水体指数

遥感水体信息自动提取的方法一般有单波段法、多波段法。单波段法是通过选取遥感影像中的近红外波段并辅以阈值来实现的（Rundquist D et al.，1987），其缺点是难以将水体与阴影分离。多波段法又可分为谱间分析法和比值法：谱间分析法是通过分析水体及背景地物的波谱曲线特征，找出变化规律及其相互关系，建立逻辑判别式提取水体信息（杜云艳等，1998；都金康等，2001），该方法操作比较复杂；比值法又可进一步分为简单比值运算法（如绿波段与红波段之比）和水体指数法。本文水体信息提取采用的是归一化差异水体指数的修正模型（Mc Feeters S K，1996；徐涵秋，2005）见图 2-3。

$$MNDWI=(Green-MIR)/(Green+MIR) \tag{2-3}$$

式中：MNDWI 为改进归一化差异水体指数；Green 代表绿光波段；MIR 为中红外波段。

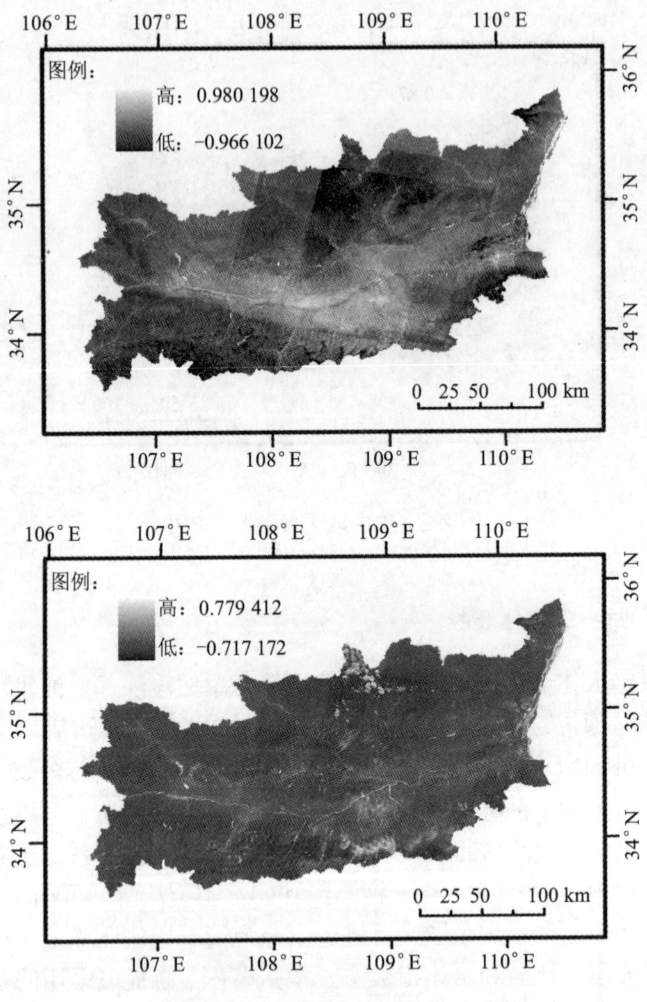

图 2-3 关中地区 MNDWI 分布图

2.4.3.3 归一化建筑指数

遥感建设用地信息的自动提取方面，杨存建和周成虎曾用谱间结构阈值法从 TM 影像上半自动地提取居民地信息（杨存建等，

2000），但需经过反复试验选取合适的阈值，通用性较差；杨山提出的仿归一化植被指数法（后改称为归一化建筑指数）操作简便（杨山，2000；查勇，2003），且在提取城镇用地方面有一定的精度，只是在农村提取居民点等建设用地时容易与裸露的土地混淆。本书利用该指数与其他方法配合来提取关中地区的建设用地信息（图 2-4），归一化建筑指数（NDBI）模型如下：

$$NDBI=(MIR-NIR)/(MIR+NIR) \tag{2-4}$$

式中：NDBI 为归一化建筑指数；NIR 为红外波段；MIR 为中红外波段。

2.4.3.4 土壤亮度指数

土壤亮度指数是遥感影像经穗帽变换（K-T 变换）后的一个成分，主要反映土壤亮度信息的强弱（图 2-5），能较为有效地区分裸土、建设用地，与归一化建筑指数配合使用能部分解决农村地区的建筑物与裸露土地混淆的问题。

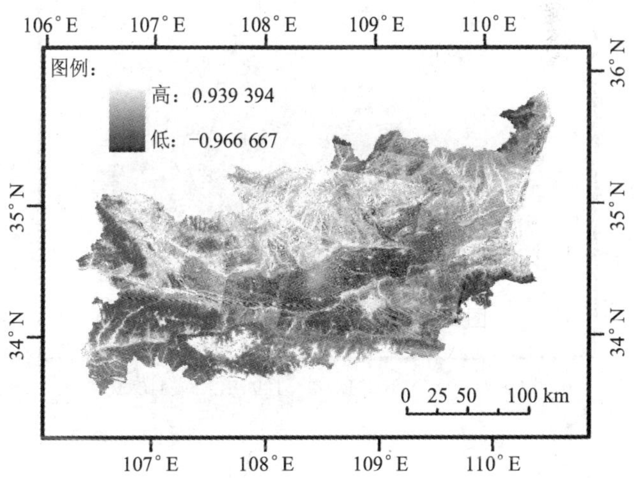

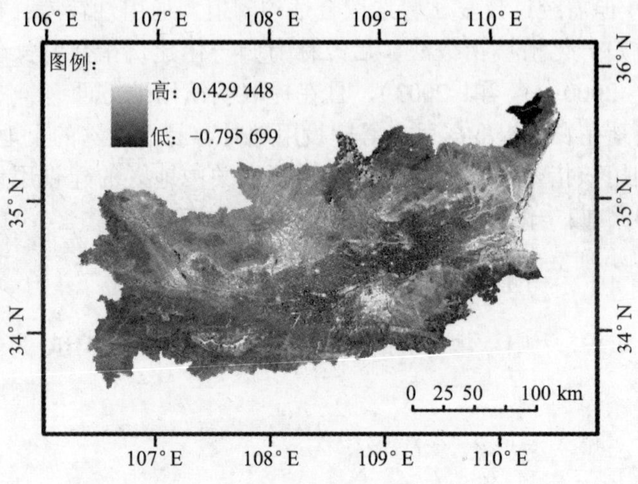

图 2-4 关中地区 NDBI 分布图

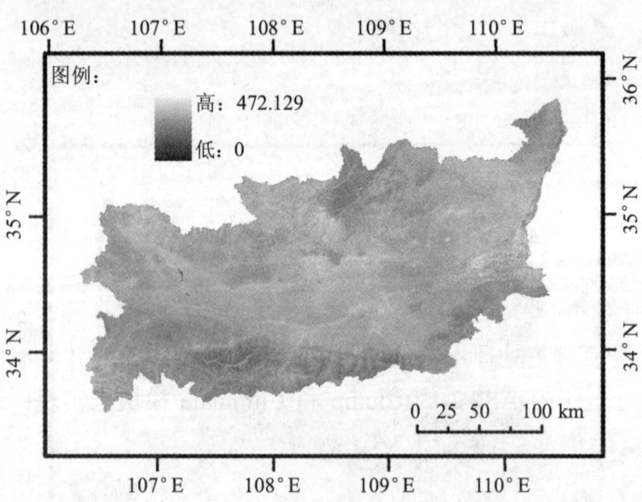

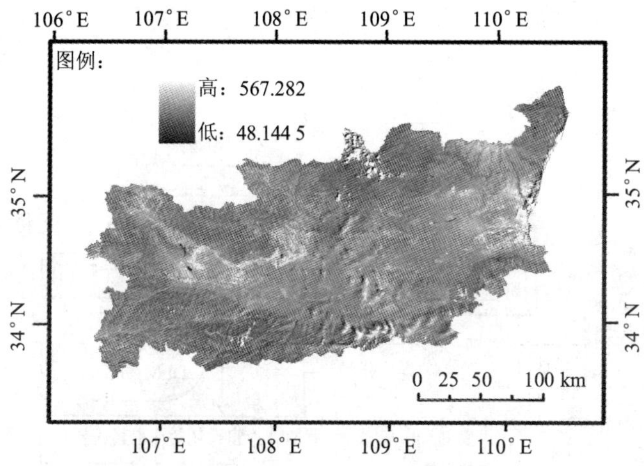

图 2-5　关中地区土壤亮度指数分布图

2.4.4 专家系统解译

本研究用于专家决策的依据主要有各地类在各波段的光谱值及其相互关系、由光谱值派生出来的各种指数（NDVI、NDBI、MNDWI、土壤亮度指数）、DEM、植被物候特征、地类空间关系等，由于时空差异，在各景影像中提取同一地类时所采用的判断指标值会有所不同。专家解译系统的基本逻辑判断模型如图 2-6 所示。

2.4.5 分类后修正处理

分类后修正处理主要包括小图斑处理以及地类归并，小图斑处理主要通过 ERDAS9.2 的 Clump 和 Eliminate 模块来实现；地类归并，则是指将依地形差异、物候差异等分别提取的同一地类进行合并，比如同为水浇地或旱地，初分类结果按作物是否收割各分两类提取的，此时则应统一归为旱地或水浇地，最后再将旱地和水浇地归为耕地，对研究区的土地利用变化及其各种效应的分析均在一级地类的层面进行。

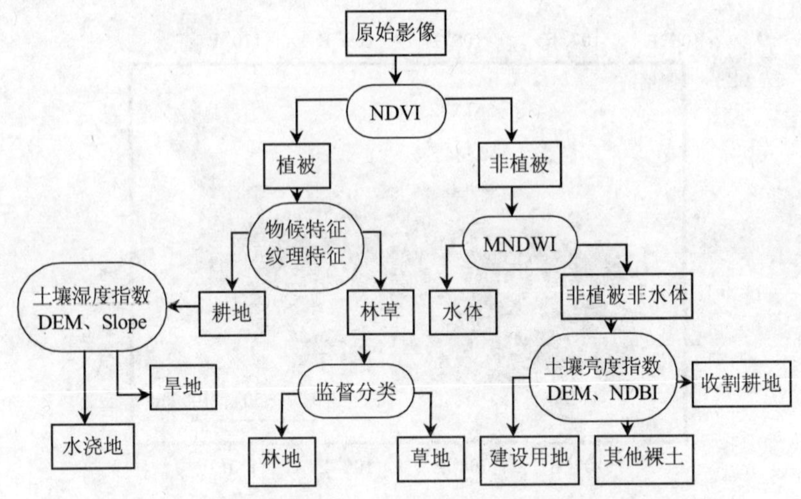

图 2-6 土地利用类型遥感解译逻辑判断模型

目视修改主要依据野外考察的GPS定位数据、定位点的数码相片和土地利用变化方面的访谈记录、1996年土地利用图等资料对全图进行审视和修改；对没能解译出来的交通用地和农村居民点则依据大比例尺的地形图、交通图和各级公路和铁路的标准成图，然后使用ERDAS9.2的Overlay模块或ARCGIS9.2中的Update模块实现数据的修改；参考1986年的县级土地详查数据、1992—2007年的土地利用变更数据和部分地市的国土资源二次调查数据，同时，考虑到这些国土调查数据中农村居民点面积偏大的可能性不大，因此将农村居民点调查面积与解译面积的差值分摊到各乡镇及村级居民点，并以建立缓冲区的手段在图上实现，从而保证县级农村居民点面积的总体精度。

2.4.6 精度评价

图像分类精度评价是分类过程中不可或缺的组成部分，精度评价指标主要有用户精度、制图精度、总体分类精度和Kappa系数；用户精度是指各类别被正确分类的像元数与被评价图像上相应类别总像元数的比值；而制图精度则是指各类别被正确分类的像元数与参照图像上相应类别总像元数的比值；总体分类精度是所分类的结果与地面所对应区域的实际类型相一致的概率，它只考虑了误差矩阵中主对角线方向的数据，而忽略了非对角线方向的数据；Kappa系数则既考虑了误差矩阵主对角线方向的数据，又考虑非对角线方向的数据，它能更客观地评价分类质量，其计算公式如下：

$$\text{Kappa} = \frac{N\sum_{i=1}^{r} x_{ii} - \sum_{i=1}^{r}(x_{i+}x_{+i})}{N^2 - \sum_{i=1}^{r}(x_{i+}x_{+i})} \tag{2-5}$$

式中：r 是错误矩阵中总列数（总的类别数）；x_{ii} 是错误矩阵中第 i 行、第 i 列上像元数量（正确分类的数目）；x_{i+}和 x_{+i} 分别是第 i 行和第 i 列的总像元数量；N 是总的用于精度评估的像元数量。

本研究通过计算机随机采样的方式，每期影像采集 600 个点，然后按六个一级类进行精度评价，具体精度评价结果见表 2-6。精度评价结果表明：关中地区的三期土地利用类型遥感影像解译精度符合相关要求，可以作为下一步研究的基础数据。

表 2-6　关中地区遥感影像解译精度评价

		耕地	林地	草地	建设用地	水域	未利用地
1986 年	用户精度	0.885 6	0.831 0	0.779 3	0.815 8	0.841 3	0.909 1
	制图精度	0.881 2	0.831 0	0.774 0	0.885 7	0.828 1	0.909 1
	总体精度	0.8400					
	Kappa 系数	0.788 7					
2000 年	用户精度	0.861 7	0.813 7	0.801 5	0.868 4	0.893 9	0.818 2
	制图精度	0.915 3	0.839 7	0.746 6	0.804 9	0.855 1	0.818 2
	总体精度	0.841 7					
	Kappa 系数	0.793 1					
2007 年	用户精度	0.838 2	0.807 1	0.794 5	0.871 8	0.847 5	0.833 3
	制图精度	0.890 6	0.795 8	0.758 2	0.871 8	0.806 5	0.833 3
	总体精度	0.8267					
	Kappa 系数	0.7717					

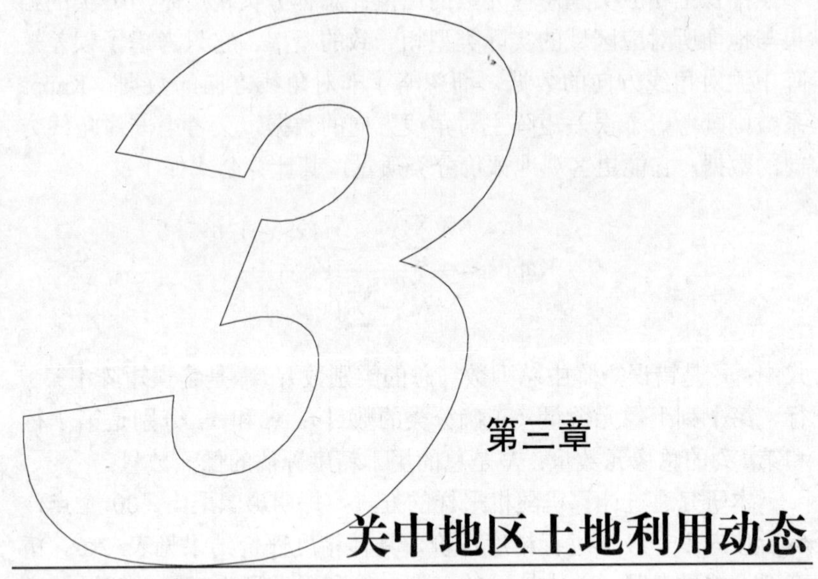

第三章

关中地区土地利用动态

土地利用是人与自然交叉最为密切的环节，土地利用变化以及由此导致的土地覆被变化必然影响土地生态系统的结构和功能；研究土地利用/覆被变化（LUCC）对于了解区域土地生态安全变化、维持生态平衡、促进区域经济与环境的协调发展具有重要意义（李秀彬，1996；欧阳志云等，1999；吴钢等，2001）。自 1995 年国际地学与生物圈计划（IGBP）和全球环境变化人文因素计划（IHDP）联合提出了 LUCC 研究计划以来（陈百明等，2003；Lambin E F et al.，1999；Turner B L et al.，1999），中外学者在土地利用分类系统、土地利用生态分区、土地利用现状分析、LUCC 及其驱动力、土地可持续利用、土地利用优化配置、LUCC 的生态效应、土地利用安全格局等方面开展了大量研究（张镱锂等，2008；于兴修等，2004；王兵等，2006；刘新卫等，2004；朱会义等，2001；陈群元等，2007；吴文斌，2007；岳书平，2007）；研究样区多选在经济热点地带、城乡过渡带、农牧交错带、生态脆弱带以及地理单元相对独立的小流域；研究手段从传统的定性定量描述到“3S”技术、实验方法和模型模拟等高技术的综合运用（摆万奇等，1997；王秀兰等，1999；史培军等，2000；朱会义，2003）；研究的数据源则呈现由国土部门的统计数据到遥感数据，再到多源遥感数据、野外调查数据、基础地理数据、专题数据等多类型数据融合的方向发展。1995 年来，尽管 LUCC 在数据源、理论、方法等方面的研究均有了长足进展，但在人与环境耦合的土地利用系统理论体系构建、LUCC 数据的融合方法、海量数据精度自动检测技术等方面的研究还有待加强；同时，亟待构建可在不同研究尺度上和多区域案例研究中普适性的 LUCC 模型，亟须深化区域土地可持续利用评价指标和模式的定量化研究。

地学信息图谱是由遥感、地图数据库、地理信息系统与数字地球的大量数字信息，经过图形思维与抽象思维概括，并以计算机多维与动态可视化技术显示地球系统及各要素和现象空间形态结构与时空变化规律的一种手段和方法；它是在地理信息可视化表达及其空间查询基础上，为应对地理信息的多维时空分析和模拟能力的要求而诞生的；是对复杂地学现象的物理结构、能量特征及其变化的描述以及对事物与现象空间结构特征与时空序列变化规律信息的直观反映；也是以地图、图像、图表等图形语言表达地学时态演进和空间分异的一种多维图解；这种空间图形谱系经过空间模型与地学认知的深入分析，可进行推理、反演与预测，形成对事物和现象更深层次的认识，有可能总结出重要的科学规律，从而为经济与社会可持续发展的规划决策、环境治理、防灾减灾等提供科学依据和明确的具体结论（陈述彭，2001；廖克，2002；傅萧性，2002；齐清文，2004）。地学信息图谱由著名地理学、地图学、遥感与地球信息科学家陈述彭院士于 20 世纪 90 年代首次提出，是中国地球信息科学领域的重大创新研究，也是中国古代整体性的“天人合一”的哲学思想、历史悠久的形象思维与现代高精度理性分析相结合的产物；是在传统地图学向现代地图学迈进过程中诞生的一个分支科学，地球信息科学为其提供了技术支撑，形-数-理一体化的思维模式为其提供了全新的方法论，它是在信息时代地球科学的呼唤下和人类社会发展中出现的信息爆炸与有用信息稀缺矛盾过程中产生的（陈燕等，2006）；它继承了传统地学图谱的思维方法，进一步在遥感图像与地理信息系统基础上，实现全数字化定量分析。陈述彭、廖克、周成虎、齐清文、承继成、闾国年、汤国安、鲁学军、岳天祥、骆剑承、李军等先后从不同角度研究和探讨了地学信息图谱的理论、技术方法和应用实例，取得了一系列学术成果（陈述彭，2001；廖克，2002，2003，2005；傅萧性，2002；齐清文，2005；陈燕等，2004；李仁杰等，2006）。

本书利用地学信息图谱能够把“表现空间单元特征的图”与“表示事件发展之起点与过程的谱”合二为一的特点，定量研究关中地区的土地利用动态变化情况，以期从多维时空中深入了解土地利用的变化规律，从而为研究区域的土地生态安全研究提供基石（叶庆华等，2002，2004）。关中地区土地利用变化图谱是以区域内土地利用一级分类栅格图为基础，按如下模型进行地图运算：Value（change）=Value1986×10 +Value2007，这样生成的像元值本身包含了变化的类型，如1986年的耕地（Value=1）变成了2007年的草地（Value=3），则运算后的像元值就是1×10+3=13，代表了从耕地向草地的变化，这样便得到关中地区1986—2007年土地利用变化图谱（彩图3-1），对图谱做统计便可以得到土地利用变化的各种表格。

3.1 土地利用数量变化的时空差异

本研究用土地利用绝对变化量、相对变化率及年度递增（减）率来反映土地利用的数量变化情况，其测算模型如下（王秀兰等，1999）：

$$K = \frac{U_2 - U_1}{U_1} \times 100\% \qquad (3\text{-}1)$$

$$R = (\sqrt[T]{U_2 \div U_1} - 1) \times 100\% \qquad (3\text{-}2)$$

式中：K 为相对变化率；R 为年度递增（减）率；T 为研究时段；U_1 为研究期初面积；U_2 为研究期末面积。

由表 3-1 可知：1986—2007 年，关中地区耕地、草地、水域和未利用地分别减少了 6.51%、6.49%、11.15%、37.38%，年度递减率为 0.32%、0.32%、0.56%、2.20%，各占总减量的 60.92%、33.42%、3.48%、2.18%；林地、建设用地分别增加了 14.93%、19.04%，年度递增率为 0.66%、0.83%，各占总增量的 73.98%、26.02%。其中，1986—2000 年，耕地、草地、水域和未利用地分别减少了 1.31%、0.84%、5.56%、26.36%，占该时段总减量的 61.76%、21.82%、8.70%、7.72%；林地、建设用地增加了 1.03%、10.85%，占该时段总增量的 25.51%、74.49%。2000—2007 年，耕地、草地、水域和未利用地则分别减少了 5.27%、5.69%、5.92%、14.97%，占该时段总减量的 60.71%、36.31%、2.18%、0.80%；林地、建设用地分别增加了 13.76%、7.39%，占该时段总增量的 86.03%、13.97%。综上可见：关中地区前后两时段减量占比最大的都是耕地，其次为草地；而总增量占比前一时段以建设用地较大，后一时段则以林地占绝对优势。关中地区耕地面积比重较大，且主要集中在关中平原，而平原地带又是城镇化主要推进区，故耕地与建设用地的消长势在必然；后期林地的大幅增长则是生态治理政策实施的结果。

研究期内，关中地区各地貌单元的土地利用类型面积在数量变化方面各有特点。黄土梁峁区的耕地、草地、水域分别减少了 5.39%、5.51%、6.74%，林地、建设用地分别增加了 28.03%、7.39%；其中 1986—2000 年，林地、草地分别减少了 0.52%、0.81%，耕地、水域、建设用地分别增加了 0.43%、4.61%、5.39%；2000—2007 年，耕地、草地、水域分别减少了 5.80%、4.74%、10.85%，林地、建设用地分别增加了 28.70%、1.90%。黄土台塬区的耕地、草地、水域各减少了 3.65%、5.89%、11.50%，林地、建设用地分别增加了 48.73%、18.83%；其中 1986—2000 年，林地、草地、水域分别减少了 1.74%、

表3-1　关中地区1986—2007年土地利用数量变化　　单位：hm^2

		黄土梁峁区	黄土台塬区	黄土塬区	平原区	山地区	关中地区
1986—2000年	耕地	609.48	−12 887.47	−6 078.79	−14 441.88	551.89	−32 246.77
	林地	−261.29	2 806.49	3 753.10	7 688.06	−664.21	13 322.16
	草地	−1 058.85	−1 534.44	−1 164.68	−5 265.42	−2 368.87	−11 392.26
	水域	108.56	−115.38	−148.65	−4 424.77	35.66	−4 544.58
	建设用地	602.10	11 738.78	3 639.02	20 468.87	2 445.42	38 894.18
	未利用地	0.00	−7.98	0.00	−4 024.87	0.11	−4 032.74
2000—2007年	耕地	−8 165.46	−14 189.04	−22 763.55	−25 937.55	−56 463.70	−127 519.29
	林地	14 378.01	14 880.34	35 866.35	12 195.81	103 383.71	180 704.23
	草地	−6 168.96	−7 013.83	−14 420.75	−2 027.64	−46 632.53	−76 263.71
	水域	−267.44	−708.36	−262.68	−2 137.67	−1 196.40	−4 572.55
	建设用地	223.85	7 030.89	1 580.63	18 546.98	1 955.62	29 337.97
	未利用地	0.00	0.00	0.00	−639.93	−1 046.71	−1 686.65
1986—2007年	耕地	−7 555.99	−27 076.50	−28 842.34	−40 379.43	−55 911.80	−159 766.06
	林地	14 116.73	17 686.84	39 619.45	19 883.88	102 719.50	194 026.39
	草地	−7 227.81	−8 548.27	−15 585.43	−7 293.06	−49 001.40	−87 655.97
	水域	−158.88	−823.74	−411.33	−6 562.43	−1 160.75	−9 117.13
	建设用地	825.95	18 769.67	5 219.65	39 015.84	4 401.04	68 232.15
	未利用地	0.00	−7.98	0.00	−4 664.80	−1 046.60	−5 719.39

1.06%、1.61%，林地、建设用地分别增加了 7.73%、11.78%；2000—2007 年，耕地、草地、水域分别减少了 1.95%、4.89%、10.05%，林地、建设用地分别增加了 38.06%、6.31%。黄土塬区的耕地、草地、水域分别减少了 8.21%、7.99%、8.99%，林地、建设用地分别增加了 55.40%、13.14%；其中 1986—2000 年，耕地、草地、水域分别减少了 1.73%、0.60%、3.25%，林地、建设用地分别增加了 5.25%、9.16%；2000—2007 年，耕地、草地、水域分别减少了 6.59%、7.44%、5.93%，林地、建设用地分别增加了 47.65%、3.65%。平原区的耕地、草地、水域、未利用地分别减少 4.84%、9.56%、10.94%、36.45%，林地、建设用地分别增加 76.59%、24.83%；其中 1986—2000 年，耕地、草地、水域、未利用地各减少 1.73%、6.90%、7.37%、31.45%，林地、建设用地分别增加 29.61%、13.02%；2000—2007 年，耕地、草地、水域、未利用地各减少 3.16%、2.85%、3.85%、7.29%，林地、建设用地分别增加 36.24%、10.44%。山地区的耕地、草地、水域、未利用地各减少 14.54%、6.10%、15.19%、41.97%，林地、建设用地分别增加 9.21%、8.69%；其中，1986—2000 年，林地、草地各减少 0.06%、0.29%，耕地、水域、建设用地分别增加 0.14%、0.47%、4.83%；2000—2007 年，耕地、草地、水域、未利用地各减少 14.66%、5.82%、15.19%、41.97%，林地、建设用地分别增加 9.27%、3.68%。综上可见：在不同时段，各地貌类型草地面积都减少，建设用地面积都增加；耕地除黄土梁峁区在 1986—2000 年略有增加外，其他情况下均减少；1986—2000 年，黄土梁峁区和山地区的林地减少，其余情况增加；水域除 1986—2000 年黄土梁峁区和山地区稍有增加外，其他均减少；未利用地基本都在减少；各地貌单元各时段减量最大的基本上都是耕地，其次为草地，而增量前期以建设用地为主，后期则以林地为主。

3.2 土地利用结构变化的时空差异

从表 3-2 可知：1986—2007 年，关中地区耕地、草地、水域和未利用地占比下降，降幅最大的为耕地；林地、建设用地占比上升。其中1986—2000年，耕地、草地、水域和未利用地占比下降了0.58%、0.20%、0.08%、0.07%，林地、建设用地占比上升了0.24%、0.70%；2000—2007年，耕地、草地、水域和未利用地占比减少了2.29%、1.37%、0.08%、0.03%，林地、建设用地占比增加了3.25%、0.53%。

研究期内，关中地区各地貌单元土地利用结构变化幅度存在差异。黄土梁峁区的耕地、林地、草地、水域、建设用地占比在1986年为41.80%、15.02%、39.14%、0.70%、3.33%，2000年为41.99%、14.94%、38.83%、0.74%、3.51%，2007年为39.55%、19.23%、36.99%、0.66%、3.58%。因此，黄土梁峁区的耕地、水域占比是先增后减，林地占比则是先减后增，草地占比一直减少，建设用地占比一直增加。黄土台塬区耕地、林地、草地、水域、建设用地占比在1986年为72.03%、3.52%、14.08%、0.70%、9.67%，2000年为70.78%、3.80%、13.93%、0.68%、10.81%，2007年为69.40%、5.24%、13.25%、0.62%、11.50%。由此可见：黄土台塬区各时段的耕地、草地、水域占比都下降，且后时段占比降幅均高于前时段，林地、建设用地占比上升，林地占比升幅是后时段大于前时段，建设用地占比升幅则是前时段大于后时段。黄土塬区的耕地、林地、草地、水域、建设用地占比在1986年为53.06%、10.80%、29.45%、0.69%、6.00%，2000年为52.14%、11.37%、29.27%、0.67%、6.55%，2007年为48.70%、16.79%、27.10%、0.63%、6.79%；所以，黄土塬区各时段耕地、草地、水域占比都下降，且后时段占比降幅均大于前时段，林地、建设用地占比上升，其变化态势同黄土台塬区。平原区的耕地、林地、草地、水域、建设用地、未利用地占比在1986年为71.53%、2.23%、6.54%、5.14%、13.47%、1.10%，2000年为70.29%、2.88%、6.09%、4.76%、15.22%、0.75%，2007年为68.06%、3.93%、5.91%、4.58%、16.81%、0.70%；故平原区各时段耕地、草地、水域、未利用地占比均下降，其中，耕地后时段占比降幅大于前时段，其他三类则相反；林地、建设用地占比上升，林地占比升幅后时段大于前时段，建设用地反之。山地区的耕地、林地、草地、水域、建设用地、未利用地占比 1986 年为 16.27%、47.19%、33.97%、0.32%、2.14%、0.11%，2000 年为 16.29%、47.16%、33.87%、0.32%、2.25%、0.11%，2007 年为 13.90%、51.53%、31.90%、0.27%、2.33%、0.06%；因此，1986—2000 年，山地区各地类占比变化不大；2000—2007 年耕地、草地、水域、未利用地占比下降，林地、建设用地占比增加。综上可见：研究期内，耕地、草地、水域在所有地貌类型中的占比都是下降的，其占比降幅分别表现为，耕地：黄土塬＞平原＞黄土台塬＞山地＞黄土梁峁，草地：黄土塬＞黄土梁峁＞山地＞黄土台塬＞平原，水域：平原＞黄土台塬＞黄土塬＞山地＞黄土梁峁；所有地貌单元中林地、建设用地占比都是上升的，其增幅分别体现为，林地：黄土塬＞山地＞黄土梁峁＞黄土台塬＞平原，建设用地：平原＞黄土台塬＞黄土塬＞黄土梁峁＞山地。其中，1986—2000 年，耕地占比在黄土台塬区、平原区和黄土塬区减少，在黄土梁峁区、山地区占比增加；林地占比在黄土梁峁区和山地区略有减少，在其他三类地貌区有不同程度的增加；草地占比减幅排序为：平原＞黄土梁峁＞黄土塬＞黄土台塬＞山地；水域占比在黄土梁峁区有少量增加，在山地区基本不变，在其他三类地貌区减少；建设用地占比都增加，增幅次序为：平原＞黄土台塬＞黄土塬＞黄土梁峁＞山地。2000—2007 年，各地貌类型中的耕地、草地、水域占比都下降，其降幅分类排序如下，耕地：黄土塬＞黄土梁峁＞山地＞平原＞黄土台塬，草地：黄土塬＞山地＞黄土梁峁＞黄土台塬＞平原，水域：平原＞黄土梁峁＞黄土台塬＞山地＞黄土塬；各地貌单元中的林地、建设用地占比都是增加的，其增幅次序如下，林地：黄土塬＞山地＞黄土梁峁＞黄土台塬＞平原，建设用地：平原＞黄土台塬＞黄土塬＞山地＞黄土梁峁。

表 3-2 关中地区 1986—2007 年土地利用结构变化 单位：%

		黄土梁峁区	黄土台塬区	黄土塬区	平原区	山地区	关中地区
1986—2000年	耕地	0.18	−1.25	−0.92	−1.24	0.02	−0.58
	林地	−0.08	0.27	0.57	0.66	−0.03	0.24
	草地	−0.32	−0.15	−0.18	−0.45	−0.10	−0.20
	水域	0.03	−0.01	−0.02	−0.38	0.00	−0.08
	建设用地	0.18	1.14	0.55	1.75	0.10	0.70
	未利用地	0.00	0.00	0.00	−0.34	0.00	−0.07
2000—2007年	耕地	−2.43	−1.38	−3.44	−2.22	−2.39	−2.29
	林地	4.29	1.44	5.42	1.05	4.37	3.25
	草地	−1.84	−0.68	−2.18	−0.17	−1.97	−1.37
	水域	−0.08	−0.07	−0.04	−0.18	−0.05	−0.08
	建设用地	0.07	0.68	0.24	1.59	0.08	0.53
	未利用地	0.00	0.00	0.00	−0.05	−0.04	−0.03
1986—2007年	耕地	−2.25	−2.63	−4.36	−3.46	−2.37	−2.87
	林地	4.21	1.72	5.98	1.70	4.35	3.49
	草地	−2.16	−0.83	−2.35	−0.63	−2.07	−1.58
	水域	−0.05	−0.08	−0.06	−0.56	−0.05	−0.16
	建设用地	0.25	1.82	0.79	3.34	0.19	1.23
	未利用地	0.00	0.00	0.00	−0.40	−0.04	−0.10

3.3 土地利用动态度变化的时空差异

土地利用动态度主要用来反映区域土地利用变化的剧烈程度，用以找出土地利用变化的热点地区，其计算模型如下（王秀兰等，1999）：

$$L_i = \frac{U_{i+} + U_{i-}}{U_{i1} + U_{i2}} \times \frac{1}{T} \times 100\% \qquad (3\text{-}3)$$

$$L = \frac{\sum_{i=1}^{n}\sum_{j=1}^{n} U_{ij}}{U} \times \frac{1}{T} \times 100\% \, (i \neq j) \qquad (3\text{-}4)$$

式中：L_i 为 i 类土地的单一土地利用类型动态度；U_{i+}为研究期内其他地类变为 i 类土地的总量；U_{i-}为研究期内 i 类土地变为其他地类的总量；U_{i1} 为研究期初 i 类土地面积；U_{i2} 为研究期末 i 类土地面积；T 为研究时段；L 为区域土地利用综合动态度；U 为区域土地总面积；U_{ij} 为研究时段内 i 类土地利用类型转化为非 i 类土地利用类型的面积；n 为土地利用类型总数。

由表 3-3 可知：1986—2007 年，关中地区的土地利用综合动态度为 0.27%，其中 1986—2000 年为 0.11%，2000—2007 年为 0.60%，后时段土地利用综合动态度约为前时段的 5.45 倍。研究期内，耕地、林地、草地、水域、建设用地、未利用地的土地利用动态度分别为 0.21%、0.36%、0.19%、1.00%、0.42%、1.16%，动态度最大的是未利用地，其次为水域和建设用地，最小的为草地；1986—2000 年，各土地利用类型动态度大小排序与整个研究期一致；2000—2007 年，动态度最大的是水域，其次为未利用地和林地，耕地动态度最小；后时段，耕地、林地、草地、水域、建设用地的动态度均大于前时段，但未利用地动态度略小于前时段。未利用地、水域占总面积比重小，又是建设用地和生态用地扩张的目标，并且生态建设、城镇拓展、农业灌溉设施建设都对水域面积的锐减作用明显，因而未利用地和水域自然成为关中地区动态度最大的地类，1999 年开始实施的“退耕还林政策”使得 2000—2007 年各地类（除未利用地）的动态度均有不同程度的增加。

表 3-3　关中地区 1986—2007 年土地利用动态度　　单位：%

		黄土梁峁区	黄土台塬区	黄土塬区	平原区	山地区	全区
1986—2000年	耕地	0.05	0.07	0.07	0.16	0.07	0.10
	林地	0.04	0.41	0.19	1.50	0.01	0.07
	草地	0.05	0.04	0.03	0.51	0.03	0.06
	水域	0.18	0.12	0.12	1.00	0.03	0.75
	建设用地	0.19	0.40	0.34	0.45	0.17	0.38
	未利用地	0.00	7.14	0.00	1.45	0.00	1.18
	综合动态度	0.05	0.11	0.09	0.31	0.03	0.11
2000—2007年	耕地	0.43	0.16	0.49	0.33	1.20	0.44
	林地	1.80	2.40	2.76	2.69	0.64	0.94
	草地	0.37	0.41	0.57	0.65	0.45	0.47
	水域	0.82	2.39	0.45	1.84	3.54	1.94
	建设用地	0.14	0.44	0.26	0.72	0.27	0.52
	未利用地	0.00	0.00	0.00	0.54	3.80	1.16
	综合动态度	0.64	0.34	0.82	0.57	0.67	0.60
1986—2007年	耕地	0.18	0.10	0.21	0.21	0.44	0.21
	林地	0.62	1.05	1.04	1.80	0.22	0.36
	草地	0.15	0.16	0.21	0.51	0.17	0.19
	水域	0.39	0.86	0.23	1.08	1.20	1.00
	建设用地	0.17	0.41	0.31	0.54	0.20	0.42
	未利用地	0.00	4.76	0.00	1.14	1.27	1.16
	综合动态度	0.25	0.19	0.33	0.38	0.24	0.27

关中地区各地貌单元内的土地利用动态度差异较大。1986—2007 年，黄土梁峁区后时段土地利用综合动态度约为前时段的 13 倍；其各单一土地类型动态度的顺序是：林地＞水域＞耕地＞建设用地＞草地，其中 1986—2000 年的排序为：建设用地＞水域＞耕地＞草地＞林地，2000—2007 年的次序为：林地＞水域＞耕地＞草地＞建设用地。研究期内，黄土台塬区后时段土地利用综合动态度约为前时段的 3.09 倍；该区各单一地类动态度的顺序是：未利用地＞林地＞水域＞建设用地＞草地＞耕地，其中 1986—2000 年的

排序为：未利用地>林地>建设用地>水域>耕地>草地，2000—2007年的次序为：林地>水域>建设用地>草地>耕地。1986—2007年，黄土塬区后时段土地利用综合动态度约为前时段的9.11倍，其单一地类动态度的次序是：林地>建设用地>水域>耕地>草地，其中，1986—2000年的排序为：建设用地>林地>水域>耕地>草地，2000—2007年的次序为：林地>草地>耕地>水域>建设用地。研究期内，平原区后时段土地利用综合动态度约为前时段的1.84倍；其单一地类动态度的大小顺序是：林地>未利用地>水域>建设用地>草地>耕地，其中，1986—2000年的排序为：林地>未利用地>水域>草地>建设用地>耕地，2000—2007年的次序为：林地>水域>建设用地>草地>未利用地>耕地。1986—2007年，山地区后时段土地利用综合动态度约为前时段的22.33倍；区内各单一地类动态度的大小次序是：未利用地>水域>耕地>林地>建设用地>草地，其中，1986—2000年的排序为：建设用地>耕地>水域=草地>林地>未利用地，2000—2007年的次序为：未利用地>水域>耕地>林地>草地>建设用地。关中地区各地貌单元各类土地的动态度基本都表现为2000—2007年较高，只有黄土梁峁区、黄土塬区的建设用地及平原区的未利用地动态度在1986—2000年较大。研究区各地貌单元的土地利用综合动态度，在研究期内表现为：平原>黄土塬>黄土梁峁>山地>黄土台塬；其中1986—2000年：平原>黄土台塬>黄土塬>黄土梁峁>山地，2000—2007年：黄土塬>山地>黄土梁峁>平原>黄土台塬。研究期内，耕地动态度最大的是山地区，其次为平原区和黄土塬区，最小的是黄土台塬区，其中，1986—2000年耕地动态度最大的是平原区，最小的为黄土梁峁区；2000—2007年耕地动态度最大的是山地区，最小的为黄土台塬区。林地动态度在研究期内及1986—2000年均以平原区最大、山地区最小，2000—2007年最大值为黄土塬区。草地动态度在各时段的最大值都为平原区。水域动态度最大值在研究期内及2000—2007年均为山地区，而1986—2000年则以平原区最大；研究期内及前后两时段，建设用地均以平原区动态度为最大。

综上可知：关中地区及其各地貌分区的土地利用综合动态度均表现为后段大于前段，单一地类动态度变化情况也基本如此；1986—2000 年以平原区、黄土台塬区为土地利用变化的热点地区，2000—2007 年，热点则转移到黄土塬、山地及黄土梁峁区。本区土地利用变化热点地区的分布及变动是人类活动强度分布特点及政策影响的结果；平原和黄土台塬是人口密集区，建设用地增加速度远高于周边地区，在正常情况下，肯定是土地利用变化剧烈的区域；后期热点转移到周边则是受“退耕还林”政策的影响，但这一变化只是暂时的，待林草植被稳定到一定比例，热点仍会回到平原和黄土台塬区。

3.4 土地利用程度变化的时空差异

土地利用程度主要反映土地利用的广度和深度，它不仅反映了土地利用本身的自然属性，也反映了土地系统中人类因素的影响程度。我国学者（樊玉山等，1994；王思远等，2001）提出了土地利用程度分级原则和土地利用的定量化表达式：

$$P = 100 \times \sum_{i=1}^{n} A_i \times C_i \mathrm{L} \ P \in [100,400] \qquad (3\text{-}5)$$

式中：P 为某区域土地利用程度综合指数；A_i 为区域内第 i 级土地利用程度分级指数；C_i 为区域内第 i 级土地利用程度分级面积百分比；n 为土地利用程度分级数，目前主要按土地利用类型来分级，将土地利用类型整合为未利用土地级、林草水用地级、农业用地级、城镇聚落用地级，并分别将分级指数设定为 1、2、3、4。由此分级原则和公式可知，土地利用程度综合指数变动范围为 100～400，其大小反映了土地利用程度高低。依据上述方法及土地利用遥感分类数据计算出关中地区土地利用程度综合指数（表 3-4）。

表 3-4 关中地区 1986—2007 年土地利用程度综合指数

	黄土梁峁区	黄土台塬区	黄土塬区	平原区	山地区	关中地区
1986 年	248.47	291.37	265.05	297.37	220.45	256.75
2000 年	249.01	292.40	265.24	299.99	220.68	257.64
2007 年	246.71	292.39	262.27	301.00	218.50	256.43
1986—2000 年	0.54	1.03	0.18	2.62	0.23	0.89
2000—2007 年	−2.30	−0.01	−2.96	1.01	−2.18	−1.21
1986—2007 年	−1.76	1.02	−2.78	3.63	−1.95	−0.32

从表 3-4 可见：关中地区土地利用程度在 1986—2000 年处于发展时期，在 2000—2007 年为土地利用程度的调整期。土地利用程度在关中地区各地貌单元存在较大差异；平原区土地利用程度最高，1986 年、2000 年和 2007 年的土地利用程度综合指数分别高出关中地区平均水平 40.62、42.35、44.57；其次为黄土台塬区，1986 年、2000 年和 2007 年的土地利用程度综合指数分别比全区平均值高出 34.63、34.76、35.96；山地区土地利用程度最低，1986 年、2000 年和 2007 年的土地利用程度综合指数分别比全区平均水平低 36.30、36.96、37.93。土地利用程度地貌差异性主要与土地利用结构特点相关，平原区主要为城镇聚落用地级和农业用地级，而山地区林地和草地所占比例较高（1986 年、2000 年和 2007 年分别为 81.16%、81.03%、83.43%）。通过研究期初和研究期末土地利用程度综合指数与关中地区平均值的比较，可以发现研究区土地利用程度差距在进一步拉大；研究期内除平原区和黄土台塬区外，其他地貌单元的土地利用均处于调整期；发展较快的是平原区，其土地利用程度综合指数年度递增率为 0.06%，这主要是平原区内各类土地大量向城镇聚落用地级转变的结果；发展较慢的是黄土台塬区，其土地利用程度综合指数年递增率仅为 0.02%；其他区域由于大量耕地向林地转化，致使土地利用程度降低，处于土地利用程度的调整时期。其中，1986—2000 年，所有地貌单元的土地利用程度均有不同幅度的提高，其增幅排序为：平原区＞黄土台塬区＞黄土梁

峁区＞山地区＞黄土塬区；2000—2007 年，除平原区土地利用程度继续提高外，其他区域的土地利用程度均有不同程度的降低，其降幅排序为：黄土塬区＞黄土梁峁区＞山地区＞黄土台塬区。

3.5 土地利用类型转移的时空差异

转移矩阵可全面而又具体地刻画区域土地利用变化的结构特征与各用地类型变化的方向。该方法来源于系统分析中对系统状态与状态转移的定量描述，为国际国内所常用（徐岚等，1993）。转移矩阵的数学形式为：

$$S_{ij} = \begin{vmatrix} S_{11} & S_{12} & \cdots & S_{1n} \\ S_{21} & S_{22} & \cdots & S_{2n} \\ \cdots & \cdots & \cdots & \cdots \\ S_{n1} & S_{n2} & \cdots & S_{nn} \end{vmatrix} \tag{3-6}$$

式中：S 为土地面积，n 为土地利用类型数，i、j 分别表示研究期初和研究期末的土地利用类型。单一地类变化的流向分析可揭示各地类流转的主导类型，便于进一步弄清其变化的驱动机制；该分析可分为单一地类流入百分比分析和单一地类流出百分比分析两部分，流入百分比（B）是单一地类流出量占该地类研究期初总面积的百分比，流出百分比（C）则是单一地类流入量占该地类研究期末总面积的百分比。

从表 3-5 可见：研究期内，关中地区耕地流转为林地、草地、水域、建设用地的面积分别占 1986 年耕地总面积的 4.71%、0.04%、0.26%、2.51%，占该时段耕地流出总量的 62.64%、0.53%、3.46%、33.37%；林地、草地、水域、未利用地转化为耕地的量分别占 2007 年耕地总面积的 0.02%、0.40%、0.64%、0.03%，占该时段耕地流入总量的 2.15%、36.64%、58.88%、2.32%。林地流转为耕地、草地、水域、建设用地的面积占 1986 年林地总面积的 0.04%、0.20%、0.05%、0.31%，占该时段林地流出总量的 6.77%、33.40%、8.07%、

表 3-5 关中地区 1986—2007 年土地利用转移矩阵（A：hm²；B，C：%）

		耕地	林地	草地	水域	建设用地	未利用地	1986 年合计
耕地	A	2 267 897.41	115 604.63	1 026.60	6 419.18	61 498.32	0.08	2 452 446.22
	B	92.47	4.71	0.04	0.26	2.51	0.00	
	C	98.92	7.74	0.08	8.84	14.42	0.00	
林地	A	533.82	1 291 587.94	2 633.00	636.06	4 043.93	36.69	1 299 471.45
	B	0.04	99.39	0.20	0.05	0.31	0.00	
	C	0.02	86.48	0.21	0.88	0.95	0.38	
草地	A	9 079.79	81 131.00	1 253 683.85	3 705.08	2 904.12	109.79	1 350 613.62
	B	0.67	6.01	92.82	0.27	0.22	0.01	
	C	0.40	5.43	99.27	5.10	0.68	1.15	
水域	A	14 591.41	951.58	4 833.66	60 923.00	419.11	17.38	81 736.14
	B	17.85	1.16	5.91	74.54	0.51	0.02	
	C	0.64	0.06	0.38	83.89	0.10	0.18	
建设用地	A	3.24	515.91	0.46	189.76	357 659.42	0.00	358 368.79
	B	0.00	0.14	0.00	0.05	99.80	0.00	
	C	0.00	0.03	0.00	0.26	83.84	0.00	
未利用地	A	574.49	3 706.77	780.08	745.94	76.04	9 416.56	15 299.89
	B	3.75	24.23	5.10	4.88	0.50	61.55	
	C	0.03	0.25	0.06	1.03	0.02	98.29	
2007 年合计	—	2 292 680.16	1 493 497.84	1 262 957.65	72 619.01	426 600.94	9 580.51	5 557 936.12

51.30%；耕地、草地、水域、建设用地、未利用地转化为林地的量分别占 2007 年林地总面积的 7.74%、5.43%、0.06%、0.03%、0.25%，占该时段林地流入总量的 57.26%、40.18%、0.47%、0.26%、1.84%。草地流转为耕地、林地、水域、建设用地、未利用地的面积占 1986 年草地总面积的 0.67%、6.01%、0.27%、0.22%、0.01%，占该时段草地流出总量的 9.37%、83.70%、3.82%、3.00%、0.11%；耕地、林地、水域、未利用地转化为草地的量分别占 2007 年草地总面积的 0.08%、0.21%、0.38%、0.06%，占该时段草地流入总量的 11.07%、28.39%、52.12%、8.41%。水域流转为耕地、林地、

草地、建设用地、未利用地的面积占1986年水域总面积的17.85%、1.16%、5.91%、0.51%、0.02%，占该时段水域流出总量的70.11%、4.57%、23.22%、2.01%、0.08%；耕地、林地、草地、建设用地、未利用地转化为水域的量占2007年水域总面积的8.84%、0.88%、5.10%、0.26%、1.03%，占该时段水域流入总量的54.88%、5.44%、31.68%、1.62%、6.38%。建设用地流转为林地、水域的面积占1986年建设用地总面积的0.14%、0.05%，占该时段建设用地流出总量的72.73%、26.75%；耕地、林地、草地、水域、未利用地转化为建设用地的量占2007年建设用地总面积的14.42%、0.95%、0.68%、0.10%、0.02%，占该时段建设用地流入总量的89.20%、5.87%、4.21%、0.61%、0.11%。未利用地流转为耕地、林地、草地、水域、建设用地的面积占1986年未利用地总面积的3.75%、24.23%、5.10%、4.88%、0.50%，占该时段未利用地流出总量的9.76%、63.00%、13.26%、12.68%、1.29%；林地、草地、水域转化为未利用地的量占2007年未利用地总面积的0.38%、1.15%、0.18%，占该时段未利用地流入总量的22.38%、66.97%、10.60%。综上所述，1986—2007年，关中地区的土地利用类型转移的主要方向如下：耕地源自水域、草地，而失于林地、建设用地；林地源自耕地、草地，而失于建设用地和草地；草地源自水域、林地，而失于林地；水域源自耕地、草地，亦失于耕地、草地；建设用地源自耕地；未利用地源自草地而失于林地。

从表3-6可知：1986—2000年，关中地区耕地转出为林地、草地、水域、建设用地的面积分别占1986年耕地总面积的0.53%、0.03%、0.11%、1.42%，流向建设用地、林地的量占该时段耕地流出总量的67.94%、25.58%；耕地转入源于林地、草地、水域、未利用地的量分别占2000年耕地总面积的0.03%、0.41%、0.33%、0.01%，来自草地、水域的转入量占该时段耕地流入总量的53.03%、42.38%。林地流转为耕地、草地、水域、建设用地的面积分别占1986年林地总面积的0.05%、0.20%、0.01%、0.20%，流转为草地、建设用地的量占该时段林地流出总量的43.20%、43.25%；耕地、草

表 3-6 关中地区 1986—2000 年土地利用转移矩阵（A：hm²；B，C：%）

		耕地	林地	草地	水域	建设用地	未利用地	1986 年合计
耕地	A	2 401 279.04	13 089.79	653.30	2 662.31	34 761.78	0.00	2 452 446.22
	B	97.91	0.53	0.03	0.11	1.42	0.00	
	C	99.22	1.00	0.05	3.45	8.75	0.00	
林地	A	623.75	1 293 455.54	2 598.78	155.19	2 601.75	36.45	1 299 471.45
	B	0.05	99.54	0.20	0.01	0.20	0.00	
	C	0.03	98.53	0.19	0.20	0.65	0.32	
草地	A	10 033.26	2 265.07	1 333 879.69	2 541.72	1 777.22	116.67	1 350 613.62
	B	0.74	0.17	98.76	0.19	0.13	0.01	
	C	0.41	0.17	99.60	3.29	0.45	1.04	
水域	A	8 017.62	311.09	2 089.59	71 079.62	218.38	19.84	81 736.14
	B	9.81	0.38	2.56	86.96	0.27	0.02	
	C	0.33	0.02	0.16	92.08	0.05	0.18	
建设用地	A	0.12	510.64	0.00	0.00	357 858.03	0.00	358 368.79
	B	0.00	0.14	0.00	0.00	99.86	0.00	
	C	0.00	0.04	0.00	0.00	90.08	0.00	
未利用地	A	245.67	3 161.48	0.00	752.74	45.81	11 094.20	15 299.89
	B	1.61	20.66	0.00	4.92	0.30	72.51	
	C	0.01	0.24	0.00	0.98	0.01	98.46	
2000 年合计	—	2 420 199.46	1 312 793.60	1 339 221.37	77 191.56	397 262.97	11 267.15	5 557 936.12

地、水域、建设用地、未利用地转化为林地的量分别占 2000 年林地总面积的 1.00%、0.17%、0.02%、0.04%、0.24%，源自耕地、草地、未利用地的转入量分别占该时段林地流入总量的 67.69%、11.71%、16.35%。草地流转为耕地、林地、水域、建设用地、未利用地的面积各自占 1986 年草地总面积的 0.74%、0.17%、0.19%、0.13%、0.01%，占该时段草地流出总量的 59.96%、13.54%、15.19%、10.62%、0.70%；耕地、林地、水域转化为草地的量占 2000 年草地总面积的 0.05%、0.19%、0.16%，占该时段草地流入总量的 12.23%、48.65%、39.12%。水域流转为耕地、林地、草地、建设用地、未利

用地的面积分别占1986年水域总面积的9.81%、0.38%、2.56%、0.27%、0.02%，占该时段水域面积流出总量的75.24%、2.92%、19.61%、2.05%、0.19%；耕地、林地、草地、未利用地转化为水域的量占2000年水域总面积的3.45%、0.20%、3.29%、0.98%，占该时段水域流入总量的43.56%、2.54%、41.59%、12.32%。建设用地流转为林地的面积占1986年建设用地总面积的0.14%，占该时段建设用地面积流出总量的99.98%；耕地、林地、草地、水域、未利用地转化为建设用地的量占2000年建设用地总面积的8.75%、0.65%、0.45%、0.05%、0.01%，占该时段建设用地流入总量的88.22%、6.60%、4.51%、0.55%、0.12%。未利用地流转为耕地、林地、水域、建设用地的面积分别占1986年未利用地总面积的1.61%、20.66%、4.92%、0.30%，占该时段未利用地流出总量的5.84%、75.17%、17.90%、1.09%；林地、草地、水域转化为未利用地的量占2000年未利用地总面积的0.32%、1.04%、0.18%，占该时段未利用地流入总量的21.07%、67.46%、11.47%。综上可见：1986—2000年，关中地区的土地利用类型转移的总体特征是：耕地源于草地和水域，而失于建设用地；林地源于耕地，而失于建设用地和草地；草地源于林地、水域，而失于耕地；水域源于耕地、草地，而失于耕地；建设用地源于耕地而失于林地，未利用地源于草地而失于林地。

从表3-7可见：2000—2007年，关中地区耕地流转为林地、草地、水域、建设用地的面积各占2000年耕地总面积的4.29%、0.01%、0.23%、1.10%，分别占该时段耕地流出总量的76.23%、0.20%、4.09%、19.48%；水域、未利用地转化为耕地的量各占2007年耕地总面积的0.37%、0.01%，占该时段耕地流入总量的95.35%、3.75%。林地流转为水域、建设用地的面积分别为2000年林地总面积的0.04%、0.13%，占该时段林地流出总量的23.89%、73.62%；耕地、草地、水域、未利用地转化为林地的量分别为2007年林地总面积的6.96%、5.23%、0.03%、0.04%，占该时段林地流入总量的56.80%、42.67%、0.22%、0.31%。草地流转为林地、水域、建设用地的面积分别占 2000 年草地总面积的 5.83%、0.12%、0.08%，占该时段草地流出总量的 96.56%、1.97%、1.39%；耕地、水域、未利用地转化为草地的量分别占 2007 年草地总面积的 0.02%、0.28%、0.06%，占该时段草地流入总量的 5.83%、76.40%、16.92%。水域流转为耕地、林地、草地、建设用地的面积分别占 2000 年水域总面积的 10.86%、0.51%、4.52%、0.26%，占该时段水域流出总量的 67.22%、3.16%、28.01%、1.61%；耕地、林地、草地、建设用地转化为水域的量分别占 2007 年水域总面积的 7.67%、0.73%、2.20%、0.27%，占该时段水域流入总量的 70.57%、6.76%、20.20%、2.47%。建设用地流出量极少；流入量来源于耕地、林地、草地、水域、未利用地，其面积分别为 2007 年建设用地总面积的 6.23%、0.39%、0.26%、0.05%、0.004%，占该时段建设用地流入总量的 89.89%、5.57%、3.81%、0.68%、0.05%。未利用地流转为耕地、林地、草地、建设用地的面积分别为 2000 年未利用地总面积的 2.92%、5.05%、6.87%、0.13%，占该时段未利用地流出总量的 19.51%、33.74%、45.85%、0.89%；该时段未利用地的转入量很少。综上可知：2000—2007 年，关中地区土地利用类型流转的总体趋势呈现以下特点：耕地源于水域而终于林地、建设用地；林地源于耕地、草地，而终于建设用地；草地源于水域、未利用地，而终于林地；水域源于耕地、草地，亦终于耕地、草地；建设用地源于耕地；未利用地终于草地、林地和耕地（见表 3-7）。

表 3-7　关中地区 2000—2007 年土地利用转移矩阵（A：hm^2；B，C：%）

		耕地	林地	草地	水域	建设用地	未利用地	2000 年合计
耕地	A	2 283 891.87	103 912.26	266.58	5 570.71	26 557.95	0.08	2 420 199.46
	B	94.37	4.29	0.01	0.23	1.10	0.00	
	C	99.62	6.96	0.02	7.67	6.23	0.00	
林地	A	17.28	1 310 559.77	38.16	533.59	1 644.46	0.36	1 312 793.60
	B	0.00	99.83	0.00	0.04	0.13	0.00	
	C	0.00	87.75	0.00	0.73	0.39	0.00	

		耕地	林地	草地	水域	建设用地	未利用地	2000年合计
草地	A	58.72	78 055.41	1 258 387.02	1 594.69	1 125.39	0.14	1 339 221.37
	B	0.00	5.83	93.96	0.12	0.08	0.00	
	C	0.00	5.23	99.64	2.20	0.26	0.00	
水域	A	8 379.54	394.21	3 491.83	64 724.93	201.01	0.03	77 191.56
	B	10.86	0.51	4.52	83.85	0.26	0.00	
	C	0.37	0.03	0.28	89.13	0.05	0.00	
建设用地	A	3.60	6.84	0.50	194.97	397 057.06	0.00	397 262.97
	B	0.00	0.00	0.00	0.05	99.95	0.00	
	C	0.00	0.00	0.00	0.27	93.07	0.00	
未利用地	A	329.15	569.34	773.56	0.12	15.08	9 579.90	11 267.15
	B	2.92	5.05	6.87	0.00	0.13	85.03	
	C	0.01	0.04	0.06	0.00	0.00	99.99	
2007年合计	—	2 292 680.16	1 493 497.84	1 262 957.65	72 619.01	426 600.94	9 580.51	5 557 936.12

3.6 土地利用变化图谱分析

“图谱”是“图”与“谱”的结合，兼有“图形”与“谱系”双重特性，能同时反映与揭示事物和现象空间结构特征与时空动态变化规律。土地利用变化图谱把“表示土地利用空间结构特征的图”与“表示土地利用变化之起点与过程的谱”合二为一，使土地利用变化的时空分布规律表现得更为直观；因而土地利用变化图谱成为LUCC 研究的重要手段。本书土地利用类型变化图谱代码由两位数构成，十位表示变化期初的土地类型，个位表示变化期末的土地类型，1、2、3、4、5、6 分别表示耕地、林地、草地、水域、建设用地、未利用地。

表 3-8 关中地区 1986—2007 年主要土地利用变化图谱类型

区域	项目						
关中地区	图谱类型	12	32	15	41	31	14
	变动量/hm²	115 604.63	81 131.00	61 498.32	14 591.41	9 079.79	6 419.18
	占比/%	36.50	25.61	19.41	4.61	2.87	2.03
	累计占比/%	36.50	62.11	81.52	86.13	88.99	91.02
黄土梁峁	图谱类型	12	32	31	15	23	43
	变动量/hm²	8 152.20	6 389.78	1 234.93	645.29	300.11	201.12
	占比/%	46.87	36.73	7.10	3.71	1.73	1.16
	累计占比/%	46.87	83.60	90.70	94.41	96.13	97.29
黄土台塬	图谱类型	15	12	32	41	25	31
	变动量/hm²	17 550.75	10 800.98	7 864.19	1 070.01	786.31	658.15
	占比/%	42.96	26.44	19.25	2.62	1.92	1.61
	累计占比/%	42.96	69.41	88.66	91.28	93.20	94.81
黄土塬区	图谱类型	12	32	15	35	31	43
	变动量/hm²	24 659.25	14 960.43	4 632.02	535.13	476.83	299.77
	占比/%	53.52	32.47	10.05	1.16	1.03	0.65
	累计占比/%	53.52	86.00	96.05	97.21	98.25	98.90
平原区	图谱类型	15	12	41	14	32	31
	变动量/hm²	35 042.63	15 430.09	11 989.73	5 354.68	3 605.32	3 538.72
	占比/%	37.82	16.65	12.94	5.78	3.89	3.82
	累计占比/%	37.82	54.47	67.41	73.19	77.08	80.90
山地区	图谱类型	12	32	15	31	23	41
	变动量/hm²	56 562.36	48 311.14	3 627.63	3 171.15	1 898.49	1 439.96
	占比/%	47.22	40.33	3.03	2.65	1.58	1.20
	累计占比/%	47.22	87.54	90.57	93.22	94.80	96.01

由表 3-8 可知：1986—2007 年，关中地区土地利用变化图谱共 29 类，土地利用变化总面积为 316767.94 hm²，占全区总面积的 5.70%；其中，耕地、林地、草地、水域、建设用地、未利用地变动量占各自总量的 4.41%、7.51%、4.06%、21.06%、8.87%、24.31%；

耕地-林地、草地-林地、耕地-建设用地、水域-耕地、草地-耕地、耕地-水域六种图谱类型变动量分别占全区总变动量的 36.50%、25.61%、19.41%、4.61%、2.87%、2.03%，六种变动量累计占比 91.02%。从关中地区 1986—2007 年土地利用变化图谱（彩图 3-1）可知：耕地向建设用地和林地的转移、草地向林地的转变构成了关中地区研究期内土地利用变化图谱的主色调；其中耕地转化为建设用地主要发生在城乡接合部，尤以西安市北部、咸阳市南部以及渭南市中部和北部最为集中；耕地、草地转变为林地则多发生在研究区周边坡度相对较大或海拔相对较高地带，在行政区域上以宝鸡市、铜川市以及咸阳市北部为集中发生地。

研究期内，黄土梁峁区土地利用变化图谱共 19 类，土地利用变化总面积为 17 395.61 hm^2，占黄土梁峁区总面积的 5.19%；其中，耕地、林地、草地、水域、建设用地变动量占各自总量的 3.78%、13.04%、3.25%、8.10%、3.57%；耕地-林地、草地-林地、草地-耕地、耕地-建设用地、林地-草地、水域-草地六种图谱类型分别占黄土梁峁区总变动量的 46.87%、36.73%、7.10%、3.71%、1.73%、1.16%，六种变动量累计占比 97.29%。黄土台塬区土地利用变化图谱共 21 类，土地利用变化总面积为 40 849.65 hm^2，占黄土台塬区总面积的 3.97%；其中，耕地、林地、草地、水域、建设用地变动量占各自总量的 2.12%、21.96%、3.42%、18.06%、8.69%；耕地-建设用地、耕地-林地、草地-林地、水域-耕地、林地-建设用地、草地-耕地六种图谱类型分别占黄土台塬区总变动量的 42.96%、26.44%、19.25%、2.62%、1.92%、1.61%，六种变动量累计占比 94.81%。黄土塬区土地利用变化图谱共 20 类，土地利用变化总面积为 46 071.96 hm^2，占黄土塬区总面积的 6.96%；其中，耕地、林地、草地、水域、建设用地变动量占各自总量的 4.44%、21.87%、4.37%、4.80%、6.50%；耕地-林地、草地-林地、耕地-建设用地、草地-建设用地、草地-耕地、水域-草地六种图谱类型分别占黄土塬区总变动量的 53.52%、32.47%、10.05%、1.16%、1.03%、0.65%，六种变动量累计占比 98.90%。平原区土地利用变化图谱共 29 类，土地利用变化总面积为 92 655.22 hm^2，占平原区总面积的 7.94%；其中，耕地、林地、草地、水域、建设用地、未利用地变动量占各自总量的 4.42%、37.71%、10.76%、22.68%、11.27%、23.85%；耕地-建设用地、耕地-林地、水域-耕地、耕地-水域、草地-林地、草地-耕地六种图谱类型分别占平原区总变动量的 37.82%、16.65%、12.94%、5.78%、3.89%、3.82%，六种变动量累计占比 80.90%。山地区土地利用变化图谱共 26 类，土地利用变化总面积为 119 795.19 hm^2，占山地区总面积的 5.07%；其中，耕地、林地、草地、水域、建设用地、未利用地变动量占各自总量的 9.29%、4.63%、3.61%、25.17%、4.30%、26.58%；耕地-林地、草地-林地、耕地-建设用地、草地-耕地、林地-草地、水域-耕地六种图谱类型分别占山地区总变动量的 47.22%、40.33%、3.03%、2.65%、1.58%、1.20%，六种变动量累计占比 96.01%。综上可知：研究期内，平原区、黄土台塬区占比最大的变化图谱类型为耕地-建设用地，而黄土梁峁区、黄土塬区、山地区占比最大的变化图谱类型则为耕地-林地。这说明在研究期内，研究区周边坡度较大及海拔相对较高的区域以耕地向林地流转为土地利用变化的主线，而中部较为低平的河谷地带及其阶地则以耕地向建设用地转化为主。

由表 3-9 可知：1986—2000 年，关中地区土地利用变化图谱共 25 类，土地利用变化总面积为 89 290.00 hm^2，占全区总面积的 1.61%；其中，耕地、林地、草地、水域、建设用地、未利用地变动量占各自总量的 1.44%、0.97%、0.82%、10.55%、5.28%、16.48%；耕地-建设用地、耕地-林地、草地-耕地、水域-耕地、未利用地-林地、耕地-水域六种图谱类型分别占全区总变动量的 38.93%、14.66%、11.24%、8.98%、3.54%、2.98%，六种变动量累计占比 80.33%。从关中地区 1986—2000 年土地利用变化图谱（彩图 3-1）可知：耕地向建设用地流转是该期土地利用变化的主体，它主要发生在研究区中部的平原地带，且主要集中在城乡交错带，是城镇居民点扩张的结果，这说明关中地区本时段土地利用变化的主流是：建设用地在中部地带大肆占用耕地。

表 3-9 关中地区 1986—2000 年主要土地利用变化图谱类型

区域	项目						
关中地区	图谱类型	15	12	31	41	62	14
	变动量/hm²	34 761.78	13 089.79	10 033.26	8 017.62	3 161.48	2 662.31
	占比/%	38.93	14.66	11.24	8.98	3.54	2.98
	累计占比/%	38.93	53.59	64.83	73.81	77.35	80.33
黄土梁峁	图谱类型	31	15	23	12	14	21
	变动量/hm²	1 276.23	485.52	296.35	160.26	108.58	101.21
	占比/%	49.76	18.93	11.56	6.25	4.23	3.95
	累计占比/%	49.76	68.69	80.25	86.50	90.73	94.68
黄土台塬	图谱类型	15	12	31	32	25	35
	变动量/hm²	11 007.18	2 910.09	721.98	582.45	544.99	230.57
	占比/%	66.60	17.61	4.37	3.52	3.30	1.40
	累计占比/%	66.60	84.21	88.58	92.11	95.40	96.80
黄土塬区	图谱类型	12	15	31	32	35	52
	变动量/hm²	3 289.68	3 286.64	521.65	413.38	372.53	137.80
	占比/%	39.61	39.57	6.28	4.98	4.49	1.66
	累计占比/%	39.61	79.17	85.45	90.43	94.92	96.58
平原区	图谱类型	15	41	12	31	62	14
	变动量/hm²	17 890.83	7 884.08	5 492.53	3 590.77	3 161.42	2 525.60
	占比/%	34.96	15.41	10.73	7.02	6.18	4.94
	累计占比/%	34.96	50.37	61.10	68.12	74.29	79.23
山地区	图谱类型	31	15	23	12	32	13
	变动量/hm²	3 922.55	2 091.62	1 880.87	1 237.23	398.22	353.86
	占比/%	36.60	19.52	17.55	11.54	3.72	3.30
	累计占比/%	36.60	56.12	73.67	85.21	88.93	92.23

1986—2000 年，关中地区各地貌单元土地利用变化图谱各不相同，变动幅度也有显著的区域差异。黄土梁峁区土地利用变化图谱共 12 类，土地利用变化总面积为 2 564.60 hm²，占黄土梁峁区总面积的 0.76%；其中，耕地、林地、草地、水域、建设用地变动量占各自总量的 0.76%、0.58%、0.64%、2.49%、2.62%；草地-耕地、耕地-建设用地、林地-草地、耕地-林地、耕地-水域、林地-耕地六种图谱类型分别占黄土梁峁区总变动量的 49.76%、18.93%、

11.56%、6.25%、4.23%、3.95%，六种变动量累计占比 94.68%。黄土台塬区土地利用变化图谱共 18 类，土地利用变化总面积为 16 526.42 hm^2，占黄土台塬区总面积的 1.60%；其中，耕地、林地、草地、水域、建设用地变动量占各自总量的 1.02%、5.74%、0.57%、1.63%、5.63%；耕地-建设用地、耕地-林地、草地-耕地、草地-林地、林地-建设用地、草地-建设用地六种图谱类型分别占黄土台塬区总变动量的 66.60%、17.61%、4.37%、3.52%、3.30%、1.40%，六种变动量累计占比 96.80%。黄土塬区土地利用变化图谱共 14 类，土地利用变化总面积为 8 306.09 hm^2，占黄土塬区总面积的 1.25%；其中，耕地、林地、草地、水域、建设用地变动量占各自总量的 1.03%、2.68%、0.37%、1.74%、4.71%；耕地-林地、耕地-建设用地、草地-耕地、草地-林地、草地-建设用地、建设用地-林地六种图谱类型分别占黄土塬区总变动量的 39.61%、39.57%、6.28%、4.98%、4.49%、1.66%，六种变动量累计占比 96.58%。平原区土地利用变化图谱共 24 类，土地利用变化总面积为 51 175.17 hm^2，占平原区总面积的 4.39%；其中，耕地、林地、草地、水域、建设用地、未利用地变动量占各自总量的 2.29%、20.96%、7.09%、14.01%、6.27%、20.26%；耕地-建设用地、水域-耕地、耕地-林地、草地-耕地、未利用地-林地、耕地-水域六种图谱类型分别占平原区总变动量的 34.96%、15.41%、10.73%、7.02%、6.18%、4.94%，六种变动量累计占比 79.23%。山地区土地利用变化图谱共 18 类，土地利用变化总面积为 10 717.22 hm^2，占山地区总面积的 0.45%；其中，耕地、林地、草地、水域、建设用地变动量占各自总量的 1.04%、0.18%、0.43%、0.47%、2.44%；草地-耕地、耕地-建设用地、林地-草地、耕地-林地、草地-林地、耕地-草地六种图谱类型分别占山地区总变动量的 36.60%、19.52%、17.55%、11.54%、3.72%、3.30%，六种变动量累计占比 92.23%。综上可见：1986—2000 年，关中地区占比最大的图谱类型是：耕地-建设用地，其中，山地区和黄土梁峁区为：草地-耕地，平原区和黄土台塬区为：耕地-建设用地，黄土塬区则为：耕地-林地。

表 3-10 2000—2007 年关中地区主要土地利用变化图谱类型

区域	项目						
关中地区	图谱类型	12	32	15	41	14	43
	变动量/hm²	103 912.47	78 055.41	26 557.95	8 379.54	5 570.67	3 491.83
	占比/%	44.46	33.39	11.36	3.59	2.38	1.49
	累计占比/%	44.46	77.85	89.21	92.80	95.18	96.68
黄土梁峁	图谱类型	12	32	43	15	41	35
	变动量/hm²	8048.72	6341.11	210.36	159.60	51.47	49.65
	占比/%	53.96	42.51	1.41	1.07	0.35	0.33
	累计占比/%	53.96	96.48	97.89	98.96	99.30	99.63
黄土台塬	图谱类型	12	32	15	41	14	43
	变动量/hm²	8039.83	7213.20	6497.56	960.91	599.91	471.36
	占比/%	32.77	29.40	26.49	3.92	2.45	1.92
	累计占比/%	32.77	62.17	88.66	92.58	95.02	96.94
黄土塬区	图谱类型	12	32	15	43	35	25
	变动量/hm²	21431.64	14514.96	1338.38	214.28	161.05	78.06
	占比/%	56.60	38.33	3.53	0.57	0.43	0.21
	累计占比/%	56.60	94.93	98.46	99.03	99.45	99.66
平原区	图谱类型	15	12	41	14	32	43
	变动量/hm²	17024.75	10219.65	5877.16	4611.06	2828.79	1803.98
	占比/%	36.73	22.05	12.68	9.95	6.10	3.89
	累计占比/%	36.73	58.78	71.46	81.41	87.51	91.40
山地区	图谱类型	12	32	15	41	43	34
	变动量/hm²	56172.49	47157.28	1537.67	1448.75	791.82	562.13
	占比/%	51.03	42.84	1.40	1.32	0.72	0.51
	累计占比/%	51.03	93.88	95.27	96.59	97.31	97.82

由表 3-10 可见：2000—2007 年，关中地区土地利用变化图谱共 29 类，土地利用变化总面积为 233 735.57 hm²，占全区总面积的 4.21%；其中，耕地、林地、草地、水域、建设用地、未利用地变动量占各自总量的 3.08%、6.60%、3.28%、13.59%、3.61%、8.10%；耕地-林地、草地-林地、耕地-建设用地、水域-耕地、耕地-水域、水域-草地六种图谱类型分别占全区总变动量的 44.46%、33.39%、11.36%、3.59%、2.38%、1.49%，六种变动量累计占比

96.68%。由关中地区 2000—2007 年土地利用变化图谱（彩图 3-1）可知：2000—2007 年，研究区耕地和草地向林地转化是主色调，且主要分布在研究区周边的凤县、陇县、千阳、陈仓区、麟游、太白、彬县、旬邑、永寿、铜川、富县、潼关、华县、韩城、合阳、蓝田、周至等行政单元。

2000—2007 年，关中地区各地貌单元的土地利用变化图谱分布特征如下：黄土梁峁区土地利用变化图谱共 19 类，土地利用变化总面积为 14 915.43hm^2，占黄土梁峁区总面积的 4.45%；其中，耕地、林地、草地、水域、建设用地变动量占各自总量的 3.03%、12.57%、2.61%、5.77%、0.95%；耕地-林地、草地-林地、水域-草地、耕地-建设用地、水域-耕地、草地-建设用地六种图谱类型分别占黄土梁峁区总变动量的 53.96%、42.51%、1.41%、1.07%、0.35%、0.33%，六种变动量累计占比 99.63%。黄土台塬区土地利用变化图谱共 20 类，土地利用变化总面积为 24 532.65 hm^2，占黄土台塬区总面积的 2.38%；其中，耕地、林地、草地、水域、建设用地变动量占各自总量的 1.12%、16.80%、2.86%、16.76%、3.07%；耕地-林地、草地-林地、耕地-建设用地、水域-耕地、耕地-水域、水域-草地六种图谱类型分别占黄土台塬区总变动量的 32.77%、29.40%、26.49%、3.92%、2.45%、1.92%，六种变动量累计占比 96.94%。黄土塬区土地利用变化图谱共 20 类，土地利用变化总面积为 37 866.75 hm^2，占黄土塬区总面积的 5.72%；其中，耕地、林地、草地、水域、建设用地变动量占各自总量的 3.43%、19.33%、4.01%、3.12%、1.80%；耕地-林地、草地-林地、耕地-建设用地、水域-草地、草地-建设用地、林地-建设用地六种图谱类型分别占黄土塬区总变动量的 56.60%、38.33%、3.53%、0.57%、0.43%、0.21%，六种变动量累计占比 99.66%。平原区土地利用变化图谱共 29 类，土地利用变化总面积为 46 349.80 hm^2，占平原区总面积的 3.97%；其中，耕地、林地、草地、水域、建设用地、未利用地变动量占各自总量的 2.34%、18.82%、4.53%、12.91%、5.05%、3.79%；耕地-建设用地、耕地-林地、水域-耕地、耕地-水域、草地-林地、水域-草地六种图谱类型分别占平原区总变动量的 37.73%、22.05%、12.68%、9.95%、6.10%、3.89%，六种变动量累计占比91.40%。山地区土地利用变化图谱共 26 类，土地利用变化总面积为 110 070.30 hm^2，占山地区总面积的 4.66%；其中，耕地、林地、草地、水域、建设用地、未利用地变动量占各自总量的 8.40%、4.46%、3.18%、24.76%、1.83%、26.58%；耕地-林地、草地-林地、耕地-建设用地、水域-耕地、水域-草地、草地-水域六种图谱类型分别占山地区总变动量的 51.03%、42.84%、1.40%、1.32%、0.72%、0.51%，六种变动量累计占比 97.82%（表 3-10）。综上所述，2000—2007 年，除平原区外，其他四类地貌单元占比最大的图谱类型均为耕地-林地，其次为草地-林地；平原区占比最大的图谱类型为耕地-建设用地，其次为耕地-林地；这说明“退耕还林”是本时段土地利用变化的主打方向，但平原区依然延续前一时期的变化态势，与全区主流逆势而动。

3.7 土地利用格局指数分析

土地利用斑块的形状特征随人地相互作用的强度改变而改变，其变化是土地利用功能动态研究的基础（BURGI M et al.，2001；ARES J et al.，2001；刘纪远，2002）；由土地利用斑块的类型、数量、大小、形状等决定的土地利用空间格局中蕴藏着丰富的土地利用时空演变信息（吴波等，2001；潘竟虎等，2005；于兴修等，2003；摆万奇等，2004）；土地利用格局的数量和空间特征常采用多种景观格局指数来描述（王永军等，2005；HU H S et al.，2007；刘家福等，2009）。本书利用 FRAGSTATS 景观格局分析软件，对关中地区 1986 年、2000 年和 2007 年 3 期土地利用类型图进行了景观格局指数计算，并选取分维数（FRAC）、邻接指数（PLANDJ）、镶嵌指数（IJI）、香农多样性指数（SHDI）、蔓延度指数（CONTAG）5 种景观格局指数进行分析，其计算模型如下：

$$\mathrm{FRAC}=\frac{2\ln(0.25L)}{\ln A} \tag{3-7}$$

$$\mathrm{PLANDJ}=\frac{G_{ii}}{\sum_{k=1}^{m}G_{ik}}\times 100 \tag{3-8}$$

$$\mathrm{IJI}=\frac{-\sum_{k=1}^{m}\left[\left(\frac{E_{ik}}{\sum_{k=1}^{m}E_{ik}}\right)\times\ln\left(\frac{E_{ik}}{\sum_{k=1}^{m}E_{ik}}\right)\right]}{\ln(m-1)}\times 100 \tag{3-9}$$

$$\mathrm{SHDI}=-\sum_{i=1}^{m}(P_i\times\ln P_i) \tag{3-10}$$

$$\mathrm{CONTAG}=\left(1+\frac{\sum_{i=1}^{m}\sum_{k=1}^{m}\left[\left[P_i\times\left(\frac{G_{ik}}{\sum_{k=1}^{m}G_{ik}}\right)\right]\times\left[\ln P_i\times\left(\frac{G_{ik}}{\sum_{k=1}^{m}G_{ik}}\right)\right]\right]}{2\ln(m)}\right)\times 100 \tag{3-11}$$

式中：FRAC 为分维数（1≤FRAC≤2），L 为斑块周长，A 为斑块面积；PLANDJ 为邻接指数（0≤PLADJ≤100），G_{ii} 为 i 地类自身相连的栅格单元（cell）数，G_{ik} 为 i 地类和 k 地类相接的栅格单元总数，m 为土地利用类型总数；IJI 为镶嵌指数（0＜IJI≤100），E_{ik} 为 i 地类斑块（patch）与 k 地类斑块边界的长度；SHDI 为香农多样性指数（SHDI≥0），P_i 为 i 地类占总面积的比例；CONTAG 为蔓延度指数（0＜CONTAG≤100）。

分维数越大，图斑形状越不规则、景观自然度就越高、受人类干扰就越少。邻接指数越大，说明图斑面积越大，与其他地类的邻接度越小；相反，邻接指数越小，说明地类景观越破碎。镶嵌指数能较好地指示不同地类图斑的连接性，镶嵌指数越大说明该地类邻接的地类越多。香农多样性指数用于描述不同景观类型分布的均匀程度，SHDI 越大，说明各地类景观分布越均匀、景观多样性越大。蔓延度指数反映了景观中不同斑块类型的聚集程度，如果景观由许多离散的小斑块组成，则蔓延度指数较小；当景观由少数大斑块组成或同类斑块高度连接时，则蔓延度指数较大。

由表 3-11 可知：研究期内，关中地区土地类型景观分维数先减后增、总体增加；说明该区的自然度也是先减后增、总体提高，这一结果与关中地区 2000 年前后开始实施的退耕还林、生态恢复等生态建设举措的时间基本吻合，证明上述生态措施的实施取得了积极效果。在六大地类景观中分维数最低的是未利用地，说明关中地区未利用地类受人类影响大，这是因为关中地区土地资源紧缺，生态用地、建设用地、粮食生产用地矛盾突出，所以未利用地成为上述各类用地的扩张目标，致使该地类自然度大幅下降；建设用地是人类活动的大本营，其分维数自然较低；本区水资源缺乏，特别是近年来降水及河流上游来水减少，再加上生活用水、农业用水及生态用水量均在增加，从而使得人类对水域的干扰程度大为增加，从而降低了水体的自然度；本区林地、草地都处于山地区，受人类影响较少，自然度较高、分维数较大；区内耕地虽是人类影响的主要对象，但耕地上散布着大量的其他地类斑块，使耕地与其他地类之间有更多的公共边界，从而具有较大的分维数。各地类景观的分维数变化情况与全区总的情况基本一致。研究期内，关中地区的各地类景观邻接指数都持续减少，说明各地类景观大斑块减少、同类景观连接性降低、破碎程度增加。全区地类景观镶嵌指数持续增加，说明不同地类图斑的连接程度持续提高；其中，耕地、水域的景观镶嵌指数持续增加，草地、建设用地的景观镶嵌指数是先减后增、总体加大，林地的景观镶嵌指数是先增后减、总体变小，未利用地的景观镶嵌指数则持续降低。

表 3-11 关中地区 1986—2007 年各类景观格局指数

		耕地	林地	草地	水域	建设用地	未利用地	关中地区
FRAC	1986 年	1.23	1.20	1.24	1.15	1.14	1.12	1.22
	2000 年	1.22	1.19	1.24	1.15	1.15	1.11	1.21
	2007 年	1.24	1.22	1.25	1.18	1.16	1.17	1.23
PLANDJ	1986 年	95.67	96.11	93.09	94.61	88.39	96.08	94.67
	2000 年	95.58	96.10	93.05	94.24	89.42	94.97	94.63
	2007 年	94.50	92.72	90.85	92.77	89.93	91.38	92.81
IJI	1986 年	66.87	52.88	56.18	67.04	39.65	87.68	59.50
	2000 年	67.27	53.73	55.94	67.46	39.64	86.26	59.65
	2007 年	73.02	52.12	56.98	68.40	41.98	77.32	60.83

表 3-12 关中地区 1986—2007 年景观香农多样性指数

		黄土梁峁区	黄土台塬区	黄土塬区	平原区	山地区	关中地区
SHDI	1986 年	1.16	0.89	1.14	0.97	1.12	1.30
	2000 年	1.17	0.92	1.16	0.99	1.13	1.31
	2007 年	1.20	0.96	1.22	1.03	1.09	1.32

1986 年、2000 年、2007 年，关中地区的蔓延度指数分别为 56.69%、56.45%、54.13%，表现出持续变小的态势，说明研究区的图斑在变小、同类图斑离散程度在增加，景观破碎化程度在加剧。同时，由表 3-12 可见：研究期内，关中地区地类景观香农多样性指数持续增加，说明研究区各地类景观向均匀化方向发展——小比例地类分量在增加、大比例地类占比在减少；黄土梁峁区、黄土台塬区、黄土塬区、平原区的香农多样性指数都呈现持续增加态势，说明上述 4 类地貌单元地类景观均匀程度增加；而山地区的香农多样性指数则是先增后减、总体减少的，这是由于山地景观先是因人类活动的干预而使耕地景观增加、林草景观占比下降、地类景观均衡性增强，后因生态政策的出台使得自然林草得以恢复，林草图斑连通性加强、图斑变大、优势度增加。

3.8 小结

（1）1986—2007年，关中地区土地利用变化的总体趋势是：耕地、草地、水域和未利用地减少，减量占比最大的是耕地；林地、建设用地增加，1986—2000年，建设用地增量占比大，2000—2007年则以林地增量占比占优势。关中地区各地貌单元的土地利用变化情况与全区的变化态势基本一致。

（2）研究期内，关中地区耕地、草地、水域和未利用地占比分别减少了 2.87%、1.58%、0.16%、0.10%，林地、建设用地占比增加了 3.49%、1.23%。所有地貌类型中的耕地、草地、水域占比都下降，其占比降幅分别表现为，耕地：黄土塬＞平原＞黄土台塬＞山地＞黄土梁峁，草地：黄土塬＞黄土梁峁＞山地＞黄土台塬＞平原，水域：平原＞黄土台塬＞黄土塬＞山地＞黄土梁峁；所有地貌单元中林地、建设用地占比都是上升的，其增幅分别体现为，林地：黄土塬＞山地＞黄土梁峁＞黄土台塬＞平原，建设用地：平原＞黄土台塬＞黄土塬＞黄土梁峁＞山地。

（3）1986—2007年，关中地区的土地利用综合动态度为0.27%，2000—2007年土地利用综合动态度约为1986—2000年的5.45倍。各地貌分区的土地利用综合动态度均表现为后时段大于前时段，1986—2000年以平原区、黄土台塬区为土地利用变化的热点地区，2000—2007年，热点则转移到黄土塬、山地及黄土梁峁区。关中地区土地利用程度在1986—2000年处于发展时期，在2000—2007年为土地利用程度的调整期。平原区土地利用程度最高，其次为黄土台塬区，山地区土地利用程度最低。

（4）研究期内，关中地区的土地利用类型转移的主要方向如下：耕地源自水域、草地，而失于林地、建设用地；林地源自耕地、草地，而失于建设用地和草地；草地源自水域、林地，而失于林地；水域源自耕地、草地，亦失于耕地、草地；建设用地源自耕地；未利用地源自草地而失于林地。

（5）1986—2007 年，关中地区土地利用变化图谱共 29 类，土地利用变化总面积为 316 767.94 hm^2，占全区总面积的 5.70%；耕地-林地、草地-林地、耕地-建设用地、水域-耕地、草地-耕地、耕地-水域六种图谱类型分别占全区总变动量的 36.50%、25.61%、19.41%、4.61%、2.87%、2.03%，六种变动量累计占比 91.02%。平原区、黄土台塬区占比最大的变化图谱类型为耕地-建设用地，而黄土梁峁区、黄土塬区、山地区以及整个关中地区占比最大的变化图谱类型则为耕地-林地。

（6）研究期内，关中地区地类景观自然度先减后增、总体提高；各地类景观大斑块减少、同类景观图斑连接性降低、离散程度增加、不同地类图斑的连接程度持续提高、景观破碎化加剧、景观多样性增加，不过，山地区的景观多样性是先减后增、总体增加的。

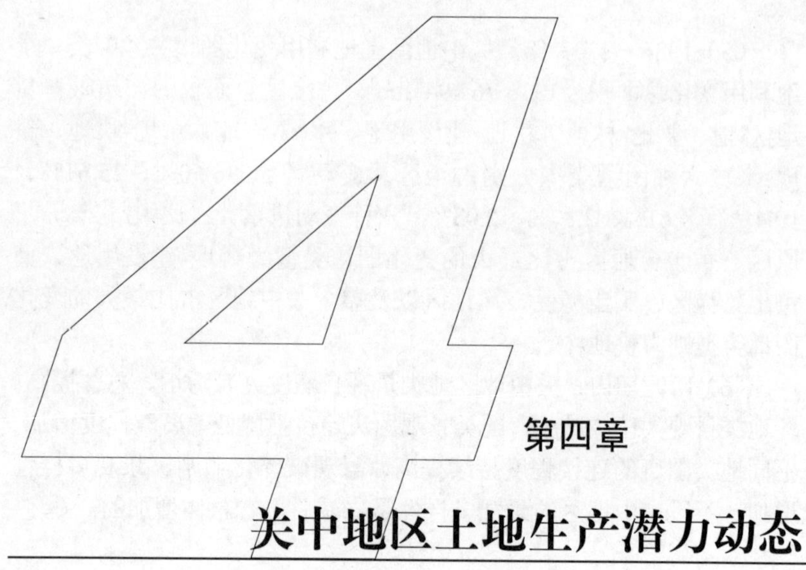

第四章

关中地区土地生产潜力动态

土地生产潜力（土地生物生产潜力），是指在一定条件下能够持续生产出满足人类需要的生物产品的内在能力；它在很大程度上受制于地形地貌、气候、土壤等自然环境条件，同时也受经济、技术等与土地资源开发密切相关的诸多社会因素影响。但由于影响土地生态系统能量流动、物质循环的气候和土壤等自然因子具有一定的惰性，其利用改造的变化速度相对较慢；同时，对气候资源的利用效率和土壤肥力水平在一定程度上也反映了人类利用土地的技术经济水平。因此，在土地生产潜力计算中，常常只对土地自然生产潜力（光合潜力，光温潜力，气候潜力，土壤潜力）进行研究，并将光温潜力作为土地生产潜力的上限，把土壤潜力作为土地利用开发的现实最低目标。土地生产潜力总量反映了土地的承载能力，是土地生态安全程度的重要评价指标。

4.1 土地生产潜力测算

4.1.1 土地生产潜力测算方法比较

迄今为止，土地生产潜力的计算方法基本可总结为以下三大类：趋势外推法、经验公式法、潜力衰减法。趋势外推法是以统计产量为基础，利用指数平滑、自然增长、回归方程、Logistic 曲线、灰色模型等确定未来的土地生产力；该方法操作简单、资料易得、计算结果直接对应具体年份，但难以提取产量影响因子、不利于提出改进措施。经验公式法是通过统计某些影响因子与产量的关系建立模型，Mitohlich 是最早进行这种建模的科学家之一；在这类模型中，最著名的是 Lieth 等人所建的模型，他们依据一组气候参数及相对应的生产力实测资料，拟合了 3 类产量模型：Miami 模型、Montreal 模型（又称 Thornthwaite Memorial 模型）和 Gessner Lieth 模型（陶军德等，1997），这些模型的计算结果都是气候生产潜力；其中 Miami 模型是 Lieth 根据世界各地植物产量与年平均温度、年平均降水量之间的关系，于 1972 年建立的，但由于植物产量除受气温、降水量影响外，还与其他气候因素有关，因此使用 Miami 模型计算的结果，其可靠性只有 66%～75%（王礼先，1995）；基于此，Lieth 于 1974 年又在 Thornthwaite 研究基础上，提出了 Thornthwaite Memorial 模型，该模型使用蒸发量来计算植物产量，由于蒸发量受气温、降水、太阳辐射、湿度、气压、风等气候因素的影响，它能把水热平衡的各因素联系起来，从而综合表现一个地区的水热状况，因此，用该模型计算结果更准确、全面。潜力衰减法建立在生理生态学研究基础上，被公认为估算生产力的最基本方法；这类方法以光温阶乘模型，瓦赫宁根模型和农业生态区模型为代表（李相玺等，2001）。

4.1.2 土地生产潜力测算模型

本研究采用了潜力衰减法。先将关中地区 43 个气象站点各月的辐射、海平面平均气温、降水量、蒸发量近30年的均值进行Kriging内插，获取各气候因子1～12月30 m×30 m的栅格数据；然后利用 30 m×30 m DEM 对月平均气温做高程矫正，获取实际地形气温分布图（彩图4-1）；再依据温度订正系数模型、水分订正系数模型、土壤肥力订正系数模型获取关中地区土地生产潜力各月的温度、水分及肥力订正系数分布图；最后依据光温阶乘模型得出研究区各月及全年的光合潜力、光温潜力、气候潜力、土壤潜力（彩图 4-2）。具体测算模型如下：

（1）光合潜力计算模型（Loomis R S et al.，1963；黄秉维，1978，1985；封志明，2004；杨重一等，2008；郭秀锐等，2000；戴进等，1997）

$$Y = \frac{\varepsilon \times (1-\alpha) \times (1-\beta) \times (1-\gamma) \times (1-\omega) \times (1-\rho) \times \psi \times \sum Q}{h \times (1-CA) \times (1-CM)} \tag{4-1}$$

$$Q = Q_0 \times (0.248 + 0.752 \times n / N) \tag{4-2}$$

式中：Y为光合潜力（g/cm^2）；Q为太阳辐射总量（J/cm^2）；Q_0为晴天总辐射（J/cm^2）；n/N是日照百分率；ε为光合有效辐射（0.45～0.55）；α为植物叶面反射率；β为漏射率；γ为光饱和限制率；ω为植物呼吸作用损耗率（约为 30%）；ρ 为植物非光合器官的无效吸收，约占光合有效辐射的 10%；ψ 为量子效率（约为 22.4%）；h 为单位干物质发热量（J/g）；$\sum Q$ 为各月太阳总辐射；CA 为植物体的灰分含量（约为 5%）；CM 为植物体的含水率（约为 14%）（Cutforch H W et al.，1990；于沪宁等，1982；侯光良等，1990；张强等，1995；谢云等，2003；黄明斌等，2000；郭建平等，1995；刘纪远等，2005；

丁德峻等，1993）。

（2）光温潜力（沈思渊等，1991；刘扬等，2005）

$$Y_t = Y \times f(t) \tag{4-3}$$

①喜凉作物（小麦、马铃薯等）：

$$f(t)=\begin{cases}0 & t \leqslant 0 \\ t/20 & 0 \leqslant t \leqslant 20 \\ 1 & t>20\end{cases} \tag{4-4}$$

②喜温作物（水稻、谷子、玉米、高粱、大豆、糜子等）：

$$f(t)=\begin{cases}0.033t-0.2\text{L L} & 6 \leqslant t < 21 \\ 0.0714t-1 & 21 \leqslant t<28 \\ 1 & 28 \leqslant t<32 \\ -0.083\text{t}+3.67 & 32 \leqslant \text{t} \leqslant 44 \\ 0 & t<6\text{或}t>44\end{cases} \tag{4-5}$$

式中：Y_t为光温潜力，$f(t)$为温度订正系数，t为月平均气温（℃）。

（3）气候潜力（朱志辉等，1985；康西言等，2008；张宏利等，2009）

$$Y_w = Y_t \times f(w) \tag{4-6}$$

$$f(w)=\begin{cases}\dfrac{R}{E_0} & R<E_0 \\ 1 & R \geqslant E_0\end{cases} \tag{4-7}$$

$$E_0 = 0.0018 \times (t+25)^2 \times (100-f) \quad (4\text{-}8)$$

式中：Y_w 为气候潜力，$f(w)$ 为水分订正系数，R 为月降水量（mm），E_0 为月蒸发力（mm），t 为月平均气温（℃），f 为月相对湿度（%）。

（4）土壤潜力（刘扬等，2005；常庆瑞等，1993）

$$Y_s = Y_w \times f(s) \quad (4\text{-}9)$$

$$f(s) = U \times O \quad (4\text{-}10)$$

$$U = \begin{cases} 1 & N \geqslant 90 \cap P \geqslant 10 \cap K \geqslant 150 \\ \left(\dfrac{N}{90} + \dfrac{P}{10} + \dfrac{K}{150}\right) \div 3 & N < 90 \cup P < 10 \cup K < 150 \end{cases} \quad (4\text{-}11)$$

$$O = \begin{cases} 1 & M \geqslant 30 \\ 0.5 + \dfrac{M}{60} & M < 30 \end{cases} \quad (4\text{-}12)$$

式中：Y_s 为土壤潜力，f（s）为土壤肥力订正系数，O 为土壤中有机质订正系数，U 为土壤中氮、磷、钾等养分含量订正系数，N、P、K 分别为土壤中的碱解氮、速效磷和速效钾含量（mg/kg），M 为土壤中有机质含量（g/kg）。

4.2 土地生产潜力动态

4.2.1 单位面积土地生产潜力分布特点

由彩图 4-2 可知：关中地区土地单位面积光合潜力、光温潜力、气候潜力、土壤潜力分别为 52.70～65.94 t/hm^2、0.05～39.92 t/hm^2、0.03～18.50 t/hm^2、0.03～18.10 t/hm^2，全区年度平均单位面积光合潜力、光温潜力、气候潜力、土壤潜力分别为 59.44 t/hm^2、23.83 t/hm^2、10.39 t/hm^2、5.59 t/hm^2；单位面积光合潜力基本由东北向西南递减；单位面积光温潜力以秦岭、关山最低，北部的黄土高原部分次之，关中平原区最高；气候潜力分布特点基本与光温潜力相同；土壤潜力总体上南部较高，北部较低，高值在河谷区较为集中。

4.2.2 土地生产总潜力转移图谱分析

潜力转移图谱类型（表 4-1）代码中的十位、个位分别代表 1986 年和 2007 年的土地利用类型，1、2、3、4、5、6 分别表示耕地、林地、草地、水域、建设用地、未利用地。1986—2007 年，关中地区潜力转移图谱共 27 类，光合、光温、气候及土壤潜力转移量分别为 1 832.06 万 t、813.74 万 t、342.16 万 t、167.32 万 t，各占其对应级别潜力总量的 5.55%、5.75%、5.67%、5.36%。耕地-林地、草地-林地、耕地-建设用地、水域-耕地、草地-耕地、耕地-水域、水域-草地、林地-建设用地八种潜力转移图谱类型的潜力转移累计量分别占该区土地光合、光温、气候及土壤潜力转移总量的 93.55%、92.48%、93.06%、94.22%；其中，耕地-林地、草地-林地、耕地-建设用地三种转移量之和占对应四种级别潜力转移总量的 80.79%、76.55%、78.08%、78.54%。在上述潜力转移图谱类型中，有六种发生在生产型地类中，这种流转一般不会导致潜力的永久损失；另有两类是耕地和林地生产潜力向建设用地的流转，这种流转事实上是土地生产潜力在相当长的一段时间内的完全丧失。研究期内，关中地区耕地转化为建设用地所造成的光合、光温、气候及土壤潜力损失量分别占全区对应级别潜力转移总量的 20.01%、24.83%、23.62%、21.51%，而耕地-建设用地面积变动量只占全区面积变动总量的 19.41%，这说明耕地的生产潜力损失要大于耕地的面积损失，耕地数量平衡并不代表耕地生产潜力平衡，因此，从耕地生产潜力总量动态平衡角度来保障耕地对人口粮食的供给能力比耕地数量动态平衡的策略更加科学。

表4-1 关中地区1986—2007年各级潜力转移的主要图谱类型

潜力转移图谱类型	12	32	15	41	31	14	43	25
光合潜力/万t	659.47	454.09	366.59	87.19	56.62	38.30	27.93	23.74
占比/%	36.00	24.79	20.01	4.76	3.09	2.09	1.52	1.30
累计占比/%	36.00	60.78	80.79	85.55	88.64	90.73	92.26	93.55
潜力转移图谱类型	12	15	32	41	31	14	43	25
光温潜力/万t	273.34	202.05	147.49	50.58	27.64	22.46	15.51	13.46
占比/%	33.59	24.83	18.12	6.22	3.40	2.76	1.91	1.65
累计占比/%	33.59	58.42	76.55	82.76	86.16	88.92	90.83	92.48
潜力转移图谱类型	12	15	32	41	31	14	43	25
气候潜力/万t	119.41	80.84	66.92	19.98	10.43	8.95	6.16	5.73
占比/%	34.90	23.62	19.56	5.84	3.05	2.62	1.80	1.68
累计占比/%	34.90	58.52	78.08	83.92	86.97	89.59	91.39	93.06
潜力转移图谱类型	12	15	32	41	14	31	43	25
土壤潜力/万t	60.67	35.99	34.76	10.76	5.61	4.14	3.14	2.59
占比/%	36.26	21.51	20.77	6.43	3.35	2.47	1.88	1.55
累计占比/%	36.26	57.77	78.54	84.98	88.33	90.80	92.68	94.22

4.2.3 农用地生产总潜力时间变化特征

由表4-2可知：1986—2007年，关中地区的农用地光合总潜力减少了1.05%，1986—2000年和2000—2007年各减少了0.59%、

0.46%；其中，耕地和草地的光合总潜力分别减少了 6.46%、6.41%，1986—2000 年各减少了 1.29%、0.89%，2000—2007 年则分别减少了 5.25%、5.58%；林地光合总潜力增加了 15.33%，1986—2000年和2000—2007年各增加了1.08%、14.10%。1986—2007年，关中地区的农用地光温总潜力减少了 1.37%，1986—2000 年和 2000—2007 年分别减少了 0.75%、0.63%；其中，耕地、草地的光温总潜力各减少了 5.88%、5.82%，1986—2000 年各减少了 1.40%、1.24%，2000—2007 年分别减少了 4.55%、4.64%；林地光温总潜力增加了 19.09%，1986—2000 年和 2000—2007 年分别增加了 1.99%、16.76%。研究期内，关中地区的农用地气候总潜力减少了 1.29%，1986—2000 年、2000—2007 年分别减少了 0.72%、0.58%；其中，耕地、草地的气候总潜力分别减少了 6.28%、5.67%，1986—2000 年减少了 1.43%、1.00%，2000—2007 年减少了 4.92%、4.71%；林地气候总潜力增加了 16.96%，1986—2000 年、2000—2007 年分别增加了 1.48%、15.25%。研究期内，关中地区的农用地土壤总潜力减少了 1.06%，1986—2000 年、2000—2007 年分别减少了 0.62%、0.44%；其中，耕地、草地的土壤总潜力分别减少了 6.64%、5.20%，1986—2000 年减少了 1.48%、0.65%，2000—2007 年分别减少了 5.24%、4.57%；林地土壤总潜力增加了 12.55%，1986—2000 年、2000—2007 年分别增加了 0.91%、11.53%。综上可知：关中地区农用地各级总潜力都减少，且后时段减速大于前时段；其中耕地、草地总潜力变化情况与上述区域农用地生产总潜力的变化态势相同，但耕地总潜力的减幅更大、减速更快；林地的各级潜力总量增加。以上结果表明：研究期内，不论土地利用结构如何调整，也不管如何实施“退耕政策”，关中地区的农用地生产总潜力（特别是耕地潜力）一直在不断地流失，而且有加速的趋势。

表 4-2 关中地区 1986—2007 年农用地生产总潜力 单位：万 t

	地类\年份	1986 年	2000 年	2007 年	1986—2000 年	2000—2007 年	1986—2007 年
光合潜力	耕地	14 848.39	14 657.58	13 888.62	-190.81	-768.96	-959.77
	林地	7 537.46	7 618.61	8 692.67	81.15	1 074.06	1 155.21
	草地	8 008.21	7 937.19	7 494.59	-71.02	-442.60	-513.63
	合计	30 394.06	30 213.37	30 075.87	-180.69	-137.50	-318.18
光温潜力	耕地	7 406.67	7 303.14	6 971.02	-103.53	-332.11	-435.65
	林地	2 294.28	2 340.02	2 732.24	45.75	392.22	437.96
	草地	3 044.87	3 007.18	2 867.61	-37.69	-139.57	-177.27
	合计	12 745.82	12 650.34	12 570.87	-95.48	-79.47	-174.95
气候潜力	耕地	2 959.26	2 916.87	2 773.39	-42.39	-143.48	-185.87
	林地	1 138.41	1 155.31	1 331.52	16.90	176.21	193.11
	草地	1 370.59	1 356.90	1 292.92	-13.69	-63.97	-77.67
	合计	5 468.26	5 429.07	5 397.83	-39.18	-31.24	-70.43
土壤潜力	耕地	1 365.95	1 345.74	1 275.27	-20.21	-70.47	-90.68
	林地	778.49	785.55	876.16	7.06	90.61	97.67
	草地	718.94	714.26	681.58	-4.68	-32.67	-37.36
	合计	2 863.38	2 845.55	2 833.02	-17.83	-12.53	-30.37

4.2.4 农用地生产总潜力变化的地貌差异

4.2.4.1 耕地生产总潜力变化的地貌差异

由表 4-3 可见：1986—2007 年，黄土梁峁区、黄土台塬区、黄土塬区、平原区、山地区的耕地光合总潜力减少量各占总减少量的 4.62%、18.70%、18.32%、24.75%、33.62%，年均递减率分别为 0.25%、0.19%、0.40%、0.23%、0.73%；其中，1986—2000 年，黄土台塬区、黄土塬区、平原区的耕地光合总潜力的年均递减率分别为 0.13%、0.12%、0.12%，黄土梁峁区、山地区的年均递增率为 0.03%、

0.01%；2000—2007 年，黄土梁峁区、黄土台塬区、黄土塬区、平原区、山地区的耕地光合总潜力减少量各占总减少量的 6.31%、12.98%、18.07%、20.11%、42.53%，年均递减率分别为 0.83%、0.32%、0.96%、0.45%、2.20%。

表 4-3　关中地区各地貌单元 1986—2007 年耕地生产总潜力　　单位：万 t

	地貌单元＼年份	1986 年	2000 年	2007 年	1986—2000 年	2000—2007 年	1986—2007 年
光合潜力	黄土梁峁区	853.20	857.35	808.83	4.15	−48.52	−44.37
	黄土台塬区	4 564.32	4 484.71	4 384.87	−79.61	−99.83	−179.44
	黄土塬区	2 160.08	2 123.26	1 984.29	−36.82	−138.97	−175.79
	平原区	5 011.02	4 928.11	4 773.51	−82.91	−154.60	−237.51
	山地区	2 259.77	2 264.15	1 937.11	4.38	−327.04	−322.66
光温潜力	黄土梁峁区	346.75	348.27	329.44	1.53	−18.83	−17.30
	黄土台塬区	2 363.74	2 321.22	2 270.41	−42.53	−50.80	−93.33
	黄土塬区	891.24	875.77	819.56	−15.47	−56.20	−71.68
	平原区	2 879.68	2 832.68	2 745.03	−47.00	−87.65	−134.65
	山地区	925.26	925.20	806.57	−0.07	−118.63	−118.69
气候潜力	黄土梁峁区	147.52	148.05	139.79	0.53	−8.26	−7.73
	黄土台塬区	900.06	883.45	863.56	−16.61	−19.89	−36.50
	黄土塬区	353.27	347.31	324.98	−5.96	−22.33	−28.29
	平原区	1 121.46	1 101.32	1 067.46	−20.14	−33.86	−54.00
	山地区	436.96	436.75	377.61	−0.21	−59.14	−59.35
土壤潜力	黄土梁峁区	63.41	63.61	60.25	0.20	−3.37	−3.17
	黄土台塬区	388.89	381.27	372.50	−7.63	−8.76	−16.39
	黄土塬区	137.96	135.65	126.91	−2.31	−8.74	−11.04
	平原区	542.54	532.31	517.31	−10.23	−14.99	−25.22
	山地区	233.16	232.91	198.29	−0.25	−34.61	−34.86

研究期内，黄土梁峁区、黄土台塬区、黄土塬区、平原区、山地区的耕地光温总潜力减少量各占总减量的 3.97%、21.42%、

16.45%、30.91%、27.25%，年均递减率分别为0.24%、0.19%、0.40%、0.23%、0.65%；其中，1986—2000年，黄土台塬区、黄土塬区、平原区、山地区的耕地光温总潜力的年均递减率分别为0.13%、0.13%、0.12%、0.001%，黄土梁峁区耕地光温总潜力的年均递增率为0.03%；2000—2007年，黄土梁峁区、黄土台塬区、黄土塬区、平原区、山地区的耕地光温总潜力减少量各占总减量的5.67%、15.30%、16.92%、26.39%、35.72%，年均递减率分别为0.79%、0.32%、0.94%、0.45%、1.94%。

1986—2007年，黄土梁峁区、黄土台塬区、黄土塬区、平原区、山地区的耕地气候总潜力减少量各占总减量的4.16%、19.64%、15.22%、29.05%、31.93%，年均递减率分别为0.26%、0.20%、0.40%、0.23%、0.69%；其中，1986—2000年，黄土台塬区、黄土塬区、平原区、山地区的耕地气候总潜力的年均递减率分别为0.13%、0.12%、0.13%、0.003%，黄土梁峁区耕地气候总潜力的年均递增率为0.03%；2000—2007年，黄土梁峁区、黄土台塬区、黄土塬区、平原区、山地区的耕地气候总潜力减少量各占总减量的5.76%、13.86%、15.56%、23.60%、41.22%，年均递减率分别为0.82%、0.32%、0.94%、0.45%、2.06%。

研究期内，黄土梁峁区、黄土台塬区、黄土塬区、平原区、山地区的耕地土壤总潜力减少量各占总减量的3.49%、18.08%、12.18%、27.81%、38.44%，年均递减率分别为0.24%、0.20%、0.40%、0.23%、0.77%；其中，1986—2000年，黄土台塬区、黄土塬区、平原区、山地区的耕地土壤总潜力的年均递减率分别为0.14%、0.12%、0.14%、0.01%，黄土梁峁区耕地土壤总潜力的年均递增率为0.02%；2000—2007年，黄土梁峁区、黄土台塬区、黄土塬区、平原区、山地区的耕地土壤总潜力减少量各占总减量的4.78%、12.44%、12.40%、21.27%、49.11%，年均递减率分别为0.77%、0.33%、0.95%、0.41%、2.27%。

综上可知：1986—2007年，黄土梁峁区、黄土台塬区、黄土塬区、平原区、山地区的各级耕地总潜力都在减少；其中，1986—2000

年黄土梁峁区的耕地各类总潜力及山地区的耕地光合总潜力有少量增加，2000—2007 年耕地总潜力增减情况与整个研究期的变化特点相似。研究期内，各类地貌区耕地光合潜力、气候潜力、土壤潜力的减量占比排序为：山地区＞平原区＞黄土台塬区＞黄土塬区＞黄土梁峁区；耕地光温潜力的减量占比排序为：平原区＞山地区＞黄土台塬区＞黄土塬区＞黄土梁峁区。

4.2.4.2 林地生产总潜力变化的地貌差异

由表 4-4 可知：1986—2007 年，黄土梁峁区、黄土台塬区、黄土塬区、平原区、山地区的林地光合总潜力增量各占全区总增量的 7.39%、9.39%、21.06%、10.55%、51.61%，年度递增率分别为 1.15%、1.90%、2.11%、2.80%、0.43%；其中，1986—2000 年，黄土台塬区、黄土塬区、平原区的林地光合总潜力的年度递增率分别为 0.53%、0.36%、1.93%，黄土梁峁区和山地区的林地光合总潜力的年度递减率为 0.04%、0.01%；2000—2007 年，黄土梁峁区、黄土台塬区、黄土塬区、平原区、山地区的林地光合总潜力增量占该时段全区总增量的 8.10%、8.49%、20.54%、6.93%、55.93%，年度递增率分别为 3.57%、4.69%、5.70%、4.57%、1.29%。

研究期内，黄土梁峁区、黄土台塬区、黄土塬区、平原区、山地区的林地光温总潜力增量占总增量的 7.53%、11.57%、22.66%、15.31%、42.93%，年度递增率分别为 1.14%、1.97%、2.14%、2.73%、0.47%；其中，1986—2000 年，黄土台塬区、黄土塬区、平原区的林地光温总潜力的年度递增率分别为 0.64%、0.38%、1.99%，黄土梁峁区和山地区的林地光温总潜力的年度递减率为 0.04%、0.002%；2000—2007 年，黄土梁峁区、黄土台塬区、黄土塬区、平原区、山地区的林地光温总潜力增量占该时段全区总增量的 8.58%、10.54%、22.87%、9.96%、48.05%，年度递增率分别为 3.56%、4.68%、5.76%、4.23%、1.43%。

表 4-4 关中地区各地貌单元 1986—2007 年林地生产总潜力 单位：万 t

地貌单元＼年份		1986 年	2000 年	2007 年	1986—2000 年	2000—2007 年	1986—2007 年
光合潜力	黄土梁峁区	314.58	312.93	399.95	−1.65	87.02	85.37
	黄土台塬区	224.13	241.36	332.59	17.23	91.24	108.46
	黄土塬区	442.66	465.25	685.91	22.59	220.65	243.24
	平原区	155.24	202.75	277.15	47.51	74.40	121.91
	山地区	6 400.85	6 396.33	6 997.08	−4.53	600.75	596.23
光温潜力	黄土梁峁区	122.06	121.38	155.02	−0.69	33.65	32.96
	黄土台塬区	100.28	109.64	150.98	9.35	41.34	50.69
	黄土塬区	177.33	186.88	276.58	9.55	89.70	99.25
	平原区	88.20	116.17	155.24	27.97	39.07	67.04
	山地区	1 806.40	1 805.96	1 994.42	−0.44	188.46	188.02
气候潜力	黄土梁峁区	50.91	50.65	65.62	−0.27	14.98	14.71
	黄土台塬区	39.26	42.87	58.84	3.62	15.97	19.59
	黄土塬区	71.37	75.07	111.22	3.71	36.14	39.85
	平原区	35.18	45.22	59.99	10.05	14.77	24.82
	山地区	941.69	941.49	1 035.84	−0.21	94.35	94.14
土壤潜力	黄土梁峁区	22.12	22.00	28.07	−0.11	6.06	5.95
	黄土台塬区	17.31	19.45	26.01	2.14	6.56	8.70
	黄土塬区	28.65	30.22	44.13	1.56	13.91	15.48
	平原区	15.17	19.07	25.77	3.90	6.70	10.60
	山地区	695.24	694.81	752.18	−0.43	57.37	56.95

1986—2007 年，黄土梁峁区、黄土台塬区、黄土塬区、平原区、山地区的林地气候总潜力增量占全区总增量的 7.62%、10.14%、20.64%、12.85%、48.75%，年度递增率分别为 1.22%、1.95%、2.14%、2.57%、0.45%；其中，1986—2000 年，黄土台塬区、黄土塬区、平原区的林地气候总潜力的年度递增率分别为 0.63%、0.36%、1.81%，黄土梁峁区和山地区的林地气候总潜力的年度递减率为 0.04%、0.002%；2000—2007 年，黄土梁峁区、黄土台塬区、黄土塬区、平原区、山地区的林地气候总潜力增量占该时段全区总增量

的8.50%、9.06%、20.51%、8.38%、53.54%，年度递增率分别为3.77%、4.63%、5.77%、4.12%、1.37%。

研究期内，黄土梁峁区、黄土台塬区、黄土塬区、平原区、山地区的林地土壤总潜力增量占全区总增量的6.09%、8.91%、15.85%、10.85%、58.30%，年度递增率分别为1.14%、1.96%、2.08%、2.55%、0.38%；其中，1986—2000年，黄土台塬区、黄土塬区、平原区的林地土壤总潜力的年度递增率分别为0.84%、0.38%、1.65%，黄土梁峁区和山地区的林地土壤总潜力的年度递减率为0.04%、0.004%；2000—2007年，黄土梁峁区、黄土台塬区、黄土塬区、平原区、山地区的林地土壤总潜力增量占该时段全区总增量的6.69%、7.24%、15.36%、7.39%、63.32%，年度递增率分别为3.54%、4.24%、5.56%、4.40%、1.14%。

综上可知：研究期内，关中地区各地貌单元林地各级总潜力增加，其中，1986—2000年，黄土梁峁区及山地区的林地总潜力减少，其余三地貌区林地总潜力增加；2000—2007年，林地总潜力均增加，年均增幅排序基本为：黄土塬＞黄土台塬＞平原＞黄土梁峁＞山地。研究期内，各类地貌区林地总潜力增量占比顺序为：山地＞黄土塬＞平原＞黄土台塬＞黄土梁峁。

4.2.4.3 草地生产总潜力变化的地貌差异

由表4-5可见：1986—2007年，黄土梁峁区、黄土台塬区、黄土塬区、平原区、山地区的草地光合总潜力减少量占全区总减量的8.52%、10.09%、18.88%、8.59%、53.93%，年度递减率分别为0.27%、0.28%、0.40%、0.47%、0.29%；其中，1986—2000年草地光合总潜力减少量占该时段全区总减量的9.45%、13.25%、10.22%、45.93%、21.16%，年度递减率分别为0.06%、0.08%、0.04%、0.52%、0.02%；2000—2007年草地光合总潜力减少量占该时段全区总减量的8.37%、9.58%、20.26%、2.60%、59.19%，年度递减率分别为0.68%、0.70%、1.11%、0.39%、0.83%。

表4-5 关中地区各地貌单元1986—2007年草地生产总潜力 单位：万t

	地貌单元＼年份	1986年	2000年	2007年	1986—2000年	2000—2007年	1986—2007年
光合潜力	黄土梁峁区	797.54	790.83	753.80	−6.71	−37.03	−43.74
	黄土台塬区	895.99	886.58	844.18	−9.41	−42.40	−51.81
	黄土塬区	1 198.96	1 191.70	1 102.01	−7.26	−89.69	−96.95
	平原区	464.04	431.42	419.92	−32.62	−11.50	−44.12
	山地区	4 651.69	4 636.66	4 374.68	−15.03	−261.98	−277.01
光温潜力	黄土梁峁区	305.05	302.20	288.10	−2.85	−14.10	−16.95
	黄土台塬区	429.25	424.50	406.79	−4.76	−17.70	−22.46
	黄土塬区	493.50	490.32	453.76	−3.17	−36.56	−39.73
	平原区	249.96	230.43	225.59	−19.54	−4.83	−24.37
	山地区	1 567.11	1 559.73	1 493.36	−7.38	−66.37	−73.75
气候潜力	黄土梁峁区	131.73	130.67	124.33	−1.06	−6.34	−7.40
	黄土台塬区	167.26	165.35	158.25	−1.91	−7.09	−9.00
	黄土塬区	202.64	201.37	186.41	−1.27	−14.96	−16.23
	平原区	95.88	89.59	87.34	−6.29	−2.26	−8.54
	山地区	773.09	769.92	736.59	−3.17	−33.33	−36.50
土壤潜力	黄土梁峁区	53.19	52.71	50.20	−0.48	−2.51	−2.99
	黄土台塬区	72.00	71.10	68.34	−0.90	−2.77	−3.67
	黄土塬区	79.20	78.64	73.03	−0.56	−5.61	−6.17
	平原区	37.15	35.63	34.88	−1.52	−0.75	−2.26
	山地区	477.40	476.17	455.14	−1.23	−21.03	−22.26

研究期内，黄土梁峁区、黄土台塬区、黄土塬区、平原区、山地区的草地光温总潜力减少量占全区总减量的9.56%、12.67%、22.41%、13.75%、41.60%，年度递减率分别为0.27%、0.26%、0.40%、0.49%、0.23%；其中，1986—2000年的草地光温总潜力减少量占该时段全区总减量的7.56%、12.62%、8.42%、51.83%、19.57%，年度递减率分别为0.07%、0.08%、0.05%、0.58%、0.03%；2000—2007年的草地光温总潜力减少量占该时段全区总减量的10.10%、12.68%、26.19%、3.46%、47.55%，年度递减率分别为0.68%、0.61%、1.10%、0.30%、0.62%。

1986—2007 年，黄土梁峁区、黄土台塬区、黄土塬区、平原区、山地区的草地气候总潜力减少量占全区总减量的 9.53%、11.59%、20.89%、11.00%、46.99%，年度递减率分别为 0.27%、0.26%、0.40%、0.44%、0.23%；其中，1986—2000 年的草地气候总潜力减少量占该时段全区总减量的 7.71%、13.95%、9.26%、45.91%、23.17%，年度递减率分别为 0.06%、0.08%、0.04%、0.48%、0.03%；2000—2007 年的草地气候总潜力减少量占该时段全区总减量的 9.91%、11.09%、23.38%、3.53%、52.09%，年度递减率分别为 0.71%、0.62%、1.10%、0.36%、0.63%。

研究期内，黄土梁峁区、黄土台塬区、黄土塬区、平原区、山地区的草地土壤总潜力减少量占全区总减量的 8.00%、9.82%、16.52%、6.06%、59.60%，年度递减率分别为 0.28%、0.25%、0.39%、0.30%、0.23%；其中，1986—2000 年的草地土壤总潜力减少量占该时段全区总减量的 10.27%、19.23%、11.89%、32.37%、26.24%，年度递减率分别为 0.06%、0.09%、0.05%、0.30%、0.02%；2000—2007 年的草地土壤总潜力减少量占该时段全区总减量的 7.68%、8.47%、17.19%、2.29%、64.38%，年度递减率分别为 0.69%、0.57%、1.05%、0.30%、0.64%。

综上可知：研究期内，关中地区各地貌单元草地的各级总潜力减少，其中，草地的光合总潜力年均递减率排序为：平原＞黄土塬＞山地＞黄土台塬＞黄土梁峁，光温潜力、气候潜力年均递减率顺序为：平原＞黄土塬＞黄土梁峁＞黄土台塬＞山地，土壤潜力年均递减率次序为：黄土塬＞平原＞黄土梁峁＞黄土台塬＞山地；平原区的草地各级潜力年均递减率是后时段小于前时段，其余四地貌区与之相反。研究期内，各类地貌区草地各级总潜力减量占全区总减量的比例均以山地区最大，黄土塬区次之。

4.2.4.4 农用地生产总潜力变化的地貌差异

由表 4-6 可知：1986—2007 年，黄土梁峁区、黄土台塬区、黄土塬区、平原区、山地区的农用地光合总潜力的年均递减率分别为

0.01%、0.10%、0.04%、0.14%、0.001%；其中1986—2000年的年均递减率为0.02%、0.09%、0.04%、0.09%、0.01%；2000—2007年黄土台塬区、黄土塬区、平原区的年均递减率为0.13%、0.03%、0.24%，黄土梁峁区、山地区的年均递增率均约为0.01%。

表4-6 关中地区各地貌单元1986—2007年农用地生产总潜力 单位：万t

	年份 / 地貌单元	1986年	2000年	2007年	1986—2000年	2000—2007年	1986—2007年
光合潜力	黄土梁峁区	1 965.32	1 961.11	1 962.58	−4.21	1.47	−2.74
	黄土台塬区	5 684.43	5 612.64	5 561.65	−71.79	−50.99	−122.78
	黄土塬区	3 801.70	3 780.21	3 772.21	−21.49	−8.01	−29.50
	平原区	5 630.30	5 562.28	5 470.58	−68.02	−91.70	−159.72
	山地区	13 312.31	13 297.14	13 308.86	−15.17	11.73	−3.44
光温潜力	黄土梁峁区	773.86	771.85	772.56	−2.01	0.71	−1.30
	黄土台塬区	2 893.28	2 855.35	2 828.18	−37.93	−27.16	−65.10
	黄土塬区	1 562.06	1 552.97	1 549.91	−9.09	−3.06	−12.15
	平原区	3 217.85	3 179.28	3 125.86	−38.57	−53.42	−91.98
	山地区	4 298.77	4 290.89	4 294.35	−7.88	3.46	−4.42
气候潜力	黄土梁峁区	330.16	329.36	329.74	−0.79	0.38	−0.42
	黄土台塬区	1 106.57	1 091.67	1 080.66	−14.90	−11.01	−25.91
	黄土塬区	627.27	623.75	622.60	−3.52	−1.14	−4.67
	平原区	1 252.51	1 236.14	1 214.79	−16.38	−21.34	−37.72
	山地区	2 151.74	2 148.15	2 150.04	−3.59	1.89	−1.70
土壤潜力	黄土梁峁区	138.72	138.33	138.52	−0.39	0.19	−0.20
	黄土台塬区	478.21	471.82	466.85	−6.39	−4.97	−11.36
	黄土塬区	245.80	244.51	244.07	−1.30	−0.44	−1.74
	平原区	594.85	587.00	577.96	−7.85	−9.04	−16.89
	山地区	1 405.79	1 403.89	1 405.61	−1.90	1.73	−0.18

研究期内，黄土梁峁区、黄土台塬区、黄土塬区、平原区、山地区的农用地光温总潜力的年均递减率分别为0.01%、0.11%、0.04%、0.14%、0.005%；其中1986—2000年的年均递减率为0.02%、0.09%、0.04%、0.09%、0.01%；2000—2007年，黄土台塬区、黄

土塬区、平原区的年均递减率为 0.14%、0.03%、0.24%，黄土梁峁区、山地区的年均递增率均约为 0.01%。

1986—2007 年，黄土梁峁区、黄土台塬区、黄土塬区、平原区、山地区的农用地气候总潜力的年均递减率分别为 0.01%、0.11%、0.04%、0.15%、0.004%；其中 1986—2000 年的年均递减率为 0.02%、0.10%、0.04%、0.09%、0.01%；2000—2007 年黄土台塬区、黄土塬区、平原区的年均递减率为 0.14%、0.03%、0.25%，黄土梁峁区、山地区的年均递增率均约为 0.01%。

研究期内，黄土梁峁区、黄土台塬区、黄土塬区、平原区、山地区的农用地土壤总潜力的年均递减率分别为 0.01%、0.11%、0.03%、0.14%、0.001%；其中 1986—2000 年的年均递减率为 0.02%、0.10%、0.04%、0.09%、0.01%；2000—2007 年黄土台塬区、黄土塬区、平原区的年均递减率为 0.15%、0.03%、0.22%，黄土梁峁区、山地区的年均递增率均约为 0.02%。

综上可知：研究期内，关中地区各类地貌区的农用地生产总潜力总体减少，农用地各级总潜力减速均以平原区为最大，其次是黄土台塬区，最小的是山地区；平原区和黄土台塬区的农用地总潜力减速是后时段大于前时段，黄土塬区则刚好相反，黄土梁峁区和山地区的农用地各级总潜力表现为先减后增，总体减少。

4.2.5 农用地生产总潜力变化的坡度差异

4.2.5.1 耕地生产总潜力变化的坡度差异

由表 4-7 可知：研究期内，关中地区各坡度带耕地的各级总潜力都在减少，减量主要集中在 0°～3°及＞25°区域，两坡度段分别占关中地区光合总潜力、光温总潜力、气候总潜力、土壤总潜力总减量的 41.11%、49.15%、45.55%、43.23%和 34.56%、28.94%、32.67%、37.55%；其中，1986—2000 年，耕地各级总潜力在 0°～8°区域内的总量减少，且超过 80%的减幅发生在 0°～3°区域，＞8°的区域在该时段耕地各级总潜力有少量增加；2000—2007 年，研究区所有坡度带耕地的各级总潜力都是减少的，0°～3°及＞25°区域分别占了研究区光合总潜力、光温总潜力、气候总潜力、土壤总潜力总减量的 28.94%、36.86%、32.60%、29.50%和 43.67%、38.48%、42.89%、49.03%。研究期内，关中地区耕地各级总潜力年均减幅最大的都是＞25°区域，最小的是 8°～15°区域；其中 2000—2007年，研究区耕地各级总潜力年均减幅最大的为＞25°区域，最小的则是 0°～3°区域。

表 4-7 关中地区各坡度带 1986—2007 年耕地生产总潜力 单位：万 t

	坡度带＼年份	1986 年	2000 年	2007 年	1986—2000 年	2000—2007 年	1986—2007 年
耕地光合潜力	0°～3°	9 078.65	8 906.55	8 684.05	−172.10	−222.50	−394.60
	3°～8°	2 248.36	2 211.24	2 148.10	−37.12	−63.14	−100.26
	8°～15°	1 843.04	1 847.01	1 770.53	3.97	−76.48	−72.51
	15°～20°	870.55	876.78	834.03	6.22	−42.74	−36.52
	20°～25°	468.64	472.69	444.42	4.04	−28.27	−24.22
	＞25°	339.14	343.31	7.48	4.18	−335.83	−331.65
耕地光温潜力	0°～3°	4 922.90	4 831.19	4 708.78	−91.71	−122.41	−214.12
	3°～8°	1042.10	1023.34	997.09	−18.76	−26.25	−45.01
	8°～15°	774.17	775.31	746.47	1.14	−28.84	−27.70
	15°～20°	352.99	355.42	339.22	2.43	−16.21	−13.78
	20°～25°	185.50	187.15	176.53	1.65	−10.61	−8.97
	＞25°	129.01	130.73	2.94	1.72	−127.79	−126.07
耕地气候潜力	0°～3°	1 919.71	1 881.81	1 835.04	−37.90	−46.77	−84.67
	3°～8°	418.77	411.42	400.71	−7.35	−10.71	−18.06
	8～15°	323.76	324.22	311.71	0.46	−12.51	−12.05
	15°～20°	152.53	153.47	146.29	0.94	−7.18	−6.24
	20°～25°	82.39	83.03	78.27	0.64	−4.76	−4.12
	＞25°	62.10	62.92	1.37	0.82	−61.54	−60.73
耕地土壤潜力	0°～3°	890.49	872.08	851.29	−18.42	−20.79	−39.20
	3°～8°	184.80	181.66	177.02	−3.14	−4.64	−7.78
	8°～15°	145.84	145.99	140.66	0.15	−5.33	−5.19
	15°～20°	70.18	70.58	67.52	0.40	−3.06	−2.66
	20°～25°	39.83	40.13	38.03	0.31	−2.11	−1.80
	＞25°	34.81	35.31	0.76	0.50	−34.55	−34.05

4.2.5.2 林地生产总潜力变化的坡度差异

由表 4-8 可知：研究期内，关中地区各坡度带林地的各级总潜力都增加，0°～3°、3°～8°、8°～15°、15°～20°、20°～25°、>25°带的光合总潜力增量各占其全区总增量的 13.95%、9.00%、

表 4-8　关中地区各坡度带 1986—2007 年林地生产总潜力　单位：万 t

	坡度带＼年份	1986 年	2000 年	2007 年	1986—2000 年	2000—2007 年	1986—2007 年
林地光合潜力	0°～3°	266.56	332.93	427.67	66.37	94.74	161.11
	3°～8°	392.10	409.33	496.05	17.23	86.72	103.95
	8°～15°	1 201.61	1 205.67	1 377.11	4.06	171.44	175.50
	15°～20°	1 317.33	1 317.94	1 451.95	0.61	134.01	134.62
	20°～25°	1 416.98	1 415.66	1 528.04	−1.32	112.38	111.06
	>25°	2 942.88	2 937.08	3 411.85	−5.80	474.77	468.97
林地光温潜力	0°～3°	135.84	173.02	221.19	37.18	48.17	85.35
	3°～8°	138.39	146.26	179.41	7.87	33.15	41.02
	8°～15°	392.53	394.59	456.82	2.07	62.23	64.30
	15°～20°	407.22	407.75	455.54	0.53	47.79	48.32
	20°～25°	415.48	415.21	453.59	−0.26	38.37	38.11
	>25°	804.83	803.19	965.70	−1.63	162.51	160.87
林地气候潜力	0°～3°	55.15	68.95	86.37	13.80	17.41	31.22
	3°～8°	61.65	64.68	78.62	3.03	13.94	16.97
	8°～15°	179.73	180.54	207.74	0.81	27.20	28.01
	15°～20°	192.69	192.90	214.11	0.21	21.21	21.42
	20°～25°	206.60	206.47	223.84	−0.13	17.37	17.24
	>25°	442.59	441.77	520.85	−0.82	79.08	78.26
林地土壤潜力	0°～3°	25.48	31.47	39.51	5.99	8.03	14.02
	3°～8°	34.14	35.49	41.78	1.35	6.29	7.64
	8°～15°	106.41	106.83	118.92	0.42	12.09	12.51
	15°～20°	122.62	122.73	132.46	0.11	9.73	9.85
	20°～25°	143.80	143.67	152.12	−0.13	8.45	8.32
	>25°	346.04	345.36	391.38	−0.68	46.02	45.33

15.19%、11.65%、9.61%、40.60%，年均递增率分别为2.28%、1.13%、0.65%、0.46%、0.36%、0.71%；各坡度段林地光温总潜力增量占比为19.49%、9.37%、14.68%、11.03%、8.70%、36.73%，年均递增率分别为2.35%、1.24%、0.72%、0.54%、0.42%、0.87%；各坡度段林地气候总潜力增量占比为16.16%、8.79%、14.50%、11.09%、8.93%、40.53%，年均递增率分别为2.16%、1.16%、0.69%、0.50%、0.38%、0.78%；各坡度段林地土壤总潜力增量占比为14.36%、7.82%、12.81%、10.08%、8.52%、46.41%，年均递增率分别为2.11%、0.97%、0.53%、0.37%、0.27%、0.59%。综上所述，整个研究期内，关中地区林地各级总潜力增量主要发生在＞25°区域，但增长速度却以0°～3°区域为最高。研究区林地各级总潜力的变化情况时段差异明显，1986—2000年，0°～20°区域林地各级总潜力增加，增量随坡度加大而减少，＞20°的区域林地各级总潜力减少；2000—2007年，所有坡度带内的林地各级总潜力都增加，增量最大的都是＞25°带，增速最快的均为0°～3°带。后一时段的所有坡度带内的林地各级总潜力年均递增率均大于前一时段。

4.2.5.3 草地生产总潜力变化的坡度差异

由表4-9可知：研究期内，关中地区各坡度带草地的各级总潜力都减少，0°～3°、3°～8°、8°～15°、15°～20°、20°～25°、＞25°带的光合总潜力减量各占其全区总减量的8.29%、7.74%、21.33%、19.45%、16.81%、26.39%，年均递减率为0.47%、0.23%、0.28%、0.31%、0.33%、0.35%；各坡度段草地光温总潜力减量占比为13.23%、8.42%、22.43%、20.08%、16.43%、19.40%，年均递减率为0.51%、0.20%、0.25%、0.30%、0.30%、0.27%；各坡度段草地气候总潜力减量占比为10.54%、8.21%、22.08%、20.04%、16.82%、22.30%，年均递减率为0.45%、0.20%、0.26%、0.29%、0.30%、0.26%；各坡度段草地土壤总潜力减量占比为5.70%、7.63%、20.73%、19.41%、17.12%、29.41%，年均递减率为0.28%、0.19%、0.24%、0.27%、0.27%、0.26%。研究期内前后两个时段，关中地

区各坡度带草地各级总潜力都在减少，但减量及减速情况存在时段差异：1986—2000 年，减量最大的区域是 0°～3° 带，减量最小的区域是＞25° 带，年均递减率随坡度的加大而变小；2000—2007 年，减量最大的区域是＞25° 带，减量最小的区域是 0°～3° 带，年均递减率随坡度的加大而加大。0°～3° 带的草地各级总潜力减量及减速以 1986—2000 年较大，＞3° 区域则以 2000—2007 年较大。

表 4-9　关中地区各坡度带 1986—2007 年草地生产总潜力　　单位：万 t

	年份 坡度带	1986 年	2000 年	2007 年	1986—2000 年	2000—2007 年	1986—2007 年
草地光合潜力	0°～3°	450.26	415.74	407.69	-34.52	-8.06	-42.58
	3°～8°	856.17	847.81	816.43	-8.36	-31.38	-39.74
	8°～15°	1 938.04	1 922.78	1 828.49	-15.26	-94.29	-109.55
	15°～20°	1 579.11	1 569.50	1 479.22	-9.61	-90.28	-99.89
	20°～25°	1 292.75	1 288.88	1 206.42	-3.87	-82.46	-86.33
	＞25°	1 891.88	1 892.47	1 756.34	0.59	-136.13	-135.54
草地光温潜力	0°～3°	230.32	209.80	206.86	-20.52	-2.94	-23.46
	3°～8°	360.67	356.80	345.74	-3.87	-11.06	-14.93
	8°～15°	761.78	755.14	722.01	-6.63	-33.13	-39.76
	15°～20°	591.44	587.19	555.84	-4.25	-31.35	-35.60
	20°～25°	468.93	467.04	439.80	-1.89	-27.24	-29.13
	＞25°	631.74	631.21	597.35	-0.53	-33.86	-34.39
草地气候潜力	0°～3°	91.52	84.64	83.33	-6.88	-1.31	-8.19
	3°～8°	152.41	150.86	146.03	-1.55	-4.83	-6.38
	8°～15°	328.41	325.77	311.26	-2.64	-14.51	-17.15
	15°～20°	261.95	260.26	246.38	-1.69	-13.88	-15.57
	20°～25°	214.67	213.94	201.61	-0.73	-12.34	-13.07
	＞25°	321.63	321.42	304.31	-0.21	-17.11	-17.32
草地土壤潜力	0°～3°	37.53	35.71	35.40	-1.83	-0.30	-2.13
	3°～8°	71.14	70.44	68.29	-0.71	-2.14	-2.85
	8°～15°	157.37	156.20	149.63	-1.17	-6.57	-7.74
	15°～20°	131.13	130.37	123.88	-0.76	-6.49	-7.25
	20°～25°	115.55	115.26	109.15	-0.29	-6.11	-6.40
	＞25°	206.22	206.29	195.23	0.07	-11.06	-10.99

4.2.5.4 农用地生产总潜力变化的坡度差异

由表 4-10 可知：研究期内，关中地区 0°～20° 坡度带的各类农用地总潜力都是减少的，减量随坡度增加而快速减少，0°～3° 区域集中了其光合总潜力、光温总潜力、气候总潜力、土壤总潜力总减量的 86.15%、86.81%、87.19%、88.73%；其中，1986—2000 年，所有坡度带的农用地总潜力都减少，减幅随坡度加大而降低，0°～3° 区域和 3°～8° 区域则分别集中了该区农用地光合总潜力、光温总潜力、气候总潜力、土壤总潜力总减量的 77.62%、78.61%、79.09%、79.93%和 15.63%、15.46%、14.96%、14.02%；2000—2007 年，0°～8° 区域农用地总潜力减少，0°～3° 区域又集中了其光合、光温、气候及土壤总潜力全区总减量的 94.57%、94.89%、95.04%、96.38%，＞8° 的区域农用地各级潜力总量都是增加的，且其增量随坡度的加大而增大。0°～3° 区域 2000—2007 年的农用地总潜力年均减幅大于 1986—2000 年，3°～8° 区域的农用地总潜力年均减幅则是 1986—2000 年大于 2000—2007 年，8°～20° 区域是前减后增、总体减少，＞20° 区域则为先减后增、总体增加。

表 4-10　关中地区各坡度带 1986—2007 年农用地生产总潜力　　单位：万 t

	坡度带＼年份	1986 年	2000 年	2 007 年	1986—2000 年	2000—2007 年	1986—2007 年
农用地光合潜力	0°～3°	9 795.47	9 655.22	9 519.41	−140.25	−135.82	−276.07
	3°～8°	3 496.63	3 468.38	3 460.58	−28.25	−7.80	−36.05
	8°～15°	4 982.69	4 975.46	4 976.13	−7.23	0.67	−6.56
	15°～20°	3 766.99	3 764.22	3 765.20	−2.78	0.99	−1.79
	20°～25°	3 178.37	3 177.23	3 178.88	−1.15	1.66	0.51
	＞25°	5 173.90	5 172.86	5 175.67	−1.03	2.81	1.78
农用地光温潜力	0°～3°	5 289.06	5 214.01	5 136.83	−75.06	−77.17	−152.23
	3°～8°	1 541.16	1 526.40	1 522.23	−14.76	−4.16	−18.92
	8°～15°	1 928.47	1 925.04	1 925.30	−3.43	0.26	−3.17
	15°～20°	1 351.65	1 350.36	1 350.60	−1.28	0.23	−1.05
	20°～25°	1 069.91	1 069.40	1 069.92	−0.51	0.52	0.01
	＞25°	1 565.57	1 565.13	1 565.99	−0.44	0.86	0.41

	坡度带＼年份	1986 年	2000 年	2 007 年	1986—2000 年	2000—2007 年	1986—2007 年
农用地气候潜力	0°～3°	2 066.38	2 035.40	2 004.74	−30.98	−30.66	−61.64
	3°～8°	632.83	626.96	625.36	−5.86	−1.60	−7.47
	8°～15°	831.90	830.53	830.71	−1.37	0.18	−1.20
	15°～20°	607.17	606.64	606.78	−0.53	0.14	−0.39
	20°～25°	503.67	503.45	503.72	−0.22	0.27	0.05
	＞25°	826.32	826.10	826.53	−0.21	0.43	0.22
农用地土壤潜力	0°～3°	953.51	939.25	926.20	−14.26	−13.06	−27.31
	3°～8°	290.08	287.58	287.09	−2.50	−0.49	−2.99
	8°～15°	409.62	409.02	409.20	−0.61	0.18	−0.42
	15°～20°	323.92	323.68	323.86	−0.25	0.18	−0.06
	20°～25°	299.17	299.06	299.30	−0.11	0.24	0.13
	＞25°	587.08	586.96	587.37	−0.11	0.41	0.29

4.2.6 农用地生产总潜力变化的地市差异

由表 4-11 可知：1986—2007 年，关中地区各地市的农用地各级总潜力都在减少，减量最大的是西安市，减量最小的是铜川市和宝鸡市，各地市的农用地各级总潜力减速排序为：西安市＞咸阳市＞渭南市＞铜川市＞宝鸡市；其中，耕地在各地市的各级潜力总量均缩减，其减速最大的是西安市，最小的是渭南市；林地在各市的各级潜力总量都有不同程度的增加，增量最大的是宝鸡市，增速最大的是咸阳市；各地市草地的各级潜力总量也都在减少，减量最大的是宝鸡市，减速最快的是咸阳市。1986—2000 年，关中地区所有地市的农用地各级潜力总量都是下降的，减量最大的是西安市，光合、光温及气候潜力的减速次序为：西安市＞咸阳市＞铜川市＞渭南市＞宝鸡市，土壤潜力为：咸阳市＞西安市＞渭南市＞铜川市＞宝鸡市；其中，铜川市的耕地生产潜力总量略有增加，其他地市的耕地各级潜力总量均减少，减量较大的是咸阳市和西安市，减速最大的是西安市；该时段各地市林地的各级潜力总量增加，增量最大的是渭南市，增速较大的是渭南市和咸阳市；所有地市的草地各级潜力总量减少，减量最大的是渭南市，减速最快的是渭南市和铜川市。2000—2007 年，宝鸡市的农用地各级潜力总量增加，其余地市的农用地潜力总量减少，减量最大和减速最快的都是西安市，其次为咸阳市；其中，各地市耕地的各级潜力总量在该时段都减少，减速顺序为：西安市＞铜川市＞宝鸡市＞咸阳市＞渭南市；各地市林地各级潜力在该时段都是增加的，增量最大的是宝鸡市，增速最快的是咸阳市；该时段各地市草地各级潜力都在减少，减量最大的是宝鸡市，减速最快的是咸阳市（表 4-12）。关中地区各地市农用地潜力总量变化的驱动因素主要是建设用地对土地生产潜力的减损和“退耕还林还草”等生态工程建设造成的农用地内部各种土地类型间的潜力转移。

表 4-11 关中地区各地市 1986—2007 年农用地生产总潜力变化量 单位：万 t

		1986—2000 年			2000—2007 年			1986—2007 年		
		耕地	林地	草地	耕地	林地	草地	耕地	林地	草地
光合潜力	渭南	−32.82	36.91	−38.15	−146.56	123.53	−13.33	−179.38	160.44	−51.48
	铜川	0.58	2.13	−14.50	−61.91	85.53	−25.58	−61.34	87.66	−40.07
	咸阳	−79.94	31.84	−4.44	−187.49	270.38	−123.75	−267.43	302.22	−128.19
	宝鸡	−19.34	8.32	−10.33	−191.12	414.07	−211.92	−210.45	422.39	−222.26
	西安	−59.29	1.95	−3.61	−181.88	180.55	−68.02	−241.16	182.50	−71.63
光温潜力	渭南	−18.72	24.80	−23.23	−75.30	59.87	−5.83	−94.02	84.68	−29.06
	铜川	−0.25	0.97	−6.09	−24.88	34.78	−10.65	−25.13	35.75	−16.74
	咸阳	−39.84	14.59	−1.91	−82.49	110.73	−50.29	−122.33	125.32	−52.20
	宝鸡	−10.14	4.42	−4.96	−67.36	133.44	−60.80	−77.50	137.86	−65.76
	西安	−34.59	0.96	−1.50	−82.08	53.40	−12.00	−116.67	54.35	−13.50
气候潜力	渭南	−7.09	8.21	−7.55	−27.74	22.72	−2.15	−34.83	30.93	−9.70
	铜川	0.11	0.30	−2.33	−9.68	13.55	−4.13	−9.57	13.85	−6.46
	咸阳	−15.66	5.63	−0.75	−32.65	43.88	−20.14	−48.31	49.51	−20.89
	宝鸡	−4.76	2.08	−2.37	−34.01	67.18	−30.64	−38.77	69.26	−33.02
	西安	−14.98	0.67	−0.70	−39.40	28.88	−6.90	−54.39	29.56	−7.60
土壤潜力	渭南	−4.41	1.83	−2.00	−14.54	12.46	−0.87	−18.94	14.30	−2.87
	铜川	0.13	0.19	−1.03	−4.17	5.75	−1.66	−4.04	5.94	−2.70
	咸阳	−6.34	2.52	−0.38	−12.78	17.53	−8.07	−19.12	20.05	−8.45
	宝鸡	−2.87	1.22	−1.02	−16.72	34.54	−16.00	−19.60	35.76	−17.02
	西安	−6.72	1.30	−0.25	−22.27	20.33	−6.07	−28.99	21.63	−6.32

表 4-12　关中地区各地市 1986—2007 年农用地生产总潜力相对变化率　单位：%

		1986—2000 年			2000—2007 年			1986—2007 年			
		耕地	林地	草地	耕地	林地	草地	耕地	林地	草地	合计
光合潜力	渭南	−0.64	4.69	−2.68	−2.86	14.98	−0.96	−3.48	20.37	−3.61	−0.96
	铜川	0.06	0.27	−2.17	−6.79	10.82	−3.92	−6.73	11.12	−6.00	−0.58
	咸阳	−2.17	4.72	−0.35	−5.21	38.25	−9.67	−7.26	44.77	−9.98	−1.66
	宝鸡	−0.67	0.23	−0.30	−6.68	11.46	−6.18	−7.31	11.71	−6.47	−0.10
	西安	−2.66	0.12	−0.30	−8.39	10.73	−5.71	−10.83	10.86	−6.00	−2.55
光温潜力	渭南	−0.67	8.68	−3.46	−2.69	19.27	−0.90	−3.34	29.62	−4.33	−1.02
	铜川	−0.07	0.32	−2.30	−6.64	11.53	−4.11	−6.71	11.89	−6.32	−0.65
	咸阳	−2.25	6.01	−0.36	−4.76	42.99	−9.64	−6.90	51.58	−9.97	−1.94
	宝鸡	−0.83	0.45	−0.43	−5.55	13.65	−5.31	−6.33	14.16	−5.72	−0.16
	西安	−2.84	0.20	−0.35	−6.92	10.85	−2.76	−9.56	11.07	−3.10	−3.53
气候潜力	渭南	−0.72	6.87	−3.01	−2.85	17.77	−0.88	−3.56	25.85	−3.86	−1.01
	铜川	0.07	0.25	−2.24	−6.77	11.27	−4.08	−6.70	11.55	−6.23	−0.60
	咸阳	−2.22	5.75	−0.35	−4.73	42.37	−9.51	−6.84	50.56	−9.83	−1.94
	宝鸡	−0.82	0.39	−0.41	−5.88	12.65	−5.31	−6.65	13.10	−5.69	−0.15
	西安	−2.74	0.25	−0.31	−7.40	10.59	−3.10	−9.93	10.87	−3.40	−3.11
土壤潜力	渭南	−0.97	2.29	−1.62	−3.23	15.24	−0.72	−4.16	17.89	−2.33	−1.14
	铜川	0.22	0.33	−2.28	−6.82	10.33	−3.76	−6.62	10.70	−5.96	−0.49
	咸阳	−2.16	5.57	−0.43	−4.45	36.67	−9.28	−6.51	44.28	−9.67	−1.76
	宝鸡	−1.06	0.31	−0.32	−6.25	8.80	−4.98	−7.25	9.14	−5.28	−0.09
	西安	−2.35	0.63	−0.18	−7.98	9.77	−4.32	−10.14	10.46	−4.49	−2.16

4.2.7 农用地生产总潜力变化的区县差异

由表 4-13 可知：1986—2007 年，关中地区凤县、陈仓区、太白县、宜君县、韩城市及大荔县的农用地潜力总量略有上升，其余区县的农用地潜力均减少，减速最快的是西安市区，其次是高陵县和咸阳市。其中 1986—2000 年，大荔县农用地各级潜力总量都有少量增加，而韩城市农用地的光合潜力、光温潜力和气候潜力总量略有增加，但土壤潜力总量减少；其他区县的农用地各级潜力总量都是减少的，减速最快为西安市区。2000—2007年，农用地各级潜力总量都增加的有：陇县、凤县、凤翔县、千阳县、永寿县、太白县、眉县、长武县、宜君县、岐山县、陈仓区、宝鸡市、华阴市13个区县行政单元；另外，潼关县农用地的光合潜力和气候潜力总量是增加的，但其光温潜力和土壤潜力总量减少；增速最大的是华阴市；其余32个区县行政单元的农用地各级潜力总量在2000—2007年是减少的，减速最大的仍然是西安市区（表4-14）。关中地区各区县农用地潜力总量增加的部分主要来源于山地区的居民外迁，未利用地向林草转变以及部分水域退化为耕地、草地或林地；而农用地潜力总量的减少则主要由建设用地扩张造成的。

表4-13 关中地区各区县1986—2007年农用地生产总潜力变化 单位：万t

	1986—2000年				2000—2007年				1986—2007年			
	光合潜力	光温潜力	气候潜力	土壤潜力	光合潜力	光温潜力	气候潜力	土壤潜力	光合潜力	光温潜力	气候潜力	土壤潜力
白水县	-4.76	-2.21	-0.83	-0.37	-0.88	-0.28	-0.12	-0.01	-5.64	-2.49	-0.96	-0.39
宝鸡市	-2.12	-1.16	-0.57	-0.47	1.77	0.82	0.40	0.35	-0.36	-0.34	-0.17	-0.12
彬　县	-2.10	-0.83	-0.35	-0.13	-0.85	-0.39	-0.17	-0.02	-2.95	-1.23	-0.52	-0.15
长安区	-8.61	-4.89	-2.28	-0.91	-12.58	-7.17	-3.41	-1.42	-21.19	-12.06	-5.69	-2.33
长武县	-1.22	-0.46	-0.20	-0.08	0.51	0.22	0.09	0.02	-0.71	-0.25	-0.11	-0.06
陈仓区	-5.06	-2.58	-1.22	-0.71	6.16	3.11	1.46	0.81	1.10	0.53	0.23	0.11
澄城县	-11.19	-5.49	-1.82	-0.77	-2.99	-1.40	-0.48	-0.19	-14.19	-6.89	-2.30	-0.96
淳化县	-4.71	-1.95	-0.73	-0.26	-1.06	-0.39	-0.16	-0.07	-5.77	-2.34	-0.89	-0.33
大荔县	16.51	9.91	3.62	0.40	-4.61	-2.76	-0.90	-0.28	11.89	7.16	2.72	0.11
凤　县	-0.69	-0.28	-0.16	-0.11	0.84	0.38	0.22	0.17	0.15	0.09	0.06	0.06
凤翔县	-3.94	-1.89	-0.87	-0.40	0.38	0.18	0.07	0.05	-3.56	-1.71	-0.80	-0.35
扶风县	-1.99	-1.07	-0.49	-0.18	-0.57	-0.29	-0.14	-0.06	-2.56	-1.36	-0.63	-0.24
富平县	-1.85	-1.04	-0.33	-0.14	-5.01	-2.77	-0.91	-0.44	-6.87	-3.81	-1.23	-0.58
高陵县	-0.05	-0.02	-0.01	-0.03	-10.98	-6.46	-2.55	-1.30	-11.02	-6.48	-2.56	-1.32
韩城市	4.92	3.22	1.03	-0.54	-2.47	-1.30	-0.44	-0.15	2.45	1.93	0.58	-0.69
合阳县	-10.48	-5.67	-1.79	-0.50	-3.90	-1.72	-0.59	-0.34	-14.37	-7.39	-2.39	-0.84
户　县	-2.17	-1.26	-0.72	-0.14	-6.23	-3.56	-1.84	-0.87	-8.40	-4.83	-2.56	-1.01

	1986—2000 年				2000—2007 年				1986—2007 年			
	光合潜力	光温潜力	气候潜力	土壤潜力	光合潜力	光温潜力	气候潜力	土壤潜力	光合潜力	光温潜力	气候潜力	土壤潜力
华　县	-3.59	-2.01	-0.93	-0.29	-0.17	-0.61	-0.24	-0.15	-3.76	-2.62	-1.17	-0.44
华阴市	-5.52	-3.30	-1.33	-0.76	3.08	1.12	0.70	0.59	-2.44	-2.19	-0.63	-0.17
泾阳县	-3.81	-2.19	-0.83	-0.49	-3.52	-1.91	-0.71	-0.13	-7.33	-4.10	-1.54	-0.62
蓝田县	-2.64	-1.33	-0.62	-0.27	-1.45	-0.86	-0.41	-0.08	-4.09	-2.19	-1.03	-0.35
礼泉县	-6.75	-3.71	-1.42	-0.62	-5.90	-3.07	-1.21	-0.51	-12.65	-6.79	-2.63	-1.13
临潼区	-6.45	-3.82	-1.41	-0.65	-10.12	-6.06	-2.24	-1.22	-16.57	-9.87	-3.65	-1.87
临渭区	-10.95	-6.46	-2.64	-1.10	-9.89	-6.03	-2.32	-1.15	-20.84	-12.49	-4.96	-2.25
麟游县	-0.25	-0.10	-0.04	-0.02	-1.44	-0.46	-0.21	-0.07	-1.69	-0.56	-0.25	-0.09
陇　县	-0.96	-0.41	-0.19	-0.13	0.26	0.16	0.07	0.09	-0.70	-0.25	-0.12	-0.05
眉　县	-2.10	-1.12	-0.54	-0.21	0.70	0.39	0.18	0.09	-1.40	-0.73	-0.35	-0.12
蒲城县	-4.47	-2.55	-0.85	-0.26	-9.56	-5.50	-1.87	-0.81	-14.03	-8.05	-2.72	-1.07
岐山县	-2.90	-1.51	-0.68	-0.25	0.89	0.51	0.23	0.05	-2.01	-1.00	-0.45	-0.19
千阳县	-1.01	-0.45	-0.22	-0.15	0.48	0.20	0.09	0.06	-0.53	-0.25	-0.13	-0.09
乾　县	-5.10	-2.61	-1.05	-0.43	-6.00	-3.12	-1.28	-0.54	-11.10	-5.73	-2.33	-0.97
三原县	-3.79	-2.12	-0.75	-0.32	-3.53	-2.03	-0.71	-0.31	-7.32	-4.15	-1.46	-0.63
太白县	-0.32	-0.12	-0.07	-0.04	1.56	0.30	0.17	0.26	1.24	0.17	0.10	0.22
铜川市	-5.34	-2.30	-0.90	-0.35	-1.35	-0.54	-0.22	-0.09	-6.69	-2.83	-1.12	-0.44
潼关县	-2.68	-1.54	-0.55	-0.23	0.04	-0.02	0.00	-0.01	-2.64	-1.56	-0.54	-0.23
武功县	-6.69	-3.77	-1.67	-0.69	-5.13	-2.87	-1.26	-0.40	-11.82	-6.63	-2.92	-1.09
西安市	-37.66	-21.89	-9.10	-3.60	-24.54	-14.39	-6.02	-2.42	-62.20	-36.29	-15.12	-6.02
咸阳市	-9.02	-5.15	-1.95	-0.83	-7.61	-4.40	-1.70	-0.66	-16.62	-9.55	-3.65	-1.50
兴平市	-3.87	-2.18	-0.94	-0.01	-6.78	-3.88	-1.71	-0.67	-10.65	-6.06	-2.65	-0.68
旬邑县	-2.66	-0.99	-0.40	-0.14	-1.51	-0.42	-0.17	-0.05	-4.17	-1.41	-0.57	-0.19
阎良区	-1.98	-1.18	-0.40	-0.27	-1.01	-0.60	-0.21	-0.17	-2.99	-1.79	-0.61	-0.43
耀州区	-5.68	-2.76	-0.89	-0.32	-2.38	-1.02	-0.36	-0.14	-8.06	-3.78	-1.25	-0.47
宜君县	-0.77	-0.32	-0.13	-0.05	1.77	0.80	0.32	0.15	1.00	0.48	0.19	0.10
永寿县	-2.82	-1.17	-0.50	-0.18	0.52	0.20	0.08	0.03	-2.31	-0.97	-0.42	-0.15
周至县	-1.39	-0.74	-0.45	0.18	-2.44	-1.57	-0.76	-0.52	-3.83	-2.31	-1.21	-0.34

表4-14 关中地区各区县1986—2007年农用地生产总潜力相对变化率 单位：%

	1986—2000年			2000—2007年			1986—2007年			
	光温潜力	气候潜力	土壤潜力	光温潜力	气候潜力	土壤潜力	光合潜力	光温潜力	气候潜力	土壤潜力
白水县	−0.80	−0.80	−0.75	−0.10	−0.12	−0.02	−0.95	−0.90	−0.92	−0.78
宝鸡市	−1.37	−1.32	−1.45	0.98	0.94	1.09	−0.15	−0.40	−0.39	−0.37
彬　县	−0.31	−0.30	−0.29	−0.14	−0.15	−0.05	−0.43	−0.45	−0.45	−0.33
长安区	−1.44	−1.37	−1.05	−2.15	−2.07	−1.67	−2.66	−3.56	−3.40	−2.70
长武县	−0.38	−0.37	−0.35	0.18	0.17	0.10	−0.23	−0.20	−0.21	−0.26
陈仓区	−0.40	−0.38	−0.38	0.49	0.46	0.44	0.07	0.08	0.07	0.06
澄城县	−1.64	−1.64	−1.62	−0.43	−0.44	−0.41	−2.13	−2.06	−2.07	−2.02
淳化县	−0.84	−0.83	−0.81	−0.17	−0.19	−0.22	−1.02	−1.01	−1.02	−1.03
大荔县	1.81	2.01	0.55	−0.49	−0.49	−0.39	1.30	1.31	1.51	0.15
凤　县	−0.06	−0.06	−0.06	0.08	0.08	0.09	0.01	0.02	0.02	0.03
凤翔县	−0.72	−0.71	−0.77	0.07	0.05	0.10	−0.54	−0.65	−0.66	−0.68
扶风县	−0.53	−0.53	−0.45	−0.15	−0.16	−0.15	−0.63	−0.67	−0.69	−0.60
富平县	−0.28	−0.27	−0.24	−0.75	−0.75	−0.72	−0.99	−1.03	−1.01	−0.95
高陵县	−0.02	−0.04	−0.19	−8.04	−8.06	−8.70	−8.08	−8.06	−8.10	−8.87
韩城市	0.77	0.73	−1.00	−0.31	−0.31	−0.29	0.27	0.46	0.41	−1.28
合阳县	−1.44	−1.42	−1.11	−0.44	−0.47	−0.76	−1.89	−1.88	−1.89	−1.87
户　县	−0.47	−0.49	−0.16	−1.34	−1.27	−0.97	−1.29	−1.81	−1.76	−1.13
华　县	−0.79	−0.76	−0.34	−0.24	−0.20	−0.18	−0.59	−1.03	−0.96	−0.52
华阴市	−1.85	−1.67	−1.45	0.64	0.89	1.14	−0.65	−1.22	−0.79	−0.32
泾阳县	−1.00	−1.02	−1.29	−0.89	−0.89	−0.35	−1.84	−1.88	−1.91	−1.63
蓝田县	−0.30	−0.29	−0.22	−0.20	−0.19	−0.07	−0.37	−0.50	−0.49	−0.29
礼泉县	−1.36	−1.35	−1.45	−1.14	−1.17	−1.22	−2.32	−2.49	−2.50	−2.65
临潼区	−1.17	−1.15	−0.98	−1.88	−1.85	−1.87	−2.91	−3.02	−2.98	−2.83
临渭区	−1.73	−1.78	−1.25	−1.64	−1.59	−1.33	−3.12	−3.34	−3.34	−2.56
麟游县	−0.03	−0.03	−0.03	−0.14	−0.14	−0.12	−0.17	−0.17	−0.17	−0.15
陇　县	−0.10	−0.10	−0.12	0.04	0.04	0.08	−0.06	−0.06	−0.07	−0.04

	1986—2000 年			2000—2007 年			1986—2007 年			
	光温潜力	气候潜力	土壤潜力	光温潜力	气候潜力	土壤潜力	光合潜力	光温潜力	气候潜力	土壤潜力
眉　县	-0.62	-0.60	-0.43	0.22	0.20	0.19	-0.31	-0.40	-0.39	-0.24
蒲城县	-0.49	-0.49	-0.33	-1.07	-1.09	-1.00	-1.53	-1.56	-1.57	-1.33
岐山县	-0.75	-0.75	-0.65	0.25	0.26	0.14	-0.45	-0.50	-0.49	-0.51
千阳县	-0.22	-0.22	-0.37	0.10	0.09	0.16	-0.10	-0.12	-0.13	-0.22
乾　县	-0.99	-0.97	-1.00	-1.19	-1.20	-1.25	-2.11	-2.17	-2.16	-2.23
三原县	-1.26	-1.30	-1.24	-1.22	-1.24	-1.21	-2.39	-2.46	-2.52	-2.44
太白县	-0.04	-0.03	-0.02	0.09	0.08	0.15	0.08	0.05	0.05	0.12
铜川市	-1.25	-1.25	-1.13	-0.30	-0.31	-0.30	-1.46	-1.54	-1.56	-1.42
潼关县	-1.41	-1.31	-1.00	-0.02	0.01	-0.02	-1.15	-1.43	-1.30	-1.03
武功县	-3.11	-3.13	-2.75	-2.44	-2.44	-1.65	-5.47	-5.47	-5.50	-4.35
西安市	-12.88	-13.08	-11.45	-9.72	-9.95	-8.71	-21.02	-21.35	-21.73	-19.16
咸阳市	-3.53	-3.50	-3.58	-3.12	-3.17	-2.96	-6.48	-6.54	-6.56	-6.43
兴平市	-1.56	-1.52	-0.04	-2.81	-2.80	-2.52	-4.34	-4.32	-4.27	-2.56
旬邑县	-0.26	-0.26	0.21	0.11	0.11	-0.07	-0.38	-0.37	-0.38	-0.28
阎良区	-22.52	-22.43	-19.02	-14.85	-14.80	-14.50	-34.03	-34.02	-33.91	-30.75
耀州区	-0.71	-0.63	-0.51	-0.26	-0.25	-0.23	-0.83	-0.97	-0.88	-0.74
宜君县	-0.09	-0.09	-0.07	0.22	0.21	0.22	0.11	0.13	0.12	0.15
永寿县	-0.57	-0.57	-0.56	0.10	0.10	0.08	-0.46	-0.47	-0.48	-0.48
周至县	-0.14	-0.15	0.08	-0.30	-0.26	-0.23	-0.25	-0.45	-0.41	-0.15

4.3 耕地现实生产力动态

4.3.1 耕地现实生产力空间分布及变化

关中地区耕地单产的空间分布特点是：东南部高、西北部低，中部高、四周低；研究区耕地单产最高的地段主要分布在关中平原，尤其是渭河两侧的冲积平原；从行政区划看，高陵县、武功县、咸阳市区、宝鸡市区的耕地现实生产力最高；北部的麟游县和东部的大荔县沙区的耕地现实生产力最低（彩图 4-3）。

1986—2007 年，关中地区耕地的现实生产力持续提高，单位面积耕地产量由 2.76 t/hm^2 增加到 3.90 t/hm^2，增幅为 41.31%，年度递增率为 1.66%；其中 1986—2000 年耕地单产增加了 1.04 t/hm^2，增幅为 37.64%，年度递增率为 2.31%；2000—2007 年耕地单产增加了 0.10 t/hm^2，增幅为 2.67%，年度递增率为 0.38%；前时段单位耕地面积生产力增速约为后时段的 6.12 倍。耕地单产的提高有赖于良种、农业投入等多方面的因素；前一时段由于高产品种的推广，化肥农药等农资的使用，再加上较为充足的劳动力投入，耕地单产快速上升；后时段则因前期地力消耗未及时补充，特别是土壤有机质的损耗以及不合理的滥施化肥影响土壤团粒结构的形成，同时由于农村青壮年人口大量向城镇迁移，农业劳动力投入严重不足，不能做到精耕细作，耕地单产的微弱上升也主要是作物品种改良的结果。

4.3.2 耕地现实生产力变化的地貌差异

由表 4-15 可见：在 1986 年、2000 年、2007 年三个时间段中，关中地区五个地貌单元的耕地单产均表现为：平原区＞黄土台塬区＞山地区＞黄土塬区＞黄土梁峁区。各地貌单元在 1986—2007 年耕地单产皆有不同程度增加，黄土梁峁区、黄土台塬区、黄土塬区、平原区、山地区分别增加了 46.34%、39.73%、77.58%、32.12%、47.97%，年度递增率分别为 1.81%、1.62%、2.77%、1.33%、1.88%；其中 1986—2000 年增幅为 47.26%、37.04%、67.80%、30.91%、40.23%，年度递增率为 2.80%、2.28%、3.77%、1.94%、2.44%；2000—2007 年增幅为-0.99%、2.21%、5.69%、0.87%、5.36%，年度递增率为-0.14%、0.31%、0.79%、0.12%、0.75%。综上可见：关中地区各地貌单元耕地单产增幅最大的是黄土塬区，其次是山地区，最小的是平原区，且增量主要集中在 1986—2000 年，2000—2007 年增幅极小，黄土梁峁区则是不增反减。

表 4-15　1986—2007 年关中地区各地貌单元耕地粮食单产　　单位：t/hm²

地貌单元＼年份	1986 年	2000 年	2007 年	1986—2000 年	2000—2007 年	1986—2007 年
黄土梁峁区	1.64	2.42	2.40	0.78	−0.02	0.76
黄土台塬区	2.73	3.74	3.82	1.01	0.08	1.09
黄土塬区	1.65	2.77	2.93	1.12	0.16	1.28
平原区	3.58	4.69	4.73	1.11	0.04	1.15
山地区	2.46	3.45	3.64	0.99	0.19	1.18
关中地区	2.76	3.80	3.90	1.04	0.10	1.14

4.3.3 耕地现实生产力变化的坡度差异

由表 4-16 可知：1986—2007 年，关中地区 0°～3°、3°～8°、8°～15°、15°～20°、20°～25°、＞25°带的耕地单产分别增加了 36.76%、47.90%、54.20%、56.35%、57.55%、37.00%，年度递增率为 1.50%、1.88%、2.08%、2.15%、2.19%、1.51%；其中 1986—2000 年增幅为 34.55%、43.66%、48.67%、48.82%、48.05%、40.90%，年度递增率为 2.14%、2.62%、2.87%、2.88%、2.84%、2.48%；2000—2007 年增幅为 1.64%、2.95%、3.71%、5.06%、6.42%、−2.76%，年度递增率为 0.23%、0.42%、0.52%、0.71%、0.89%、−0.40%。综上所述，关中地区各坡度段中耕地单产增量最大的是 0°～3°带；在 1986 年、2000 年、2007 年三个时间段中，耕地单产最大值都在 0°～3°带。

表 4-16　1986—2007 年关中地区各坡度带耕地粮食单产　　单位：t/hm²

坡度带＼年份	1986 年	2000 年	2007 年	1986—2000 年	2000—2007 年	1986—2007 年
0°～3°	3.20	4.30	4.37	1.10	0.07	1.18
3°～8°	2.25	3.23	3.33	0.98	0.10	1.08
8°～15°	1.89	2.81	2.92	0.92	0.10	1.02
15°～20°	1.89	2.81	2.95	0.92	0.14	1.06
20°～25°	1.97	2.91	3.10	0.94	0.19	1.13
＞25°	2.41	3.40	3.30	0.99	−0.09	0.89

4.4 耕地生产潜力利用率动态

4.4.1 耕地生产潜力利用率时间变化特点

由图4-1可见：1986—2007年，关中地区耕地各级潜力利用率在波动中上升，耕地的光合、光温、气候及土壤潜力利用率分别由1986年的5.36%、10.72%、26.88%、57.83%提高到2007年的7.56%、15.12%、37.91%、81.57%。耕地生产潜力利用率的变化曲线中存在1993年、1998年、2006年三个明显的峰值，其中2006年耕地各级潜力利用率最高，其光合潜力、光温潜力、气候潜力、土壤潜力利用率分别达到8.93%、17.87%、44.79%、96.38%。研究区耕地生产潜力利用率由科技条件、气候土壤条件、国家政策等自然因素和社会因素共同决定，良种的培育、化肥农药等农资的使用、水利设施的建设应是耕地潜力持续上升的主要驱动力，而气候条件的波动、国家粮食等农业政策的调整、市场粮食供需状态的变化则是耕地潜力利用率波动的主因。

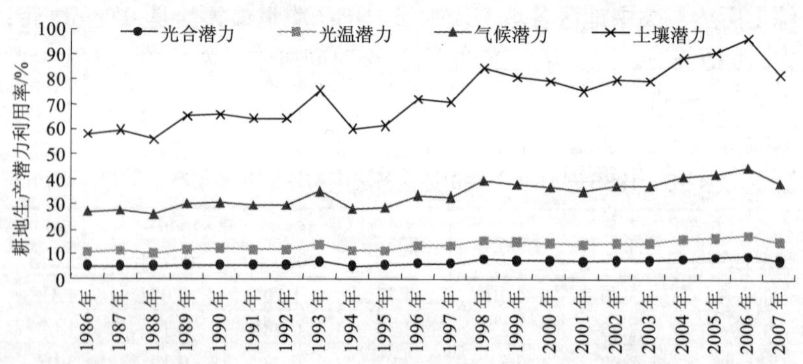

图4-1 关中地区1986—2007年耕地生产潜力利用率变化曲线

4.4.2 耕地生产潜力利用率变化的地貌差异

由表 4-17 可知：研究期内，黄土梁峁区、黄土台塬区、黄土塬区、平原区、山地区的耕地光合潜力利用率年均递增率为：1.81%、1.59%、2.75%、1.30%、1.85%，光温潜力利用率年均递增率为：1.95%、1.63%、2.82%、1.32%、1.94%，气候潜力利用率年均递增率为：1.94%、1.58%、2.77%、1.30%、1.96%，土壤潜力利用率年均递增率为：1.92%、1.61%、2.80%、1.29%、2.00%。其中，1986—2000 年耕地光合潜力利用率年均递增率为：2.76%、2.24%、3.74%、1.91%、2.39%，光温潜力利用率年均递增率为：2.85%、2.29%、3.85%、1.90%、2.51%，气候潜力利用率年均递增率为：2.95%、2.26%、3.82%、1.92%、2.56%，土壤潜力利用率年均递增率为：3.00%、2.30%、3.87%、1.92%、2.64%。2000—2007 年耕地光合潜力利用率年均递增率为：-0.07%、0.30%、0.79%、0.09%、0.79%，光温潜力利用率年均递增率为：0.16%、0.33%、0.78%、0.16%、0.81%，气候潜力利用率年均递增率为：-0.06%、0.25%、0.72%、0.07%、0.77%，土壤潜力利用率年均递增率为：-0.22%、0.23%、0.70%、0.05%、0.74%。综上可知：关中地区各地貌单元耕地的各级潜力利用率基本以平原区最高（2007 年土壤潜力除外）、黄土梁峁区最低；所有地貌单元耕地的各级潜力利用率都在提高，增速最快的都是黄土塬区；所有地貌单元耕地的各级潜力利用率的增幅都是 1986—2000 年大于 2000—2007 年。

表 4-17　关中地区各地貌单元 1986—2007 年耕地生产潜力利用率　　单位：%

	年份 地貌单元	1986 年	2000 年	2007 年	1986—2000 年	2000—2007 年	1986—2007 年
光合潜力	黄土梁峁区	2.62	3.83	3.81	1.21	−0.02	1.19
	黄土台塬区	4.63	6.31	6.45	1.68	0.13	1.82
	黄土塬区	2.83	4.73	5.00	1.90	0.27	2.17
	平原区	5.76	7.51	7.56	1.75	0.05	1.80
	山地区	4.28	5.95	6.29	1.67	0.34	2.01

	地貌单元＼年份	1986年	2000年	2007年	1986—2000年	2000—2007年	1986—2007年
光温潜力	黄土梁峁区	6.19	9.18	9.28	2.99	0.10	3.09
	黄土台塬区	8.90	12.22	12.50	3.32	0.28	3.60
	黄土塬区	6.62	11.24	11.87	4.61	0.63	5.24
	平原区	10.43	13.57	13.72	3.14	0.15	3.30
	山地区	8.96	12.67	13.40	3.71	0.74	4.45
气候潜力	黄土梁峁区	14.57	21.90	21.81	7.33	−0.09	7.23
	黄土台塬区	22.62	30.94	31.47	8.31	0.53	8.85
	黄土塬区	16.74	28.29	29.74	11.55	1.45	13.00
	平原区	25.74	33.61	33.78	7.87	0.17	8.04
	山地区	19.53	27.82	29.36	8.29	1.54	9.83
土壤潜力	黄土梁峁区	35.02	52.99	52.19	17.97	−0.80	17.17
	黄土台塬区	51.24	70.47	71.62	19.23	1.15	20.38
	黄土塬区	41.79	71.10	74.65	29.31	3.55	32.86
	平原区	54.50	71.14	71.38	16.64	0.23	16.87
	山地区	39.91	57.44	60.48	17.53	3.04	20.57

4.4.3 耕地生产潜力利用率变化的坡度差异

由表4-18可知：研究期内，关中地区0°～3°、3°～8°、8°～15°、15°～20°、20°～25°、>25°带的耕地光合潜力利用率年均递增率为1.48%、1.87%、2.07%、2.13%、2.17%、1.19%，其中，1986—2000年年均递增率为2.12%、2.59%、2.81%、2.80%、2.77%、2.37%，2000—2007年年均递增率为0.21%、0.43%、0.61%、0.81%、0.98%、-1.13%；关中地区0°～3°、3°～8°、8°～15°、15°～20°、20°～25°、>25°带的耕地光温潜力利用率年均递增率为1.53%、1.96%、2.16%、2.22%、2.24%、1.47%，其中，1986—2000年年均递增率为2.16%、2.72%、2.92%、2.91%、2.88%、2.47%，2000—2007年年均递增率为0.28%、0.46%、0.66%、0.84%、0.99%、

-0.52%；关中地区 0°～3°、3°～8°、8°～15°、15°～20°、20°～25°、>25° 带的耕地气候潜力利用率年均递增率为 1.51%、1.92%、2.13%、2.20%、2.23%、1.54%，其中，1986—2000 年年均递增率为 2.17%、2.72%、2.95%、2.95%、2.92%、2.52%，2000—2007 年年均递增率为 0.19%、0.36%、0.52%、0.70%、0.86%、-0.39%；关中地区 0°～3°、3°～8°、8°～15°、15°～20°、20°～25°、>25° 带的耕地土壤潜力利用率年均递增率为 1.54%、1.96%、2.13%、2.19%、2.23%、1.70%，其中，1986—2000 年年均递增率为 2.22%、2.79%、3.01%、3.02%、3.00%、2.60%，2000—2007 年年均递增率为 0.18%、0.31%、0.39%、0.54%、0.69%、-0.09%。综上可知：关中地区所有坡度带耕地的各级潜力利用率都以 0°～3° 区域为最高；1986—2000 年，所有坡度带耕地的各级潜力利用率的增速均高于 2000—2007 年；2000—2007 年，>25° 区域耕地的各级潜力利用率呈下降态势。

表 4-18 关中地区各坡度带 1986—2007 年耕地生产潜力利用率 单位：%

	坡度带＼年份	1986 年	2000 年	2007 年	1986—2000 年	2000—2007 年	1986—2007 年
光合潜力	0°～3°	5.25	7.04	7.14	1.79	0.11	1.89
	3°～8°	3.84	5.50	5.67	1.66	0.17	1.82
	8°～15°	3.22	4.75	4.96	1.53	0.21	1.74
	15°～20°	3.25	4.79	5.07	1.54	0.28	1.82
	20°～25°	3.40	4.98	5.33	1.58	0.35	1.93
	>25°	4.27	5.93	5.48	1.66	-0.45	1.21
光温潜力	0°～3°	9.79	13.21	13.47	3.42	0.26	3.67
	3°～8°	7.90	11.51	11.88	3.60	0.38	3.98
	8°～15°	7.13	10.68	11.18	3.54	0.50	4.05
	15°～20°	7.32	10.94	11.60	3.62	0.66	4.28
	20°～25°	7.65	11.39	12.20	3.73	0.81	4.55
	>25°	9.08	12.79	12.33	3.71	-0.46	3.25

	年份 坡度带	1986年	2000年	2007年	1986—2000年	2000—2007年	1986—2007年
气候潜力	0°～3°	24.26	32.78	33.22	8.52	0.44	8.96
	3°～8°	19.48	28.34	29.06	8.86	0.72	9.58
	8°～15°	17.02	25.57	26.51	8.55	0.94	9.49
	15°～20°	17.04	25.61	26.89	8.57	1.28	9.86
	20°～25°	17.44	26.11	27.73	8.67	1.61	10.28
	>25°	19.59	27.77	27.02	8.18	−0.75	7.43
土壤潜力	0°～3°	53.00	72.06	73.00	19.06	0.94	20.00
	3°～8°	44.19	64.96	66.38	20.77	1.41	22.19
	8°～15°	38.74	58.68	60.29	19.94	1.61	21.55
	15°～20°	38.57	58.53	60.76	19.95	2.23	22.18
	20°～25°	38.74	58.63	61.51	19.89	2.88	22.77
	>25°	39.70	56.90	56.54	17.20	−0.35	16.85

4.4.4 耕地生产潜力利用率变化的地市差异

由表 4-19 可见：1986 年耕地的光合、光温及气候潜力利用率表现为：西安市>咸阳市>宝鸡市>渭南市>铜川市，2000年和2007年的耕地光温潜力利用率表现为：2000 年、2007 年的耕地光温潜力及气候潜力利用率大小顺序为：西安市>咸阳市>宝鸡市>铜川市>渭南市，2000 年、2007 年的耕地土壤潜力利用率则体现为：咸阳市>西安市>宝鸡市>铜川市>渭南市。研究期内，渭南市、铜川市、咸阳市、宝鸡市、西安市的耕地潜力利用率增加，耕地光合潜力利用率的年度递增率为：0.87%、3.16%、2.02%、2.01%、1.62%，光温潜力利用率的年度递增率为：0.89%、3.24%、2.11%、2.01%、1.63%，气候潜力利用率的年度递增率为：0.88%、3.11%、2.12%、2.03%、1.66%，土壤潜力利用率的年度递增率为：0.87%、3.07%、2.16%、2.08%、1.64%；其中，1986—2000 年，关中地区所有地市耕地的各级潜力利用率均增加，且其年度递增率表现为：

铜川市＞咸阳市＞宝鸡市＞西安市＞渭南市；2000—2007 年，咸阳市、宝鸡市、西安市的耕地各级潜力利用率继续增加，增速以宝鸡市最大，西安市最小，渭南市、铜川市的耕地各级潜力利用率减少，渭南市的减速较大。综上可知：关中地区各地市耕地各级潜力利用率以西安市和咸阳市较大；咸阳市、宝鸡市、西安市的耕地各级潜力利用率在研究期内及各时段均增加，且前时段增速大于后时段，渭南市、铜川市的耕地各级潜力利用率是先增后减、总体增加。

表 4-19　关中地区各地市 1986—2007 年耕地生产潜力利用率　　单位：%

	1986 年潜力利用率				2000 年潜力利用率				2007 年潜力利用率			
	光合	光温	气候	土壤	光合	光温	气候	土壤	光合	光温	气候	土壤
渭南市	3.5	6.4	18.2	39.7	4.5	8.2	23.5	51.5	4.2	7.7	21.8	47.5
铜川市	1.9	4.7	12.4	29.3	3.9	9.6	25.0	58.8	3.7	9.1	23.6	55.3
咸阳市	5.2	10.2	25.6	61.1	7.3	14.8	37.1	89.4	7.9	15.8	39.8	95.6
宝鸡市	4.2	9.4	19.7	43.8	5.6	12.6	26.5	59.1	6.4	14.2	30.1	67.4
西安市	7.4	13.5	30.1	59.1	10.3	18.7	42.1	82.6	10.4	19.0	42.6	83.2

4.4.5 耕地生产潜力利用率变化的区县差异

由表 4-20 可知：1986 年，关中地区各区县耕地光合潜力利用率最大的是西安的高陵县（10.62%），其次为户县（10.51%）和咸阳的兴平市（10.50%），最小的是宝鸡的麟游县（1.16%）；光温潜力利用率最大的是咸阳的兴平市（18.42%），其次为西安的户县（18.39%）和高陵县（18.03%），最小的是宝鸡的麟游县（3.50%）；气候潜力利用率最大的是西安的高陵县（45.85%），其次为咸阳的兴平市（41.67%）和武功县（38.34%），最小的是宝鸡的麟游县（7.75%）；土壤潜力利用率最大的是咸阳的兴平市（98.84%），其次为西安的高陵县（96.82%）和咸阳市（82.66%），最小的是宝鸡的凤县（15.49%）。2000 年，耕地光合潜力利用率最大的是西安的高陵县（18.92%），其次为户县（13.25%）和咸阳的武功县（12.01%），最小的是宝鸡的麟游县（2.39%）；光温潜力利用率最大的是西安的高陵县（32.14%），其次为西安的户县（23.19%）和咸阳的武功县（21.46%），最小的是渭南的大荔县（6.05%）；气候潜力利用率最大的是西安的高陵县（81.72%），其次为西安的阎良区（53.18%）和咸阳市区（51.29%），最小的是宝鸡的陇县（15.75%）；土壤潜力利用率最大的是西安的高陵县（172.57%），其次为咸阳市区（122.35%）和乾县（107.09%），最小的是宝鸡的凤县（26.45%）。2007 年，耕地光合潜力利用率最大的是西安的高陵县（17.48%），其次为宝鸡市区（14.70%）和西安的户县（14.23%），最小的是铜川市的耀州区（2.61%）；光温潜力利用率最大的是宝鸡市区（29.80%），其次为西安的高陵县（29.70%）和咸阳的武功县（25.03%），最小的是渭南的大荔县（5.09%）；气候潜力利用率最大的是西安的高陵县（75.52%），其次为宝鸡市区（60.09%）和咸阳的武功县（57.04%），最小的是渭南的大荔县（15.53%）；土壤潜力利用率最大的是西安的高陵县（159.48%），其次为宝鸡的岐山县（136.00%）和咸阳市区（124.99%），最小的是宝鸡的太白县（25.42%）。综上可知：研究期内，关中地区各区县耕地的光合、光温、气候及土壤潜力利用率总体是增加的，其中，1986—2000 年，所有区县耕地的各级潜力利用率都有较大幅度的提高，而在 2000—2007 年，则有 18 个区县耕地的潜力利用率下降；在选取的三个时间断面中，耕地光合、光温、气候、土壤潜力利用率最高值都于 2000 年出现在西安的高陵县，其值分别为 18.92%、32.14%、81.72%、172.57%；耕地实际生产力超过其土壤潜力的区县在 2000 年为：兴平市、武功县、扶风县、乾县、咸阳市区、高陵县，2007 年为：乾县、三原县、武功县、咸阳市区、岐山县、高陵县（彩图 4-4）。

表 4-20 关中地区各区县 1986—2007 年耕地生产潜力利用率 单位：%

	1986 年潜力利用率				2000 年潜力利用率				2007 年潜力利用率			
	光合	光温	气候	土壤	光合	光温	气候	土壤	光合	光温	气候	土壤
白水县	2.1	4.5	11.9	25.9	3.4	7.3	19.5	42.5	3.6	7.8	20.8	45.3
宝鸡市	5.0	10.2	20.5	30.4	5.3	10.7	21.5	32.0	14.7	29.8	60.1	89.2
彬县	2.5	6.5	15.3	38.5	3.6	9.1	21.6	54.2	4.0	10.1	23.9	60.0
长安区	7.8	14.0	29.4	69.1	10.0	18.0	37.6	88.5	10.1	18.2	38.1	89.6
长武县	3.2	8.2	18.8	44.7	5.3	13.4	30.9	73.4	6.2	15.7	36.2	86.0
陈仓区	4.5	9.9	20.6	42.1	5.0	11.0	22.8	46.7	4.9	10.8	22.2	45.5
澄城县	2.3	4.7	14.1	32.9	3.3	6.7	20.1	46.9	2.9	5.9	17.6	41.2
淳化县	2.3	5.8	15.3	41.6	5.1	12.6	33.3	90.8	4.7	11.5	30.4	83.1
大荔县	2.5	4.2	12.9	29.8	3.6	6.1	18.5	42.7	3.0	5.1	15.5	35.9
凤县	2.0	5.7	10.0	15.5	3.5	9.8	17.1	26.5	4.5	12.8	22.5	34.7
凤翔县	5.3	12.2	26.2	63.6	7.3	16.6	35.7	86.8	7.8	17.8	38.4	93.4
扶风县	7.7	14.7	32.3	72.9	11.1	21.4	46.8	105.8	10.5	20.1	44.1	99.7
富平县	4.8	8.7	26.6	53.2	5.4	9.8	30.1	60.1	6.5	11.8	36.0	71.9
高陵县	10.62	18.0	45.9	96.8	18.9	32.1	81.7	172.6	17.5	29.7	75.5	159.5
韩城市	3.4	6.8	20.4	58.1	4.7	9.2	27.8	79.3	3.6	7.0	21.1	60.3
合阳县	2.9	5.6	17.5	46.2	3.7	7.2	22.4	59.2	3.4	6.5	20.4	53.8
户县	10.5	18.4	35.4	72.0	13.3	23.2	44.7	90.8	14.2	24.9	48.0	97.5
华县	5.2	9.7	21.4	38.2	7.0	13.1	28.9	51.6	6.9	12.9	28.5	50.9
华阴市	2.7	4.6	11.4	21.1	4.5	7.7	19.1	35.4	4.4	7.6	18.8	34.9
泾阳县	7.1	12.6	34.1	72.0	8.0	14.2	38.3	81.0	9.6	17.0	45.9	96.9
蓝田县	5.0	11.1	23.5	44.7	8.0	17.7	37.5	71.4	8.3	18.3	38.8	73.8
礼泉县	5.5	10.7	27.8	66.9	8.2	16.0	41.6	100.0	8.2	16.0	41.6	100.0
临潼区	7.4	12.5	33.7	60.8	10.9	18.6	49.9	90.1	11.1	19.0	51.1	92.2
临渭区	5.7	9.7	25.0	45.6	7.1	12.2	31.5	57.5	6.1	10.5	27.1	49.5
麟游县	1.2	3.5	7.7	19.2	2.4	7.2	16.0	39.5	2.6	8.0	17.6	43.6
陇县	2.3	6.4	13.5	29.8	2.7	7.5	15.8	34.8	3.2	8.9	18.7	41.2
眉县	6.8	13.0	27.2	53.4	8.8	16.7	35.0	68.6	8.3	15.9	33.2	65.0

	1986年潜力利用率				2000年潜力利用率				2007年潜力利用率			
	光合	光温	气候	土壤	光合	光温	气候	土壤	光合	光温	气候	土壤
蒲城县	3.4	6.0	17.9	38.1	3.8	6.7	19.9	42.4	3.3	5.8	17.2	36.7
岐山县	6.0	12.2	27.1	66.8	8.0	16.5	36.6	90.2	12.1	24.9	55.3	136.0
千阳县	2.5	6.4	13.0	30.7	3.4	8.7	17.8	42.2	3.8	9.9	20.1	47.6
乾县	5.0	9.8	24.2	59.5	9.0	17.7	43.6	107.1	9.0	17.8	43.8	107.6
三原县	6.6	11.9	34.5	77.4	8.1	14.6	42.2	94.9	9.4	17.0	49.4	111.0
太白县	2.6	8.4	14.8	24.1	3.8	12.1	21.3	34.8	2.8	8.8	15.5	25.4
铜川市	2.0	5.0	12.7	30.3	5.5	13.5	34.6	82.5	5.3	12.9	33.1	79.0
潼关县	3.6	6.7	18.2	39.5	4.9	9.1	24.9	53.9	5.2	9.6	26.2	56.7
武功县	9.4	16.8	38.3	81.6	12.0	21.5	48.9	104.1	14.0	25.0	57.0	121.4
西安市	6.6	11.4	27.9	60.0	8.1	14.0	34.2	73.6	5.8	10.0	24.4	52.6
咸阳市	7.5	13.2	34.7	82.7	11.1	19.6	51.3	122.3	11.3	20.0	52.4	125.0
兴平市	10.5	18.4	41.7	98.8	10.7	18.7	42.3	100.2	10.4	18.2	41.3	97.9
旬邑县	2.5	6.8	17.0	45.9	4.8	12.9	32.3	87.1	5.3	14.4	36.0	97.2
阎良区	7.7	12.8	37.3	48.2	10.9	18.3	53.2	68.7	11.2	18.7	54.4	70.2
耀州区	2.3	5.3	15.0	35.8	3.3	7.8	22.0	52.6	2.6	6.1	17.2	41.3
宜君县	1.4	3.7	8.9	19.9	3.4	8.8	21.4	48.0	3.9	10.0	24.3	54.6
永寿县	2.3	5.5	12.9	35.7	3.5	8.5	20.0	55.2	4.2	10.2	24.1	66.6
周至县	6.8	12.7	24.9	38.7	8.1	15.1	29.7	46.2	8.9	16.5	32.4	50.3

4.5 小结

（1）1986—2007年，关中地区单位面积光合潜力基本由东北向西南递减；单位面积光温潜力、气候潜力以秦岭、关山最低，北部的黄土高原部分次之，关中平原区最高；土壤潜力总体上南部较高，北部较低，高值在河谷区较为集中。

（2）研究期内，关中地区潜力转移图谱共27类，耕地-林地、草地-林地、耕地-建设用地三种潜力转移图谱类型的转移量之和占光合、光温、气候、土壤四种潜力转移总量的 80.79%、76.55%、78.08%、78.54%。研究区农用地光合潜力、光温潜力、气候潜力、土壤潜力总量持续减少，减幅分别为 1.05%、1.37%、1.29%、1.06%，其中林地各级潜力总体增加，耕地、草地各级潜力总体减少，且以耕地潜力减幅较大，耕地各级潜力减幅为 6.41%、5.88%、6.28%、6.64%；后时段各类农用地各级潜力的增减速度远大于前时段。

（3）1986—2007 年，关中地区各类地貌单元的农用地生产总潜力总体减少，各级潜力减速均以平原区为最大，其次是黄土台塬区，最小的是山地区。关中地区各地市的农用地各级总潜力都在减少，减量最大的是西安市，各地市的农用地各级总潜力减速排序为：西安市＞咸阳市＞渭南市＞铜川市＞宝鸡市。45 个区县评价单元中，有 5 个区县的农用地潜力总量略有上升。

（4）研究期内，关中地区 0° ～20° 坡度带的各类农用地生产潜力都是减少的，减量随坡度增加而快速减少，0° ～3° 区域集中了其光合、光温、气候及土壤潜力总减量的 86.15%、86.81%、87.19%、88.73%；其中，各坡度带耕地的各级潜力都减少，减量主要集中在 0° ～3° 及＞25° 带；各坡度带林地的各级潜力都增加，增量最大的是＞25° 带；各坡度带草地的各级潜力都减少，0° ～3° 带的草地各级潜力减量及减速以 1986—2000 年较大，＞3° 区域则以 2000—2007 年较大。

（5）1986—2007 年，关中地区耕地的现实生产力持续提高，单位面积耕地产量由 2.76 t/hm^2 增加到 3.90 t/hm^2；前时段单位耕地面积生产力增速约为后时段的 6.12 倍。各地貌单元耕地单产增幅最大的是黄土塬区，其次是山地区，最小的是平原区，且增量主要集中在 1986—2000 年。各坡度段中耕地单产、单产增量最大的都是 0° ～3° 带。

（6）研究期内，关中地区耕地各级潜力利用率在波动中上升。各地貌单元耕地的各级潜力利用率基本以平原区最高（2007 年土壤潜力除外）、黄土梁峁区最低；所有地貌单元耕地的各级潜力利用率都在提高，增幅最大、增速最快的都是黄土塬区。所有坡度带耕地的各级潜力利用率都以 0°～3°区域为最高。各地市耕地各级潜力利用率以西安市和咸阳市较大；咸阳市、宝鸡市、西安市的耕地各级潜力利用率增加，且前时段增速大于后时段；渭南市、铜川市的耕地各级潜力利用率则是先增后减、总体增加。各区县耕地的光合、光温、气候及土壤潜力利用率总体是增加的，其中，1986—2000年，所有区县耕地的各级潜力利用率都有较大幅度的提高，而在2000—2007 年，则有 18 个区县耕地的潜力利用率下降；在选取三个时间断面中，耕地光合、光温、气候、土壤潜力利用率最高值都于 2000 年出现在西安的高陵县。

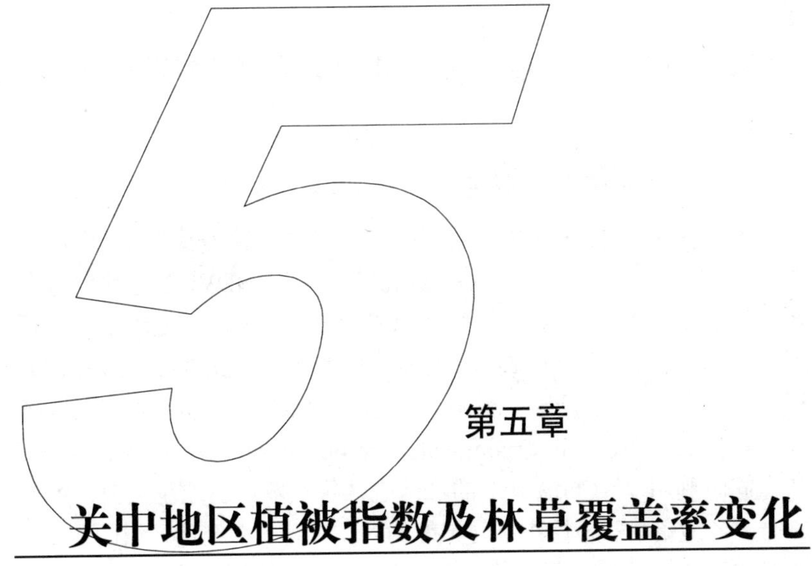

第五章

关中地区植被指数及林草覆盖率变化

植被信息是描述生态系统的重要基础数据（Sellers P J et al., 1996），获取地表植被覆盖率及其变化情况对于分析评价区域土地生态安全状况具有重要意义。植被覆盖情况的获取方法有地表实测和遥感监测两类，随着遥感数字图像处理技术的提高，利用遥感资料已成为快速大面积获取植被覆盖信息的主要手段。在遥感植被监测理论（姚延娟等，2008）、方法（高晓岚等，2008）及应用方面都有较多研究（盖永芹等，2009），学者们利用遥感手段获取植被覆盖数据在水土保持量测算（高素华等，2001）、作物估产(李存军等，2004）、草原草量（杨秀春等，2007）及生态价值估算（姜立鹏等，2007）等方面做了许多卓有成效的工作，但运用地学信息图谱方法对植被指数及林草覆盖率在各坡度段、各地貌单元及各行政区的分布及变化的差异性研究还不多见。本书运用地学信息图谱方法，在多个尺度上分析了关中地区的植被指数及林草覆盖率的时空变化特点，为该区近 20 年来的土地生态安全变化提供评判依据。

5.1 NDVI 数据处理方法及林草覆盖率测算模型

5.1.1 NDVI 数据处理方法

本研究采用 1986—2006 年 NOAA_ARHH 数据及 1998 年 4 月至 2007 年 12 月的 SPOT_VGT 逐旬的 351 景 NDVI 遥感数据作为基本信息源，以 ERDAS 9.2 和 ARCGIS 9.2 作为数据处理平台，利用地形图对影像做几何校正，把校正后的影像转换成 ALBERS 等积双标准纬线圆锥投影；然后利用行政区划图裁切出关中地区影像，再依照 MVC（maximum value composites）法提取年度 NDVI 值，同时利用 ARCGIS 9.2 的分区统计模块输出各地貌类型、各坡度带、各地市、各区县在不同年度的 NDVI 值。在统计区域的 NDVI 值时，采用均值法进行计算，即统计区域内所有格网的 NDVI 平均值；差值法用于量化两个年份最大化 NDVI 值的变化，即用后一时期的所有格网的 NDVI 值减去前一时期的所有格网的 NDVI 值，据此可获取 NDVI 变化图谱（彩图 5-1）；对于每个格网的 NDVI 值在研究期内的变化趋势，本书采用一元线性回归法进行模拟，其计算公式为：

$$\mathrm{slope}=\frac{n\times\sum_{i=1}^{n}(i\times \mathrm{NDVI}_i)-(\sum_{i=1}^{n}i)(\sum_{i=1}^{n}\mathrm{NDVI}_i)}{n\times\sum_{i=1}^{n}i^2-(\sum_{i=1}^{n}i)^2} \tag{5-1}$$

式中：i 为研究期年度序号，依次为 1～n；NDVI_i 为第 i 年的 NDVI 值；slope 为一元线性回归斜率，其含义为研究期年平均 NDVI 增长量。

5.1.2 林草覆盖率测算模型

利用遥感数据反演植被覆盖率的主要方法有：回归模型法、植被指数法、混合光谱模型分解法。回归模型法是利用遥感植被指数与同步实测植被覆盖率回归建模，该方法具有较高的精度（陈晋等，2001），但同步实测植被覆盖率数据有较大难度。混合光谱模型分解法的原理是：图像中的一个像元实际上可能由多个组分构成，每个组分对遥感传感器所观测到的信息都有贡献，因此可以将遥感信息分解，建立像元分解模型，并利用此模型估算植被覆盖率（马超飞等，2001）；该模型反演植被覆盖率所需的参数多且获取复杂，难以满足业务化的需求。植被指数法是通过对各像元类型及分布特征的分析，建立植被指数与植被覆盖率的转换关系来直接提取植被覆盖率信息；该方法于 90 年代初开始广泛使用（Duncan J et al.，1993；Larsson H，1993；池宏康，2000）；本书选用的是张仁华提出的植被指数法模型（张仁华，1996）。

$$F=(\mathrm{NDVI}-\mathrm{NDVI_S})/(\mathrm{NDVI_V}-\mathrm{NDVI_S})\times 100\% \qquad (5\text{-}2)$$

式中：F 为植被覆盖率；NDVI 是归一化植被指数；$\mathrm{NDVI_V}$ 和 $\mathrm{NDVI_S}$ 分别是茂密植被覆盖和完全裸土像元的 NDVI 值。

利用此前已提取的年度 NDVI 值分布图，并运用相应年份的土地利用现状图去除耕地像元，然后根据影像特征及大量的野外考察相片确定裸土像元及全覆盖像元植被指数，再依据植被指数法模型，在 ARCGIS 9.0 软件支持下进行地图运算，可得林草覆盖率分布及变化图谱（彩图 5-2）。利用分区统计功能输出各坡度段、不同地貌单元及各级行政区划在各年度的平均林草覆盖率。

5.2 植被指数时空动态

5.2.1 NDVI 变化图谱分析

1986—2007 年，关中地区年度 NDVI 值从 0.62 增加到 0.75，增加了 20.97%，年均增幅为 1.00%，其中 1986—2000 年年均增幅为 0.29%，2000—2007 年年均增幅为 2.31%，后一时段的增速约为前一时段的 8.00 倍；研究期内，1986—1998 年、2000—2003 年、2005—2007 年为上升期，1998—2000 年、2003—2005 年为下降期（图 5-1）。从 NDVI 变化图谱（彩图 5-1）可见研究区基于栅格单元的 NDVI 变化的时空分异特点：1986—2007 年，全区除城乡交错带 NDVI 值有不同程度的降低外，其他大部分地区均有不同程度增加；其中 1986—2000 年，增长区主要集中在西南部山区和北侧的子午岭，北部黄土塬以及黄土台塬区上的 NDVI 减损明显，其中韩城市、合阳县、澄城县、蒲城县、彬县、永寿县、泾阳县、淳化县、礼泉县是主要的 NDVI 值消减区；2000—2007 年，NDVI 增长区主要发生在北部的陇县、千阳县、麟游县、岐山县、长武县、彬县、旬邑县、淳化县、铜川市、白水县、蒲城县、澄城县、合阳县、大荔县、临渭区、临潼区。研究区 NDVI 变化的时段分布特点是气候因素、人文因素共同造成的。

5.2.2 NDVI 变化趋势分析

从研究区 1986—2007 年各栅格单元的年度 NDVI 值变化趋势分布图（彩图 5-3）来看，研究区绝大多数植被覆盖情况在改善，退化区基本分布在城市周边，是城市化推进的结果；整个研究期内，NDVI 严重退化、中度退化、轻度退化、保持稳定、轻微改善、中度改善、高度改善的土地面积分别占全区的 0.05%、0.25%、0.90%、4.65%、64.33%、27.60%、2.22%，其中，2000—2007 年占比分别为 0.04%、0.18%、0.77%、15.58%、58.39%、22.67%、2.36%；NDVI

轻度改善区占比最大，其次为中度改善区，严重退化区面积占比最少（表 5-1）。

表 5-1 关中地区 1986—2007 年年度 NDVI 变化趋势统计表

	线性回归斜率	2000—2007 年		1986—2007 年	
		面积/hm^2	占比/%	面积/hm^2	占比/%
严重退化	＜-0.025	2 335.23	0.04	2 692.62	0.05
中度退化	-0.025～-0.015	10 208.6	0.18	13 816.4	0.25
轻度退化	-0.015～-0.005	43 094.3	0.77	49 787.5	0.90
保持稳定	-0.005～0.005	868 720	15.58	258 278	4.65
轻度改善	0.005～0.015	3 254 770	58.39	3 569 320	64.33
中度改善	0.015～0.025	1 263 590	22.67	1 531 390	27.60
高度改善	＞0.025	131 819	2.36	123 291	2.22

5.2.3 NDVI 变化的地貌差异

关中地区各地貌单元的年度 NDVI 值变化态势与全区情形基本一致，但各自增长速度有一定差别；1986—2007 年，山地、黄土梁峁、平原、黄土塬、黄土台塬的年度 NDVI 分别增加了 21.14%、23.07%、17.57%、17.02%、25.52%，年均增幅分别为 1.01%、1.10%、0.84%、0.81%、1.22%；其中，1986—2000 年年均增幅为 0.84%、0.11%、-0.24%、-0.41%、-0.10%，2000—2007 年年均增幅为 1.21%、3.04%、3.09%、3.46%、3.89%；研究期内，NDVI 增长最快的是黄土台塬区，其次为黄土梁峁区，黄土塬区增长最慢；其中，1986—2000 年山地、黄土梁峁区 NDVI 增加，其余三个地貌区 NDVI 降低；2000—2007 年增长最快的是黄土台塬区，其次为黄土塬区，山地区最慢。NDVI 在各地貌单元中的空间分布特点在整个研究期内均表现为：山地区最大，黄土梁峁和平原区次之，黄土台塬和黄土塬区最小（彩图 5-4）。

5.2.4 NDVI变化的坡度差异

由彩图5-4可见：关中地区各坡度带年度NDVI值均呈增大态势，1986—2007年，0°～3°、3°～8°、8°～15°、15°～20°、20°～25°及＞25°坡度带的年度NDVI值分别增加了28.72%、32.84%、28.82%、25.58%、23.67%、24.02%，年均增幅为1.37%、1.56%、1.37%、1.22%、1.13%、1.14%；其中，1986—2000年年均增幅为0.38%、0.63%、0.68%、0.73%、0.83%、1.15%，2000—2007年为3.18%、3.16%、2.51%、1.99%、1.54%、0.98%；在整个研究期内，增长最快的是3°～8°带，8°～15°带次之，20°～25°带最慢，其中，1986—2000年增长最快的是＞25°带，20°～25°带次之，0°～3°带最慢，2000—2007年增长最快的是0°～3°带，最慢的是＞25°带。NDVI在各坡度带中的空间分布特点在研究期内表现为：3°～8°带最低，＞25°带最高，其他坡度带NDVI值都是随坡度的增加而加大。

5.2.5 NDVI变化的地市差异

由图5-1可知：关中地区各地市中，年度NDVI平均值较大的是宝鸡市和西安市，较小的是咸阳市和渭南市；1986—2007年，关中地区铜川、渭南、咸阳、西安、宝鸡五市的年度NDVI值增幅分别为25.38%、25.82%、14.99%、17.74%、21.79%，年度递增率为1.08%、1.10%、0.67%、0.78%、0.94%；其中，1986—2000年增幅为6.42%、-0.86%、-5.96%、8.14%、9.70%，年度递增率为0.45%、-0.06%、-0.44%、0.56%、0.66%；2000—2007年增幅为17.81%、26.91%、22.28%、8.87%、11.03%，年度递增率为2.37%、3.46%、2.91%、1.22%、1.51%。综上可知：1986—2007年，关中地区各地市年度NDVI平均值增速排序为：渭南市＞铜川市＞宝鸡市＞西安市＞咸阳市，其中2000—2007年增幅：渭南市＞咸阳市＞铜川市＞宝鸡市＞西安市，1986—2000年NDVI增速最大的是宝鸡市，渭南市、咸阳市NDVI降低。

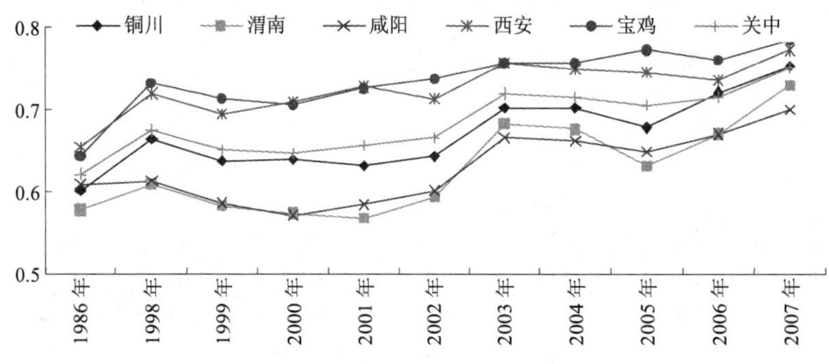

图 5-1　关中地区各地市年度 NDVI 变化图

5.2.6 NDVI 变化的区县差异

从表 5-2 可知：关中地区各区县年度 NDVI 值在 1986 年最高的是太白县，其次是户县和凤县，最低的是澄城县；2000 年、2007 年最高值为太白县和周至县，其次为凤县，西安市区最低。1986—2007 年，除西安市区之外，所有区县的年度 NDVI 值都是增大的，其中，白水、富平、澄城、宜君、蒲城等区县的年度 NDVI 值增幅最大，永寿、长武、彬县等地的年度 NDVI 值增幅最小。1986—2000 年，45 个区县研究单元中，有 21 个的年度 NDVI 值是减少的，减幅最大的是西安市区，其次是永寿县和彬县；其余 24 个的年度 NDVI 值增加，增幅最大的是太白县，其次为周至县和凤县。2000—2007 年，各区县的年度 NDVI 值均加大，增幅最大的是澄城县、蒲城县、合阳县，增幅最小的是太白县、长安区、凤县及华县。综上可知：整个研究期内，年度 NDVI 增幅最大的区县都处在关中地区北部的渭北高原，这种表现在 2000—2007 年尤为明显，而该区又是相关时段退耕还林的重点地区，这说明这一时期的生态措施取得了实效；1986—2000 年，年度 NDVI 增加的区县则主要集中在研究区的西南部的山地区，其增加主要缘起山区林草的自然恢复。

表5-2 关中地区1986—2007年各区县年度NDVI

	1986年	2000年	2007年	1986—2000年	2000—2007年	1986—2007年
白水县	0.53	0.54	0.71	0.01	0.17	0.18
宝鸡市	0.66	0.65	0.74	−0.01	0.08	0.08
彬县	0.57	0.49	0.63	−0.08	0.14	0.06
长安区	0.67	0.73	0.77	0.06	0.04	0.10
长武县	0.55	0.48	0.61	−0.07	0.12	0.06
陈仓区	0.63	0.68	0.77	0.05	0.09	0.14
澄城县	0.49	0.44	0.67	−0.05	0.23	0.18
淳化县	0.59	0.54	0.69	−0.05	0.15	0.10
大荔县	0.60	0.60	0.73	0.00	0.13	0.12
凤县	0.68	0.78	0.83	0.10	0.05	0.15
凤翔县	0.60	0.64	0.75	0.05	0.11	0.16
扶风县	0.62	0.66	0.76	0.04	0.10	0.14
富平县	0.57	0.57	0.75	0.00	0.18	0.18
高陵县	0.66	0.64	0.76	−0.02	0.12	0.10
韩城市	0.60	0.58	0.71	−0.02	0.13	0.11
合阳县	0.52	0.49	0.68	−0.04	0.20	0.16
户县	0.69	0.75	0.81	0.06	0.06	0.12
华县	0.68	0.74	0.79	0.06	0.05	0.12
华阴市	0.63	0.67	0.78	0.04	0.11	0.15
泾阳县	0.64	0.59	0.74	−0.05	0.15	0.10
蓝田县	0.65	0.71	0.78	0.07	0.06	0.13
礼泉县	0.62	0.57	0.69	−0.05	0.13	0.08
临潼区	0.63	0.62	0.73	−0.01	0.11	0.10
临渭区	0.63	0.65	0.77	0.02	0.12	0.14
麟游县	0.62	0.66	0.75	0.03	0.09	0.13
陇县	0.62	0.66	0.75	0.04	0.09	0.13
眉县	0.65	0.72	0.79	0.07	0.07	0.14
蒲城县	0.56	0.51	0.73	−0.05	0.22	0.17
岐山县	0.63	0.64	0.76	0.01	0.12	0.13
千阳县	0.58	0.61	0.74	0.04	0.12	0.16
乾县	0.61	0.54	0.68	−0.07	0.14	0.07

	1986 年	2000 年	2007 年	1986—2000 年	2000—2007 年	1986—2007 年
三原县	0.60	0.59	0.74	−0.02	0.15	0.13
太白县	0.69	0.80	0.84	0.11	0.04	0.15
铜川市	0.56	0.54	0.71	−0.02	0.17	0.15
潼关县	0.60	0.62	0.73	0.02	0.11	0.13
武功县	0.64	0.63	0.75	−0.01	0.12	0.11
西安市	0.55	0.43	0.42	−0.12	0.00	−0.12
咸阳市	0.61	0.60	0.70	−0.01	0.10	0.09
兴平市	0.67	0.66	0.77	−0.01	0.11	0.10
旬邑县	0.63	0.65	0.75	0.02	0.10	0.12
阎良区	0.65	0.59	0.77	−0.06	0.17	0.11
耀州区	0.61	0.65	0.74	0.04	0.09	0.13
宜君县	0.61	0.66	0.78	0.05	0.12	0.17
永寿县	0.63	0.53	0.65	−0.10	0.12	0.03
周至县	0.67	0.78	0.84	0.10	0.06	0.17

5.3 林草覆盖率时空动态

5.3.1 林草覆盖率变化图谱分析

由彩图 5-2 可见：1986—2007 年，关中地区林草覆盖率在南部的秦岭、西部的关山、北部的渭北高原等地有较大幅度增长，林草覆盖率降低的区段则主要分布在城镇周边地带；其中，1986—2000 年林草覆盖率增大的区域集中于秦岭关山及北部的子午岭、黄龙山一线，而 2000—2007 年林草覆盖率增长的优势区则涵盖了关中平原北侧的大部分区域，其中以彬县-长武塬、子午岭东南侧的梁峁区、陇山等地最为集中。从表 5-3 可知：研究期内，关中地区林草覆盖率由 27.83%增加到 43.08%，林草覆盖率增加了 15.25%，年均增长量为 0.73%；其中 1986—2000 年增加了 6.63%，年均增长量为 0.47%；2000—2007 年增加了 8.62%，年均增长量为 1.23%；后一时段增速约为前一时段的2.62倍。研究区前一时段林草覆盖率的增加与社会经济发展相关性较大，20世纪80年代后期，改革开放政策逐步取得成效，农村地区外出务工人员增加，交通条件较差的山地区有较多的青壮年人口到城市谋生，减轻了对土地的依赖，同时务工收入改善了留住人员的生活条件和生活方式，煤电油等能源替代了薪柴，因而使山地区的植被得到恢复；后一时段，主要受1999年开始实施的退耕还林还草政策的影响，在关中地区北侧的黄土塬及黄土梁峁区大面积植树造林，使得该区林草覆盖率大幅上升。

5.3.2 林草覆盖率变化的地貌差异

由表5-3可知：1986—2007年，关中地区的山地、黄土梁峁、黄土塬、黄土台塬、平原等地貌单元的林草覆盖率分别由48.03%、26.88%、19.12%、9.38%、8.41%上升到71.31%、41.93%、30.04%、17.75%、15.98%，各自增加了23.28%、15.04%、10.92%、8.37%、7.57%，年均增幅分别为1.11%、0.72%、0.52%、0.40%、0.36%，增幅最大的是山地区，其次黄土梁峁区，增幅最小的是平原区。关中地区各地貌单元在研究期内林草覆盖率的变化情况存在时段差异，1986—2000年，山地、黄土梁峁、黄土塬、黄土台塬及平原区的林草覆盖率分别增加了13.76%、2.72%、-0.63%、1.56%、1.91%，年均增幅分别为0.98%、0.19%、-0.04%、0.11%、0.14%，该时段除黄土塬区的林草覆盖率略有下降外，其余地貌区均有不同程度增加，增幅最大的为山地区；2000—2007年，山地、黄土梁峁、黄土塬、黄土台塬及平原区的林草覆盖率分别增加了9.52%、12.32%、11.55%、6.81%、5.66%，年均增幅分别为1.36%、1.76%、1.65%、0.97%、0.81%，增幅最大的是黄土梁峁区，其次为黄土塬区，增幅最小的为平原区。综上可知，关中地区各地貌单元后一时段林草覆盖率增速均高于前一时段，前一时段山地区林草覆盖率增加明显，黄土塬区及黄土台塬（彩图5-3）的局部地区有轻度退化现象；后一时段林草增量多发生在黄土梁峁及黄土塬区。

表 5-3　关中地区各地貌单元 1986—2007 年林草覆盖率　　单位：%

	1986 年	2000 年	2007 年	1986—2000 年	2000—2007 年	1986—2007 年
山地	48.03	61.79	71.31	13.76	9.52	23.28
黄土梁峁	26.88	29.61	41.93	2.72	12.32	15.04
黄土塬	19.12	18.49	30.04	−0.63	11.55	10.92
黄土台塬	9.38	10.93	17.75	1.56	6.81	8.37
平原	8.41	10.32	15.98	1.91	5.66	7.57
全区	27.83	34.46	43.08	6.63	8.62	15.25

5.3.3 林草覆盖率变化的坡度差异

由表 5-4 可见：1986—2007 年，关中地区 0°～3°、3°～8°、8°～15°、15°～20°、20°～25°及＞25°坡度段的林草覆盖率分别增加了 6.71%、11.94%、16.89%、19.08%、20.74%、28.28%，年均增幅分别为 0.32%、0.57%、0.80%、0.91%、0.99%、1.35%；其中，1986—2000 年 0°～3°、3°～8°、8°～15°、15°～20°、20°～25°及＞25°坡度段的林草覆盖率分别增加了 2.09%、3.66%、5.84%、7.98%、10.50%、15.83%，年均增长量分别为 0.15%、0.26%、0.42%、0.57%、0.75%、1.13%；2000—2007 年，0°～3°、3°～8°、8°～15°、15°～20°、20°～25°及＞25°坡度段的林草覆盖率分别增加了 4.62%、8.28%、11.06%、11.10%、10.24%、12.45%，年均增幅分别为 0.66%、1.18%、1.58%、1.59%、1.46%、1.78%。分析表明：研究期内，关中地区各坡度段的林草覆盖率都有较大幅度增加，且后一时段各坡度段林草覆盖率增速均大于前一时段，两时段均明显呈现出林草覆盖率增幅基本随坡度增加而加大的变化态势。关中地区研究期末林草覆盖率坡度分布特征的形成是政策导向的结果，坡度较大的区域是水土流失的重点治理区，自然是植被培植和恢复的重点区段。

表5-4　关中地区各坡度带1986—2007年林草覆盖率　　单位：%

	1986年	2000年	2007年	1986—2000年	2000—2007年	1986—2007年
0°～3°	6.81	8.90	13.52	2.09	4.62	6.71
3°～8°	16.88	20.54	28.82	3.66	8.28	11.94
8°～15°	31.43	37.27	48.32	5.84	11.06	16.89
15°～20°	41.38	49.37	60.47	7.98	11.10	19.08
20°～25°	48.31	58.81	69.05	10.50	10.24	20.74
＞25°	55.23	71.06	83.51	15.83	12.45	28.28

5.3.4 林草覆盖率变化的地市差异

由表5-5可知：关中地区各地市林草覆盖率总体表现为：宝鸡市＞西安市＞铜川市＞咸阳市＞渭南市；1986—2007年，渭南市、铜川市、咸阳市、宝鸡市、西安市的林草覆盖率增幅分别为58.45%、52.56%、57.25%、51.73%、58.70%，年度递增率为2.22%、2.03%、2.18%、2.01%、2.23%；其中，1986—2000年增幅为9.81%、13.29%、4.72%、29.26%、35.72%，年度递增率为0.67%、0.90%、0.33%、2.16%、2.58%；2000—2007年增幅为44.29%、34.67%、50.17%、17.39%、16.93%，年度递增率为5.38%、4.34%、5.98%、2.32%、2.26%。综上所述，关中地区各地市的林草覆盖率增速大小顺序在1986—2007年为：西安市＞渭南市＞咸阳市＞铜川市＞宝鸡市，1986—2000年为：西安市＞宝鸡市＞铜川市＞渭南市＞咸阳市，2000—2007年为：咸阳市＞渭南市＞铜川市＞宝鸡市＞西安市；除西安市外，其余各地市的林草覆盖率增速均是后时段大于前时段。

表 5-5　关中地区各地市 1986—2007 年林草覆盖率　　单位：%

	1986 年	2000 年	2007	1986—2000 年	2000—2007 年	1986—2007 年
渭南市	16.20	17.79	25.67	1.59	7.88	9.47
铜川市	31.70	35.91	48.36	4.21	12.45	16.66
咸阳市	17.30	18.12	27.21	0.82	9.09	9.91
宝鸡市	39.18	50.65	59.45	11.46	8.81	20.27
西安市	31.69	43.01	50.29	11.32	7.28	18.60

5.3.5 林草覆盖率变化的区县差异

由表 5-6 可知：研究期内，关中地区各区县中林草覆盖率最高的是太白县，其次为凤县，最低的是蒲城县。1986—2007 年，关中地区所有区县的林草覆盖率均增加，增量最大的是周至县（28.62%），其次为太白县（27.01%），增量最小的是西安市区（0.75%）；其中，1986—2000 年，西安市区、长武县、彬县、永寿县、澄城县、淳化县、合阳县、阎良区、乾县 9 个区县的林草覆盖率降低，下降量最大的是长武县（-3.58%），其余区县林草覆盖率均上升，上升量最大的是太白县（20.47%）；2000—2007 年，研究区所有区县的林草覆盖率均增加，增量最大的是铜川市（15.67%），其次为阎良区（14.14%），增量最小的是西安市区（1.58%）。关中地区各区县林草覆盖率的增加主要是受退耕还林政策的左右，当然在前一时段还附加了保护区的建立以及由于经济条件好转而间接导致的人类对山林影响的减弱。

表5-6 关中地区各区县1986—2007年林草覆盖率 单位：%

	1986年	2000年	2007年	1986—2000年	2000—2007年	1986—2007年
白水县	15.81	16.03	26.73	0.22	10.70	10.92
宝鸡市	46.65	59.25	65.49	12.60	6.24	18.84
彬县	17.62	14.31	26.78	−3.31	12.48	9.17
长安区	32.14	42.53	47.80	10.39	5.27	15.66
长武县	16.76	13.17	23.81	−3.58	10.63	7.05
陈仓区	38.37	48.27	58.22	9.90	9.95	19.85
澄城县	7.12	5.19	14.84	−1.93	9.65	7.72
淳化县	20.02	18.92	31.15	−1.10	12.23	11.13
大荔县	10.75	12.01	17.19	1.27	5.18	6.45
凤县	53.21	70.39	79.16	17.17	8.77	25.95
凤翔县	20.69	27.88	36.09	7.19	8.21	15.39
扶风县	13.47	17.81	22.80	4.33	5.00	9.33
富平县	9.04	9.70	18.31	0.66	8.61	9.26
高陵县	7.34	9.72	16.70	2.38	6.98	9.36
韩城市	30.00	30.42	41.66	0.42	11.24	11.66
合阳县	10.02	9.07	19.45	-0.94	10.37	9.43
户县	34.82	48.51	55.50	13.69	7.00	20.68
华县	40.46	49.59	54.87	9.14	5.27	14.41
华阴市	28.88	33.78	42.50	4.91	8.72	13.62
泾阳县	10.16	12.56	20.30	2.39	7.74	10.13
蓝田县	35.07	45.06	54.58	9.99	9.52	19.51
礼泉县	11.81	12.37	19.72	0.56	7.35	7.91
临潼区	10.25	12.73	18.50	2.48	5.77	8.25
临渭区	10.51	14.53	18.80	4.02	4.27	8.28
麟游县	33.50	39.15	50.29	5.65	11.14	16.79
陇县	36.56	45.42	54.93	8.86	9.50	18.37
眉县	32.97	44.14	50.07	11.16	5.94	17.10

	1986 年	2000 年	2007 年	1986—2000 年	2000—2007 年	1986—2007 年
蒲城县	4.10	4.13	9.28	0.03	5.15	5.18
岐山县	20.77	26.58	34.57	5.82	7.98	13.80
千阳县	25.82	31.37	45.34	5.55	13.96	19.51
乾县	6.66	6.39	11.46	-0.27	5.07	4.80
三原县	6.54	8.17	16.75	1.62	8.58	10.20
太白县	57.13	77.60	84.14	20.47	6.54	27.01
铜川市	23.02	23.27	38.94	0.25	15.67	15.92
潼关县	28.89	32.39	44.26	3.50	11.88	15.37
武功县	5.85	9.43	14.40	3.58	4.97	8.55
西安市	16.10	15.27	16.85	−0.84	1.58	0.75
咸阳市	5.23	8.07	11.93	2.84	3.86	6.70
兴平市	5.72	9.07	13.11	3.35	4.04	7.39
旬邑县	37.91	43.23	55.44	5.32	12.21	17.53
阎良区	14.78	14.21	28.35	−0.57	14.14	13.57
耀州区	32.56	37.88	48.04	5.32	10.16	15.47
宜君县	35.27	40.34	53.59	5.07	13.25	18.32
永寿县	24.28	21.90	32.02	−2.38	10.12	7.74
周至县	43.01	62.50	71.62	19.49	9.12	28.62

5.4 小结

（1）1986—2007 年，关中地区年度 NDVI 值增加了 20.97%，2000—2007 年年均增幅约为 1986—2000 年的 2.31 倍；绝大部分区域 NDVI 上升，退化区基本分布在城市周边，NDVI 轻度改善区占比最大；山地区 NDVI 最大，黄土台塬区增长最快；各坡度带 NDVI 值增幅基本随坡度的增加而加大；各地市年度 NDVI 增速为：渭南市＞铜川市＞宝鸡市＞西安市＞咸阳市。所有区县中，1986—2000

年，有21个区县的年度NDVI值减少，其余情况增加。

（2）1986—2007年，关中地区林草覆盖率由27.83%增加到43.08%，年均增长量为0.73%；后时段增速约为前时段的2.62倍。研究期内，关中地区各地貌单元林草覆盖率增速表现为：山地＞黄土梁峁＞黄土塬＞黄土台塬＞平原；2000—2007年各地貌类型的林草覆盖率增速均高于1986—2000年。关中地区各坡度段的林草覆盖率都有较大幅度增加，且增速基本随坡度增加而加大。

（3）1986—2007年，关中地区各地市林草覆盖率总体表现为：宝鸡市＞西安市＞铜川市＞咸阳市＞渭南市；其增速大小顺序为：西安市＞渭南市＞咸阳市＞铜川市＞宝鸡市，除西安市外，其余各地市的林草覆盖率增速均是后时段大于前时段。关中地区各区县中林草覆盖率最高的是太白县，最低的是蒲城县；所有区县的林草覆盖率均增加，增量最大的是周至县，最小的是西安市区。

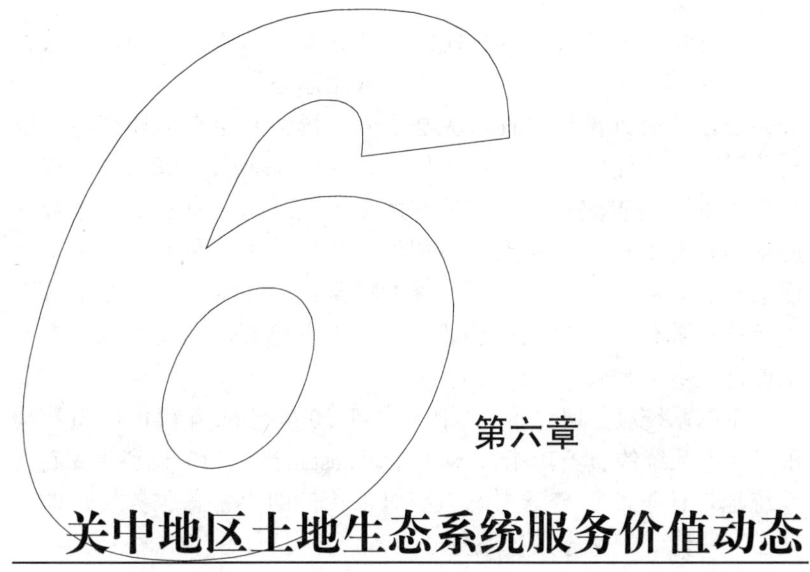

第六章

关中地区土地生态系统服务价值动态

土地生态系统服务功能是否能满足人类的需要是土地生态安全最重要的评判标准。生态系统服务功能的内涵和分类问题，不同学者虽有不同意见，但 MA（Millennium Ecosystem Assessment）工作组（2003）提出的概念和分类方法得到了国际广泛认可。MA 工作组认为生态系统服务是指人类从生态系统获得的所有惠益，包括供给服务、调节服务、文化服务、支持服务。其中供给服务又包括食品、纤维、木材、生物燃料、生物化学产品与医药、观赏和环境用植物、遗传基因库、淡水资源、水电等产品提供功能；调节服务包括空气质量调节、气候调节、水土保持、水质净化、废弃物处理、人类疾病控制、病虫害控制、生物控制、授粉、自然灾害控制等调节功能；文化服务包括文化多样性、精神和宗教价值、知识系统、教育价值、灵感、美学价值、社会关系、文化遗产价值、休闲旅游、地方感等服务功能；支持服务是生态系统为提供其他服务而必需的一种服务功能，包括初级生产、固碳释氧、土壤形成、养分循环、水循环以及提供栖息地等功能。

生态系统服务价值与传统经济学意义上的服务不同，它只有小部分能够进入市场被买卖，大多数生态系统服务是公共品或准公共品，具有外部经济性，无法进入市场，甚至在市场交易中很难发现对应的补偿措施，估价很困难（张志强等，2001）。生态系统服务价值的研究打破了传统的商品价值观念，有利于制定合理的生态资源价格，为自然资源和生态环境的保护和建设找到了合理的资金来源，促进了环保措施的科学评价和将环境损益纳入国民经济核算体系，为生态功能区划和生态建设规划及土地生态安全评价奠定了基础。

生态系统服务概念第一次出现是在20世纪60年代，1970年提出了生态系统的服务功能。1997年Constanza等13位科学家首次系统地设计了测算全球生态系统服务价值的“生态服务指标体系(ESI)”，他们把生态系统服务分为17种类型，把全球生态系统分为20个生物群落区，计算出全球生态系统服务功能年度价值量平均约为33万亿美元(Costanza R，1997)。1997年，由Gretchen C Dally等人编著的《生态系统服务功能》一书系统地阐述了生态系统服务功能的内容与评价方法（Gretchen C Dally，1997）。2000年国际性生态经济杂志Ecological economics出版了生态系统服务价值的专集，按照不同生态系统和不同服务功能分别讨论了生态价值系统服务价值计算的问题。2001年，联合国环境规划署（UNEP）千年生态系统评估（MA）工作启动，这是第一个对全球各类生态系统进行综合、多尺度评估的国际合作项目；项目执行期为2001—2005年，整个项目分为生态系统状况、未来情景、对策和亚全球4个工作组；来自95个国家的1 360名学者参与了评估报告的编写，报告向185个国家和地区征求了意见，有20 745名各类人员对报告提出了修改建议；研究结果表明：全球生态系统服务有60%的功能项正在退化，直接威胁着区域和全球的生态安全（MA，2005）。另外，美国生态学会21世纪行动计划将生态系统服务科学作为生态学首要的研究领域；2006年，英国生态学会提出了100个与政策相关的生态学问题，第 1 个就是生态系统服务功能研究；2008 年，UNEP 启动 MA 后续计划。

国内生态系统服务价值的评估始于 20 世纪 80 年代初。1984 年，马世骏先生发表了题为《社会经济自然复合生态系统》的文章；1990 年胡涛等人组织了中国环境经济学研讨班。1992 年毕绪岱、1995 年侯兆元评估了河北省及中国森林生态系统的服务功能经济价值（毕绪岱等，1992；侯兆元等，1995）。1999 年李金昌研究员编著出版的《生态价值论》就生态价值量化方法进行了深入的研究（李金昌，1999）。1999 年中国科学院生态环境研究中心的欧阳志云等人测算了我国陆地生态系统服务功能经济价值（欧阳志云等，1999）；同年，黄兴文、陈百明对中国生态资产区划的理论与应用问题进行了探讨（黄兴文等，1999）。2000 年我国著名植物学家陈仲新、张新时等估算出我国生态系统服务功能的经济价值大约为 7.78 万亿元人民币（陈仲新等，2000）。2000 年肖寒、赵景柱等对海南岛生态系统服务功能进行了研究（肖寒等，2000）。2002 年张颖博士出版的《中国森林生物多样性评价》对森林生态系统多样性服务价值进行了多角度评价分析（张颖，2002）。2003 年姜文来研究了森林涵养水源价值（姜文来，2003）。2003 年，谢高地等在对 200 位生态学者进行问卷调查的基础上，制定出了中国生态系统服务价值当量因子表（谢高地等，2003）。2003 年李晶对秦巴山区植被生态系统的生态系统服务功能价值进行了分项测算（李晶等，2003）。2004 年杜丽娟等运用综合评估法对黄土高原水土流失区森林资源价值进行了核算（杜丽娟等，2004）。2005 年莫宏伟基于“3S”技术对陕北榆阳区的农田生态系统、草地生态系统和林地生态系统的净第一性生产力、固碳释氧、涵养水源、土壤保持、防风固沙生态服务功能进行了动态评估。2007 年，谢高地、甄霖、鲁春霞等在 Costanza 的世界生态系统单位面积生态服务价值当量表和 2002 年制定的中国生态系统单位面积生态服务价值当量表的基础上，再次对中国 700 位具有生态学背景的专业人员进行问卷调查，得出了新的生态系统服务评估单价体系，新的中国生态系统服务价值当量因子与基于物质量估算的生态系统服务价值之间具有较好的可比性（谢高地等，2008）。

生态系统服务价值的定量评价方法主要有能值分析法、物质量评价法、价值量评价法三类。能值分析法是指用太阳能值计量生态系统为人类提供的服务或产品，也就是用生态系统的产品或服务在形成过程中直接或间接消耗的太阳能总量表示；物质量评价法是指从物质量的角度对生态系统提供的各项服务进行定量评价，物质量实际上是指生态系统或其中的物种提供的产品和服务中所包括的净光合作用生产量或者经济产量（赵景柱等，2000）；价值量评价法是指从货币价值量的角度对生态系统提供的服务进行定量评价。其中，价值量评价法主要包括两类，一类是采用市场价值法、机会成本法、影子价格法、影子工程法、防护费用法、恢复费用法、因子收益法、人力资本法、享乐价值法、资产价值法、旅行费用法、条件价值法和群体价值法等对各类生态系统的各项服务功能价值进行分项测算；另一类是先测算出单位面积农田的生态服务功能经济价值，再依据单位面积生态服务价值当量表测算其他生态系统服务价值，该方法的优点是对生态服务功能考虑得比较完整，缺点是对生态系统服务功能价值的空间异质性关注不足（谢高地等，2001）。

6.1 土地生态系统服务价值测算流程

本研究以关中地区土地利用类型、土地生产潜力、植被指数方面的研究结果作为数据源，以 ERDAS 9.2 和 ARCGIS 9.2 作为数据处理平台，依据谢高地等 2007 年编制的新版中国生态系统单位面积生态服务价值当量因子表（表 6-1），并参照陕西省粮食局 2009 年 10 月 28 日发布的粮食价格（1.60 元/kg）确定关中地区耕地、林地、草地、水域、未利用地的单位生产力的生态系统服务价值量，依此生成关中地区 1986 年、2000 年、2007 年各地类单位生产力生态系统服务价值栅格图；然后选择关中地区土壤潜力栅格图作为基础图，利用 1986 年、2000 年、2007 年的植被指数栅格图及关中地区坡度分布图并参照相应年份的耕地粮食单产分布图修正土壤潜力分布图；最后将植被及地形因子修正后的土壤潜力栅格图与单位生产力生态价值栅格图做地图乘运算，可得关中地区 1986 年、2000 年、2007 年土地生态系统服务价值分布图，再做差运算可得土地生态系统服务价值变化图谱，此后依据关中地区土地利用类型图、地貌分区图、坡度分区图、行政区划图对其进行分区统计可得相应的生态系统服务价值分区统计表；其具体流程见图 6-1。

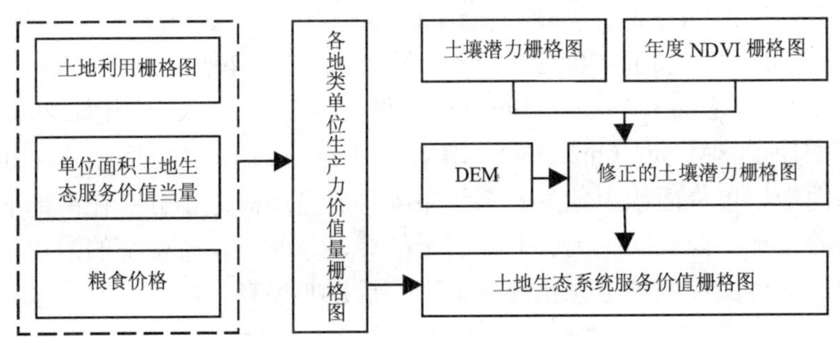

图 6-1　土地生态系统服务价值测算流程图

表 6-1　中国生态系统单位面积生态服务价值当量（2007 年）

一级类别	二级类别	森林	草地	农田	湿地	河流湖泊	荒漠
供给服务	食物生产	0.33	0.43	1.00	0.36	0.53	0.02
	原材料生产	2.98	0.36	0.39	0.24	0.35	0.04
调节服务	气体调节	4.32	1.50	0.72	2.41	0.51	0.06
	气候调节	4.07	1.56	0.97	13.55	2.06	0.13
	水分调节	4.09	1.52	0.77	13.44	18.77	0.07
	废物处理	1.72	1.32	1.39	14.40	14.85	0.26
支持服务	保持土壤	4.02	2.24	1.47	1.99	0.41	0.17
	维持生物多样性	4.51	1.87	1.02	3.69	3.43	0.40
文化服务	提供美学景观	2.08	0.87	0.17	4.69	4.44	0.24
合计	—	28.12	11.67	7.90	54.77	45.35	1.39

6.2 土地生态系统服务价值动态

6.2.1 土地生态系统服务价值变化图谱分析

由彩图 6-1 可见：关中地区 1986 年、2000 年、2007 年三个时间断面中，单位面积土地生态系统服务价值量平均值分别为：9 326 元/（hm^2·a）、9 403 元/（hm^2·a）、10 296 元/（hm^2·a）；2007 年比 1986 年增加了 970 元/（hm^2·a），增幅为 10.40%，其中 2000 年比 1986 年增加了 77 元/（hm^2·a），增幅为 0.83%，2007 年比 2000 年增加了 893 元/（hm^2·a），增幅为 9.49%。选定的三个研究时间断面中，单位面积土地生态系统服务价值量最高值均分布在南部的秦岭山地；西部的关山、北部的子午岭、黄龙山以及中部的河川谷地的单位面积土地生态系统服务价值量也明显高于周围地区；城镇居民点及其邻近区域的单位面积土地生态系统服务价值量最低。1986—2007 年，关中地区北部的渭北高原、西北的关山、南部的秦岭单位面积土地生态系统服务价值量均有不同程度的增加，而中部平原地带的单位面积土地生态系统服务价值量减少；其中，1986—2000 年，土地生态系统服务价值减损区基本覆盖研究区内除秦岭和关山之外的所有区域，但 2000—2007 年，土地生态系统服务价值减损区则主要分布在平原地带，且多聚集在城镇居民点周围。研究区的土地生态系统服务价值变化特点是由人类干预强度的时空分布特性决定的；平原地带人口密集，是各种高强度经济活动的集结地，该地带具有较高生态系统服务价值的农用地不断让位于几乎不具有生态系统服务价值的建设用地，因此，平原地带成为土地生态系统服务价值减损的重灾区；而周围山地及渭北高原的土地生态系统价值增加则是受益于经济情况好转和“退耕还林”政策的实施。

6.2.2 土地生态系统服务价值构成变化分析

由表 6-2 可知：1986—2007 年，关中地区林地、草地单位面积生态系统服务价值量增加，耕地是先减后增、总体减少。在总量构成方面，耕地、林地、草地、水域、未利用地的生态系统服务价值量占全区总价值量的百分比在 1986 年为 27.55%、50.57%、17.59%、4.27%、0.02%，2000 年为 25.44%、53.20%、17.33%、4.01%、0.02%，2007 年为 22.96%、56.32%、17.30%、3.40%、0.02%；林地生态系统服务价值量占比超过全区总量的一半，而且占比呈增加趋势，其他生态系统服务价值量占全区总生态价值量百分比下降，其中占比降幅最大的是耕地。1986—2007 年，关中地区土地生态系统服务价值总量由 509.61 亿元增加到 561.02 亿元，22 年间增加了 51.41 亿元，增幅为 10.09%，年度递增率为 0.46%；其中 1986—2000 年增幅为 0.54%，年度递增率为 0.04%；2000—2007 年增幅为 9.49%，年度递增率为 1.30%；后时段增速约为前时段的 33.65 倍。研究期内，关中地区耕地、林地、草地、水域、未利用地生态系统的服务价值量分别增加了-11.59 亿元、58.30 亿元、7.42 亿元、-2.69 亿元、-0.02 亿元，增幅为-8.25%、22.62%、8.27%、-12.35%、-20.88%，年度递增率分别为-0.41%、0.98%、0.38%、-0.63%、-1.11%；其中 1986—2000 年增加了-10.01 亿元、14.87 亿元、-0.83 亿元、-1.23 亿元、-0.03 亿元，增幅为-7.13%、5.77%、-0.93%、-5.65%、-22.65%，年度递增率为-0.53%、0.40%、-0.07%、-0.41%、-1.82%；2000—2007 年增加了-1.58 亿元、43.43 亿元、8.25 亿元、-1.46 亿元、0 亿元，增幅为-1.21%、15.93%、9.29%、-7.10%、0%，年度递增率为-0.17%、2.13%、1.28%、-1.05%、0.32%。综上可知：研究期内，关中地区林地生态系统服务价值量持续增加，草地生态系统服务价值量是先减后增、总体增加，其他生态系统服务价值量基本是持续减少的。研究区土地生态系统服务价值总量增加主要是林地面积增加、质量改善的结果，这一结果的取得又直接受惠于“退耕还林”政策的实施；当然，经济情况改善、人口向城镇流动等因素引起的农村燃料结构的改变为林草植被的自然恢复创造了条件，促进了区域生态环境的良性发展，增强了区域土地生态系统的安全性；不过，作为本区人类粮食基本保障的耕地生态系统服务价值不仅总量在快速减少，而且反映质的单位面积量也呈减少态势，且其质与量多消失于几乎不具有生态服务价值的建设用地，这种情况应引起我们的警觉。

表 6-2 关中地区 1986—2007 年土地生态服务价值构成及变化

	单位面积量/[元/（hm^2·a）]			总量/亿元			总量变化/亿元		
	1986 年	2000 年	2007 年	1986 年	2000 年	2007 年	1986—2000 年	2000—2007 年	1986—2007 年
耕地	5 703	5 385	5 580	140.38	130.37	128.80	−10.01	−1.58	−11.59
林地	20 034	21 082	22 007	257.70	272.57	315.99	14.87	43.43	58.30
草地	6 739	6 746	7 711	89.65	88.81	97.06	−0.83	8.25	7.42
水域	39 973	39 973	39 973	21.77	20.54	19.08	−1.23	−1.46	−2.69
未利用地	772	826	969	0.11	0.09	0.09	−0.03	0.00	−0.02
关中地区	9 326	9 403	10 296	509.61	512.38	561.02	2.77	48.64	51.41

6.2.3 土地生态系统服务价值变化的地貌差异

由表 6-3 可知：1986—2007 年，关中地区各地貌单元中，单位面积土地生态系统服务价值量最大的是山地区，平原区次之，最小的是黄土塬区；单位面积土地生态系统服务价值量持续增加的只有山地区，黄土梁峁区、黄土台塬区、黄土塬区是先减后增、总体增加，平原区则是先减后增、总体减少。在总量构成方面，黄土梁峁区、黄土台塬区、黄土塬区、平原区、山地区的生态系统服务价值量占全区总价值量的百分比在 1986 年为 3.86%、10.25%、6.21%、15.84%、63.83%，2000 年为 3.64%、9.63%、5.55%、14.34%、66.84%，2007 年为 3.89%、9.85%、6.12%、13.59%、66.54%；山地区是研究区土地生态系统服务价值量占比最大的区域，而且优势在继续扩大，平原区的生态服务价值量占比则在快速下降。研究期内，黄土梁峁区、黄土台塬区、黄土塬区、平原区、山地区的生态系统服务价值量分别增加了 2.16 亿元、3.03 亿元、2.68 亿元、−4.47 亿元、48.01 亿元，年度递增率为 0.50%、0.27%、0.39%、-0.27%、0.66%；其中 1986—2000 年增加了-1.06 亿元、-2.88 亿元、-3.23 亿元、-7.22 亿元、17.16 亿元，年度递增率为-0.39%、-0.40%、-0.76%、-0.67%、0.37%；2000—2007 年增加了 3.21 亿元、5.92 亿元、5.90 亿元、2.76 亿元、30.85 亿元，年度递增率为 2.30%、1.63%、2.73%、0.53%、1.24%；由此可见：研究期内，关中地区的五大地貌单元中，只有平原区的土地生态系统服务价值量在减少，其余四类地貌单元的土地生态系统服务价值量均增加，且增量最大、增速最快的都是山地区。

表 6-3　关中地区 1986—2007 年各地貌单元土地生态系统服务价值量

	单位面积量/[元/（hm^2·a）]			总量/亿元			总量变化/亿元		
	1986 年	2000 年	2007 年	1986 年	2000 年	2007 年	1986—2000 年	2000—2007 年	1986—2007 年
黄土梁峁区	6 028	5 726	6 714	19.69	18.63	21.85	−1.06	3.21	2.16
黄土台塬区	5 081	4 806	5 383	52.23	49.35	55.26	−2.88	5.92	3.03
黄土塬区	4 826	4 353	5 257	31.67	28.44	34.35	−3.23	5.90	2.68
平原区	7 221	6 579	6 826	80.71	73.49	76.24	−7.22	2.76	-4.47
山地区	13 928	14 721	16 048	325.31	342.47	373.32	17.16	30.85	48.01

6.2.4 土地生态系统服务价值变化的坡度差异

由表 6-4 可见：1986—2007 年，关中地区各坡度带的单位面积土地生态系统服务价值基本是随坡度加大而增加；其中，0°～3° 带是先减后增、总体减少，3°～15° 带是先减后增、总体增加，＞15° 带则是持续增加的。在总量构成方面，关中地区 0°～3°、3°～8°、8°～15°、15°～20°、20°～25°、＞25° 坡度段的土地生态系统服务价值量占全区总价值量百分比在 1986 年为 23.80%、7.35%、12.99%、12.37%、13.17%、30.32%，2000 年为 22.04%、7.11%、12.85%、12.47%、13.52%、32.00%，2007 年为 20.85%、7.19%、13.18%、12.62%、13.57%、

32.59%；土地生态系统服务价值量主要集中在 0°～3°、>25°坡度段，0°～3°段的占比在快速减少，>25°段则有较大幅度的增加。研究期内，关中地区 0°～3°、3°～8°、8°～15°、15°～20°、20°～25°、>25°坡度段的土地生态系统服务价值量分别增加了-4.30 亿元、2.87 亿元、7.73 亿元、7.76 亿元、9.04 亿元、28.32 亿元，年度递增率为-0.17%、0.35%、0.53%、0.55%、0.60%、0.80%；其中 1986—2000 年增加了-8.35 亿元、-1.03 亿元、-0.35 亿元、0.86 亿元、2.16 亿元、9.48 亿元，年度递增率为-0.51%、-0.20%、-0.04%、0.10%、0.23%、0.43%；2000—2007 年增加了 4.04 亿元、3.90 亿元、8.08 亿元、6.90 亿元、6.88 亿元、18.84 亿元，年度递增率为 0.50%、1.46%、1.67%、1.48%、1.36%、1.57%。综上可知：研究期内，关中地区 0°～3°坡度段的土地生态系统服务价值量先增后减，>3°坡度段的则增加，且增量和增速都随坡度的增加而增加。

表 6-4 关中地区 1986—2007 年各坡度带土地生态系统服务价值量

	单位面积量/[元/（hm^2·a）]			总量/亿元			总量变化/亿元		
	1986 年	2000 年	2007 年	1986 年	2000 年	2007 年	1986—2000 年	2000—2007 年	1986—2007 年
0～3°	6 328	5 897	6 108	121.29	112.94	116.98	-8.35	4.04	-4.30
3°～8°	6 006	5 855	6 481	37.47	36.44	40.34	-1.03	3.90	2.87
8°～15°	7 866	7 854	8 818	66.20	65.85	73.94	-0.35	8.08	7.73
15°～20°	9 935	10 114	11 206	63.05	63.92	70.81	0.86	6.90	7.76
20°～25°	12 402	12 862	14 139	67.10	69.25	76.13	2.16	6.88	9.04
>25°	17 048	18 173	20 261	154.50	163.98	182.82	9.48	18.84	28.32

6.2.5 土地生态系统服务价值变化的地市差异

由表 6-5 可知：研究期内，关中地区各地市的单位面积土地生态系统服务价值量总体表现为：西安市>宝鸡市>铜川市>渭南市>咸阳市，且西安市、宝鸡市的单位面积价值量持续增加，其他三市则是先减后增、总体增加。从总量构成来看，渭南市、铜川市、咸阳市、宝鸡市、西安市的土地生态系统服务价值量占全区总价值量的百分比在 1986 年为 18.35%、5.63%、11.58%、39.99%、24.45%，2000 年为 17.11%、5.44%、10.44%、41.67%、25.34%，2007 年为 17.48%、5.71%、10.83%、41.13%、24.85%；西安市、宝鸡市、铜川市的土地生态系统服务价值量占比在增加，渭南市、咸阳市的占比在减少。研究期内，渭南市、铜川市、咸阳市、宝鸡市、西安市的土地生态系统服务价值量分别增加了 4.58 亿元、3.30 亿元、1.75 亿元、26.97 亿元、14.82 亿元，年度递增率为 0.23%、0.52%、0.14%、0.59%、0.54%；其中 1986—2000 年增加了-5.83 亿元、-0.83 亿元、-5.55 亿元、9.73 亿元、5.25 亿元，年度递增率为-0.46%、-0.21%、-0.70%、0.33%、0.30%；2000—2007 年增加了 10.41 亿元、4.13 亿元、7.30 亿元、17.24 亿元、9.56 亿元，年度递增率为 1.62%、1.99%、1.84%、1.12%、1.02%。因此，研究期内，关中地区各地市的土地生态系统服务价值量均有不同程度增加，增速最快的是宝鸡市，其次为西安市，铜川市的增速仅次于西安市，咸阳市的增速最小。关中地区各地市的土地生态系统服务价值量及其变化的差异性主要受制于其土地利用结构的差异性。

表 6-5　关中地区 1986—2007 年各地市土地生态服务价值量

	单位面积量/[元/（hm^2·a）]			总量/亿元			总量变化/亿元		
	1986 年	2000 年	2007 年	1986 年	2000 年	2007 年	1986—2000 年	2000—2007 年	1986—2007 年
渭南市	7 425	6 989	7 819	93.50	87.67	98.08	−5.83	10.41	4.58
铜川市	7 388	7 203	8 270	28.71	27.88	32.01	−0.83	4.13	3.30
咸阳市	5 779	5 248	5 964	59.02	53.47	60.77	−5.55	7.30	1.75
宝鸡市	11 381	11 954	12 920	203.78	213.51	230.75	9.73	17.24	26.97
西安市	12 401	12 954	13 908	124.60	129.85	139.41	5.25	9.56	14.82

6.2.6 土地生态系统服务价值变化的区县差异

由表 6-6 可知：研究期内，关中地区各区县中，单位面积土地生态系统服务价值最大的是太白县，其次是周至县，最小的是合阳县和澄城县。整个研究期内，西安市区、兴平市、大荔县、咸阳市区、临潼区、高陵县、武功县、礼泉县、阎良区、泾阳县、乾县 11 个区县的土地生态系统服务价值量减少，其他区县均增加，减速最快的是西安市区，增速最快的是周至县；其中 1986—2000 年，岐山县、扶风县、宝鸡市区、凤翔县、陇县、眉县、长安区、蓝田县、户县、陈仓区、凤县、太白县、周至县 13 个区县的土地生态系统服务价值量在增加，其余区县减少，增量最大的是周至县和太白县，减量最大的是蒲城县；2000—2007 年，西安市区、兴平市、高陵县、武功县 4 个区县的土地生态系统服务价值量减少，其他区县都增加，减量最大的是西安市区，增量最大的是周至县和凤县。

表 6-6 关中地区 1986—2007 年各区县土地生态系统服务价值量

	单位面积量/[元/（hm^2·a）]			总量/亿元			总量变化/亿元		
	1986 年	2000 年	2007 年	1986 年	2000 年	2007 年	1986—2000 年	2000—2007 年	1986—2007 年
白水县	5 966	5 475	6 496	5.84	5.34	6.33	−0.50	1.00	0.50
宝鸡市区	16 670	17 175	17 729	7.85	8.08	8.35	0.24	0.26	0.50
彬县	4 838	4 146	5 244	5.75	4.90	6.20	−0.85	1.30	0.45
长安区	11 271	11 704	12 111	17.72	18.34	18.98	0.62	0.64	1.26
长武县	5 394	4 533	5 457	2.88	2.38	2.87	−0.49	0.49	0.00
陈仓区	12 352	12 633	13 717	37.50	38.31	41.60	0.81	3.29	4.10
澄城县	3 926	3 119	4 217	4.38	3.46	4.68	−0.92	1.22	0.30
淳化县	4 642	4 076	5 081	4.57	4.02	5.01	−0.56	0.99	0.43
大荔县	6 813	6 387	6 583	11.52	10.76	11.09	−0.76	0.33	−0.43
凤县	14 255	15 286	16 573	43.56	46.54	50.46	2.98	3.92	6.89
凤翔县	5 264	5 493	6 132	6.43	6.71	7.49	0.28	0.78	1.06
扶风县	6 434	6 550	6 779	4.99	5.08	5.25	0.09	0.18	0.27

	单位面积量/[元/（hm²·a）]			总量/亿元			总量变化/亿元		
	1986年	2000年	2007年	1986年	2000年	2007年	1986—2000年	2000—2007年	1986—2007年
富平县	5 078	4 914	5 891	6.30	6.10	7.31	−0.20	1.21	1.01
高陵县	7 781	7 033	6 919	2.27	2.05	2.02	−0.22	−0.03	−0.25
韩城市	6 503	6 083	6 926	8.68	8.04	9.15	−0.64	1.11	0.47
合阳县	3 916	3 489	4 288	4.62	4.11	5.06	−0.50	0.94	0.44
户县	14 366	15 090	16 228	18.37	19.18	20.63	0.81	1.45	2.26
华县	16 497	16 430	17 265	18.81	18.65	19.59	−0.16	0.95	0.79
华阴市	14 566	14 065	15 632	9.81	9.44	10.49	−0.37	1.05	0.68
泾阳县	6 866	6 231	6 824	5.30	4.81	5.27	−0.49	0.46	−0.03
蓝田县	10 416	10 800	11 978	20.72	21.42	23.76	0.70	2.34	3.04
礼泉县	5 405	4 863	5 296	5.45	4.90	5.34	−0.55	0.44	−0.11
临潼区	7 533	6 912	7 257	8.54	7.84	8.23	−0.70	0.39	−0.31
临渭区	9 327	9 060	9 342	11.68	11.34	11.70	−0.33	0.35	0.02
麟游县	5 222	5 174	5 845	8.87	8.74	9.88	−0.13	1.13	1.01
陇县	9 206	9 460	10 311	20.70	21.18	23.08	0.48	1.90	2.38
眉县	11 255	11 903	12 572	9.63	10.19	10.76	0.55	0.57	1.13
蒲城县	5 084	4 438	5 509	8.05	7.03	8.73	−1.02	1.70	0.67
岐山县	6 374	6 437	6 940	5.48	5.53	5.97	0.05	0.43	0.49
千阳县	6 037	5 916	7 201	5.90	5.75	7.00	−0.14	1.25	1.11
乾县	4 805	4 410	4 790	4.77	4.38	4.76	−0.39	0.38	−0.01
三原县	5 208	4 726	5 351	2.98	2.70	3.06	−0.28	0.36	0.08
太白县	19 541	21 259	22 564	52.87	57.39	60.92	4.52	3.53	8.04
铜川市区	5 738	5 288	6 659	4.45	4.09	5.16	−0.36	1.06	0.70
潼关县	9 487	8 700	10 117	3.81	3.40	3.95	−0.41	0.55	0.14
武功县	6 810	6 416	6 353	3.14	2.96	2.93	−0.18	−0.03	−0.21
西安市区	6 249	5 300	4 858	5.13	4.35	3.99	−0.78	−0.36	−1.14
咸阳市区	6 304	5 298	5 597	3.40	2.86	3.02	−0.54	0.16	−0.38
兴平市	7 150	6 419	6 269	3.66	3.29	3.21	−0.37	−0.08	−0.45
旬邑县	7 319	7 201	8 440	12.86	12.58	14.75	−0.28	2.16	1.88
阎良区	6 404	3 972	4 025	0.16	0.10	0.10	−0.06	0.00	−0.06
耀州区	6 718	6 640	7 408	10.83	10.71	11.95	−0.13	1.24	1.11
宜君县	8 965	8 815	10 046	13.43	13.08	14.91	−0.35	1.83	1.48
永寿县	4 779	4 139	4 899	4.26	3.69	4.36	−0.57	0.68	0.11
周至县	17 614	19 309	21 066	51.67	56.56	61.70	4.88	5.15	10.03

6.3 小结

（1）1986—2007年，关中地区土地生态系统服务价值总量增加了51.41亿元，增幅为10.09%；2000—2007年增速约为1986—2000年的33.65倍；其中，林地生态系统服务价值量持续增加，草地生态系统服务价值量是先减后增、总体增加，其他生态系统的服务价值量基本是持续减少的。

（2）研究期内，平原区的土地生态系统服务价值量减少，其余四类地貌单元的土地生态系统服务价值量均增加，且增速最快的是山地区；关中地区0～3°坡度段的土地生态系统服务价值量先增后减，＞3°坡度段的土地生态系统服务价值量增加，且增速随坡度的增加而增加。

（3）1986—2007年，关中地区各地市的土地生态系统服务价值量均有不同程度增加，增速最快的是宝鸡市，其次为西安市，铜川市的增速仅次于西安市；关中地区各区县中，有11个区县的年度土地生态系统服务价值量减少，其他区县均增加，减速最快的是西安市区，增速最快的是周至县。

（4）本研究利用土壤潜力计算模型将辐射、日照百分率、气温、降水、蒸发等气候因素和土壤有机质、氮、磷、钾含量等土壤肥力因素以及地面高程因素综合反映到每一个栅格单元，此后通过坡度修正和植被指数修正，最终比较好地在栅格尺度上解决了土地生态系统服务价值评价的空间异质性问题，弥补了生态价值当量因子表评价生态系统服务价值量的一个主要缺陷。

第七章

关中地区土地生态风险强度动态

景观格局主要是指构成景观生态系统或土地利用/覆被类型的形状、比例和空间配置（傅伯杰等，2001，2003）。它是景观异质性的具体体现，又是各种生态过程在不同尺度上作用的结果，是土地生态系统自身安全性的风向标。空间异质性是指某种生态学变量在空间分布上的不均匀性及其复杂程度，是空间缀块性和空间梯度的综合反映（邬建国，2000）。也有学者把空间异质性定义为系统特征在空间和时间上的复杂性和变异性（董哲仁，2006）；其中，系统特征包括具有生态意义的任何变量。

景观生态系统中总在不停地进行着一系列的生态过程（包括生物过程和非生物过程），这些过程可分为垂直过程和水平过程；前者发生在某一景观单元或生态系统的内部，而后者则发生在不同的景观单元或生态系统之间；与景观格局不同，生态过程强调事件或现象发生、发展的动态特征；景观格局与生态过程之间存在着紧密联系，二者相互作用而表现出一定的景观生态功能，并且这种相互作用受尺度的制约；空间格局、生态过程与尺度之间的相互关系是景观生态学研究的核心所在（胡巍巍等，2008）。

由于系统结构决定系统功能，因此景观格局的变化必定使土地生态系统的功能发生变化，进而改变土地生态系统的安全状况；本书通过对关中地区近22年来景观格局在1 km×1 km尺度上的变化情况进行分析，揭示了该区土地生态风险的变化态势，为研究区的土地生态安全综合评价提供支持。

7.1 土地生态风险强度指数测算模型

为建立景观结构与土地生态风险之间的经验联系，本研究引入了生态风险强度指数（曾辉等，1999），用于描述一个样地内综合生态损失的相对大小，以便将景观空间结构转化为空间化的生态风险变量，其计算模型如下：

$$\mathrm{ERI}=\sum_{i=1}^{n}\frac{A_iW_i}{A} \tag{7-1}$$

式中：ERI为土地生态风险强度指数；A_i 为 i 种土地利用类型面积；A 为总面积；W_i 为第 i 种土地利用类型所反映的生态风险强度参数。

研究区土地生态风险强度参数借用了臧淑英（臧淑英，2005）等学者的研究成果，同时依据关中地区的具体情况及专家意见进行修正，并按实际土地利用类型做归一化处理，其结果见表7-1。

表7-1 关中地区不同土地利用类型的生态风险权重

耕地	林地	草地	建设用地	水域	未利用地
0.222 170	0.043 960	0.073 213	0.394 845	0.092 030	0.173 782

7.2 土地生态风险强度动态

7.2.1 土地生态风险强度指数变化图谱分析

从彩图 7-1 可知：1986 年、2000 年及 2007 年，关中地区土地生态风险强度指数分布的总体特点是：中东部较大，最大值分布在西安、咸阳等大城市，其次为各种小城市和城镇居民点分布区；南部、北部及西部较小，最小值分布在秦岭、关山、陇山、子午岭、黄龙山等地。1986—2000 年，本区土地生态风险强度总体增加，增加区域主要在研究区的中东部，其中又以城镇居民点周边最为集中，土地生态风险强度减小的区域则零星分布在大荔县、澄城县、礼泉县、泾阳县等；2000—2007 年，研究区土地生态风险强度增加区依然集中在中部，土地生态风险强度减少区则广泛分布在南北两侧，且尤以北部更多；整个研究期的土地生态风险强度变化情况为上述两时段影响的叠加。研究区土地生态风险强度的空间分布特点是由其地形地貌分布特征间接决定的，是土地利用结构及其变化的直接结果。

7.2.2 土地生态风险强度级别变化特征分析

依据关中地区各年度的土地生态风险强度指数分布图（彩图 7-1），按照等间距划分法，将关中地区划分为低风险区、较低风险区、中等风险区、较高风险区、高风险区。由表 7-2 可知：1986—2007 年，研究区土地生态低风险区、较高风险区、高风险区的面积分别增加了 7.78%、23.28%、28.49%，各占研究期总增量的 62.93%、27.96%、9.11%；较低风险区、中等风险区面积各减少了 7.63%、9.76%，各占研究期总减量的 33.78%、66.22%。其中，1986—2000 年，关中地区土地生态低风险区、较低风险区、较高风险区、高风险区的面积分别增加了 0.31%、0.38%、14.03%、15.48%，而中等风险区面积则减少了 3.84%，中等风险区向生态低风险区、较

低风险区、较高风险区、高风险区转化的百分比分别为 9.76%、6.53%、64.70%、19.01%；2000—2007 年，关中地区土地生态低风险区、较高风险区、高风险区的面积分别增加了 7.44%、8.11%、11.27%，各占本时期总增量的 79.82%、14.68%、5.50%，较低风险区、中等风险区面积则减少了 7.98%、6.16%，各占本时期总减量的 46.90%、53.10%。综上可知：研究期内，关中地区土地生态风险在整个研究期以及 2000—2007 年均以中低风险区向低风险区转化为主，而 1986—2000 年则主要为中等风险区流向较高风险区。

表 7-2 1986—2007 年关中地区土地各生态风险级别面积 单位：hm^2

	1986 年	2000 年	2007 年	1986—2000 年	2000—2007 年	1986—2007 年
低风险区	2 158 813.92	2 165 599.92	2 326 825.12	6 786.00	161 225.20	168 011.20
较低风险区	1 182 040.00	1 186 580.00	1 091 850.00	4 540.00	−94 730.00	−90 190.00
中等风险区	1 811 050.00	1 741 510.00	1 634 240.00	−69 540.00	−107 270.00	−176 810.00
较高风险区	320 626.00	365 619.00	395 282.00	44 993.00	29 663.00	74 656.00
高风险区	85 406.20	98 627.20	109 739.00	13 221.00	11 111.80	24 332.80

从表 7-3 可知：关中地区 1986 年、2000 年、2007 年土地生态风险各级别占比大小排序都是：低风险区＞中等风险区＞较低风险区＞较高风险区＞高风险区；其中前三类的面积占比均超过 90%，后两类区域面积和不足 10%。从风险各级别区的结构变化来看，低风险区、较高风险区、高风险区面积占比在各时段都在增加，其中，低风险区后时段增量大于前时段，其他两区则相反，在 1986—2000 年，面积占比增量最大的是较高风险区，而在 2000—2007 年及整个研究期，面积占比增加最多的都是土地生态低风险区；中等风险

区的面积占比则持续减小，且后时段减量大于前时段；较低风险区面积占比表现为先增后减，总体减少。

表 7-3　1986—2007 年关中地区土地各生态风险级别结构　　单位：%

	1986 年	2000 年	2007 年	1986—2000 年	2000—2007 年	1986—2007 年
低风险区	38.84	38.96	41.86	0.12	2.90	3.02
较低风险区	21.27	21.35	19.64	0.08	−1.70	−1.62
中等风险区	32.58	31.33	29.40	−1.25	−1.93	−3.18
较高风险区	5.77	6.58	7.11	0.81	0.53	1.34
高风险区	1.54	1.77	1.97	0.24	0.20	0.44

7.2.3 土地生态风险强度空间结构特征分析

通过分析关中地区土地生态风险强度指数空间分布的半变异函数曲线，可得到其各年度半变异函数的主要参数：块金值（nugget）、基台值（sill）、偏基台值（partial sill）和变程（range）。理论上，当采样点间隔距离为 0 时，半变异函数的值应该为 0，但由于误差和空间变异的原因，该值有时不为 0，此即为块金值；当采样点间距增大时，半变异函数从块金值达到一个稳定的常数时，该常数即为基台值；偏基台值是基台值与块金值的差值；变异函数达到基台值时，采样点的间隔距离则为变程（徐建华，1991；汤国安等，2006）。本研究用偏基台值来衡量土地生态风险强度指数的波动幅度，用变程（range）来说明土地生态风险强度指数的空间相关距离。

表 7-4　关中地区 1986—2007 年土地生态风险强度指数理论半变异函数主要参数

	块金值（nugget）	基台值（sill）	偏基台值（partial sill）	变程（range）
1986 年	0.002 572 8	0.006 817 7	0.004 244 9	113 322
2000 年	0.002 805 5	0.007 100 7	0.004 295 2	111 597
2007 年	0.002 763 8	0.007 431 3	0.004 667 5	106 093

由表 7-4 可知：关中地区在研究期内，偏基台值呈增加态势，其中 1986 年与 2000 年差别较小，2007 年则增加明显，这说明关中地区在整个研究期内的土地生态风险强度指数的变动幅度在加大；土地生态风险强度指数理论变异函数的变程缩短说明土地生态风险强度的空间相关距离减少；上述二者均是土地景观逐渐破碎化的必然结果，“退耕还林”政策虽使林地面积有了较大增加，但交通的延伸、工矿居民点的扩张直接导致了各种地类的破碎化，从而增大了土地生态风险强度指数的变动频度和幅度，也使得大面积成片的耕地、林地、草地的土地生态风险强度空间关联性降低，从而使土地生态风险强度指数的变程缩短。

7.2.4 土地生态风险强度指数变化的地貌差异

由表 7-5 可知：关中地区土地生态风险强度指数在整个研究期是减少的，但其变化情况有较明显的时段差异；1986—2000 年，研究区土地生态风险强度指数增加，2000—2007 年，土地生态风险强度指数减少。从选择的三个时间断面来看，关中地区的五个地貌区的土地生态风险强度指数的空间分布情况均表现为：平原区＞黄土台塬区＞黄土塬区＞黄土梁峁区＞山地区。土地生态风险强度指数变动情况则因时段而异，1986—2007 年，平原区和黄土台塬区为土地生态风险强度指数增加区，其中以平原区增幅较大，其余为减少区，减量排序为：黄土塬区＞山地区＞黄土梁峁区；所有地貌区在 1986—2000 年的土地生态风险强度指数都是增加的，其增量顺序为：平原区＞黄土台塬区＞黄土梁峁区＞山地区＞黄土塬区；而在 2000—2007 年，除平原区土地生态风险强度指数继续增加外，其余地貌区的土地生态风险强度指数均减少，减量最大的是黄土塬区，其次为黄土梁峁区、山地区，减量最少的是黄土台塬区。研究区及其各地貌单元的土地生态风险强度变化情况受土地利用结构变化驱动，1986—2000 年，生态风险权重最大的建设用地在各地貌区皆为增量之首，因此该时段土地生态风险强度增加；而在 2000—2007 年，林地的增加成为本区多数地貌单元的主导变化，林地的高生态服务功能降低了研究区的土地生态风险强度；但平原区与黄土台塬区的建设用地增长依然强劲，林草的局部增加仍没能逆转其土地生态安全形势恶化的态势。

表 7-5 关中地区 1986—2007 年各地貌单元土地生态风险强度指数

	1986 年	2000 年	2007 年	1986—2000 年	2000—2007 年	1986—2007 年
黄土梁峁区	0.141 9	0.142 8	0.138 1	0.000 9	−0.004 7	−0.003 8
黄土台塬区	0.210 8	0.212 5	0.212 2	0.001 7	−0.000 3	0.001 4
黄土塬区	0.168 5	0.168 7	0.162 8	0.000 2	−0.005 9	−0.005 7
平原区	0.224 5	0.227 6	0.229 0	0.003 2	0.001 4	0.004 6
山地区	0.090 7	0.091 1	0.086 5	0.000 4	−0.004 6	−0.004 3
关中地区	0.153 4	0.154 6	0.151 9	0.001 2	−0.002 7	−0.001 5

7.2.5 土地生态风险强度指数变化的坡度差异

由表 7-6 可见：关中地区在选择的几个时间断面中，土地生态风险强度指数都表现为随坡度增加而变小的特点。整个研究期的 22 年中，0°～3° 区域的土地生态风险强度指数持续增加，其余坡度段土地生态风险强度指数变小，其减量随坡度的增加而增加，>25° 坡度段是土地生态风险降低最明显的区域；其中，1986—2000 年，研究区各坡度段的土地生态风险强度指数均增加，且增加量随坡度的增加而减少；而 2000—2007 年，除 0°～3° 带外，其他各坡度段的土地生态风险强度指数都是减少的，且其减量随坡度的增加而增加。综上可知：从土地景观结构安全角度来看，关中地区土地生态风险强度随地形坡度的加大而变小，>3° 段土地生态风险强度的变化态势是先增后减，总体减少；0°～3° 段则连续增加，但后时段的增幅小于前时段。土地生态风险强度的坡度分布特点是人口分布特点决定的，坡度平缓的地区常常是人口集中的地区，人类对土地的干扰较大，土地生态功能受损相对严重，自然就成了土地生态风险较强的区域；土地生态风险强度的坡度变化特点同样主要受制于人口分布规律的制约，工业化、城镇化的推进主要在坡度平缓区，人口向坡度平缓区聚集是现阶段的总趋势，人类对平原土地生态系统的干扰增量势必远远高于地形坡度较大的区域，再加上“退耕还林”政策的作用，从而造成了关中地区在研究期内土地生态风险强度的变化特点。

表7-6 关中地区1986—2007年各坡度带土地生态风险强度指数

	1986年	2000年	2007年	1986—2000年	2000—2007年	1986—2007年
0°～3°	0.227 2	0.229 9	0.230 8	0.002 7	0.000 9	0.003 6
3°～8°	0.174 6	0.175 3	0.172 4	0.000 7	-0.002 9	-0.002 2
8°～15°	0.128 6	0.129 1	0.124 5	0.000 5	-0.004 6	-0.004 1
15°～20°	0.106 8	0.107 3	0.102 4	0.000 4	-0.004 9	-0.004 4
20°～25°	0.091 6	0.091 9	0.086 8	0.000 3	-0.005 1	-0.004 8
>25°	0.073 7	0.073 9	0.068 3	0.000 2	-0.005 7	-0.005 4

7.2.6 土地生态风险强度指数变化的地市差异

由表7-7可知：从选定的三个时间断面来看，关中地区各地市的土地生态风险强度排序为：渭南市＞咸阳市＞西安市＞铜川市＞宝鸡市。1986—2007年，渭南市、西安市的土地生态风险强度增加，宝鸡市、铜川市、咸阳市的土地生态风险强度变小；其中，1986—2000年，所有地市的土地生态风险强度均增加，增量最大的是西安市，其次是渭南市，最小的是宝鸡市；2000—2007年，所有地市的土地生态风险强度都变小，减量最大的是铜川市，其次是宝鸡市，最小的是渭南市。综上可见：关中地区各地市土地生态风险强度最大的是渭南市，最小的是宝鸡市；渭南、西安两市的土地生态风险强度是先增后减，总体加大，宝鸡、铜川、咸阳三市的土地生态风险强度是先增后减，总体变小。

表 7-7 关中地区 1986—2007 年各地市土地生态风险强度指数

	1986 年	2000 年	2007 年	1986—2000 年	2000—2007 年	1986—2007 年
渭南市	0.187 3	0.189 0	0.187 8	0.001 7	−0.001 2	0.000 5
铜川市	0.131 7	0.133 2	0.129 0	0.001 5	−0.004 3	−0.002 7
咸阳市	0.185 3	0.186 3	0.183 0	0.001 1	−0.003 3	−0.002 3
宝鸡市	0.115 3	0.115 7	0.112 0	0.000 4	−0.003 6	−0.003 3
西安市	0.153 7	0.155 9	0.154 1	0.002 2	−0.001 8	0.000 4

7.2.7 土地生态风险强度指数变化的区县差异

由表 7-8 可知：在选定的三个时间断面中，关中地区各区县中土地生态风险强度最大的是阎良区，最小的是太白县和凤县。1986—2007 年，蒲城县、大荔县、白水县、宝鸡市、合阳县、长安区、澄城县、乾县、韩城市、临潼区、临渭区、兴平市、武功县、高陵县、咸阳市、西安市、阎良区 17 个区县的土地生态风险强度增加，其余区县的土地生态风险强度变小；其中，1986—2000 年，礼泉县、泾阳县、蒲城县、彬县、太白县 5 县的土地生态风险强度变小，其余区县的土地生态风险强度增加；2000—2007 年，澄城县、礼泉县、长安区、蒲城县、临潼区、咸阳市、乾县、临渭区、武功县、兴平市、阎良区、西安市、高陵县 13 个区县的土地生态风险强度增加，其余区县的土地生态风险强度变小。

表7-8 关中地区1986—2007年各区县土地生态风险强度指数

	1986年	2000年	2007年	1986—2000年	2000—2007年	1986—2007年
白水县	0.181 1	0.182 4	0.182 3	0.001 2	−0.000 1	0.001 2
宝鸡市区	0.108 7	0.110 9	0.109 8	0.002 3	−0.001 1	0.001 2
彬县	0.165 6	0.165 1	0.157 4	−0.000 5	−0.007 6	−0.008 2
长安区	0.158 2	0.159 8	0.160 2	0.001 7	0.000 4	0.002 1
长武县	0.171 8	0.172 4	0.165 3	0.000 6	−0.007 1	−0.006 5
陈仓区	0.115 5	0.116 0	0.112 7	0.000 5	−0.003 3	−0.002 8
澄城县	0.211 8	0.214 0	0.214 2	0.002 2	0.000 2	0.002 4
淳化县	0.170 6	0.171 6	0.165 1	0.000 9	−0.006 5	−0.005 5
大荔县	0.200 6	0.201 2	0.201 1	0.000 6	−0.000 1	0.000 5
凤县	0.078 1	0.078 3	0.074 0	0.000 1	−0.004 3	−0.004 2
凤翔县	0.174 1	0.175 0	0.170 8	0.000 9	−0.004 2	−0.003 3
扶风县	0.204 9	0.205 8	0.204 8	0.000 9	−0.001 0	0.000 1
富平县	0.216 5	0.217 1	0.213 4	0.000 6	−0.003 7	−0.003 1
高陵县	0.244 5	0.245 5	0.254 8	0.001 1	0.009 3	0.010 3
韩城市	0.134 5	0.138 5	0.137 4	0.004 0	−0.001 1	0.002 9
合阳县	0.192 6	0.195 0	0.194 6	0.002 4	−0.000 4	0.002 0
户县	0.142 7	0.143 4	0.141 4	0.000 7	−0.001 9	−0.001 2
华县	0.129 9	0.132 1	0.128 0	0.002 2	−0.004 1	−0.001 9
华阴市	0.157 3	0.160 5	0.154 2	0.003 1	−0.006 3	−0.003 2
泾阳县	0.219 2	0.217 6	0.216 3	−0.001 6	−0.001 3	−0.002 9
蓝田县	0.132 1	0.132 7	0.125 4	0.000 6	−0.007 3	−0.006 7
礼泉县	0.203 6	0.201 7	0.202 1	−0.001 9	0.000 4	−0.001 5
临潼区	0.226 2	0.228 0	0.229 2	0.001 8	0.001 2	0.003 0
临渭区	0.215 5	0.218 0	0.219 8	0.002 5	0.001 9	0.004 3
麟游县	0.124 5	0.124 7	0.120 2	0.000 3	−0.004 6	−0.004 3
陇县	0.117 0	0.117 1	0.113 4	0.000 1	−0.003 7	−0.003 7
眉县	0.140 7	0.141 1	0.140 0	0.000 4	−0.001 0	−0.000 7

	1986年	2000年	2007年	1986—2000年	2000—2007年	1986—2007年
蒲城县	0.226 6	0.225 7	0.226 6	−0.000 9	0.001 0	0.000 1
岐山县	0.177 3	0.178 6	0.176 8	0.001 3	−0.001 8	−0.000 6
千阳县	0.143 2	0.143 3	0.133 0	0.000 1	−0.010 3	−0.010 2
乾县	0.219 4	0.220 5	0.221 9	0.001 1	0.001 4	0.002 5
三原县	0.226 8	0.228 8	0.222 7	0.002 0	−0.006 0	−0.004 1
太白县	0.061 9	0.061 8	0.059 4	0.000 1	−0.002 6	−0.002 5
铜川市	0.161 1	0.163 8	0.156 7	0.002 7	−0.007 1	−0.004 4
潼关县	0.152 3	0.153 5	0.145 2	0.001 1	−0.008 3	−0.007 1
武功县	0.244 9	0.250 0	0.254 2	0.005 1	0.004 2	0.009 3
西安市	0.250 9	0.266 9	0.275 9	0.016 1	0.009 0	0.025 0
咸阳市	0.236 3	0.245 3	0.246 7	0.009 0	0.001 3	0.010 3
兴平市	0.238 9	0.243 5	0.248 0	0.004 6	0.004 4	0.009 0
旬邑县	0.120 9	0.121 4	0.113 2	0.000 5	−0.008 2	−0.007 7
阎良区	0.294 4	0.316 7	0.325 4	0.022 3	0.008 7	0.031 0
耀州区	0.133 9	0.134 9	0.130 8	0.001 0	−0.004 2	−0.003 2
宜君县	0.114 1	0.115 6	0.112 7	0.001 5	−0.002 9	−0.001 4
永寿县	0.157 6	0.158 3	0.155 6	0.000 7	−0.002 6	−0.001 9
周至县	0.105 6	0.106 2	0.101 6	0.000 6	−0.004 6	−0.004 1

7.3 小结

（1）1986—2007年，关中地区土地生态风险强度先增后减，总体减小；土地生态风险强度指数分布的总体特点是：中东部较大，南部、北部及西部较小。

（2）研究期内，关中地区土地生态风险强度指数的变动频度和幅度增加，空间关联性降低；土地生态风险在整个研究期以及2000—2007年均以中低风险区向低风险区转化为主，而前时段则主要为中等风险区流向较高风险区。

（3）1986—2007年，关中地区的五类地貌中，平原区的土地生态风险强度持续增加；黄土台塬区土地生态风险强度是先增后减，总体加大；其余三类地貌的土地生态风险强度是先增后减，总体减小；关中地区土地生态风险强度随地形坡度的加大而变小，>3°段的土地生态风险强度的变化态势是先增后减，总体减少；0°～3°段则是连续增加。

（4）研究期内，关中地区各地市土地生态风险强度最大的是渭南市，最小的是宝鸡市；渭南、西安两市的土地生态风险强度是先增后减、总体加大，宝鸡、铜川、咸阳三市的土地生态风险强度是先增后减、总体变小。各区县的土地生态风险强度最大的是阎良区，最小的是太白县；整个研究期内有17个区县土地生态风险强度加大。

第八章 关中地区土地生态安全动态

土地生态安全状况受自然和人文方面众多因素的影响，任何单因素指标滑落到临界值以下都可能导致土地生态系统不安全，但要找出所有制约因子并确定其安全阈值，目前还有较大困难；然而，植被覆盖情况、土地生产潜力总量、土地生态系统服务价值量、土地生态风险强度指数等指标基本从各个侧面综合反映了土地生态安全影响因子的综合作用效果，因此只要把这些综合评判因子再综合为土地生态安全综合指数，即可据此较为全面地判断土地生态安全的总体走向。

8.1 土地生态安全综合评价模型

土地生态安全综合评价首先要确定各单项评价指标的权重，其次要去除各指标的相关性，然后再采用适当的方法合成综合评价指数。本书采用熵权法、主成分分析法和欧氏距离合成法来解决上述问题（图 8-1），其具体操作步骤如下：

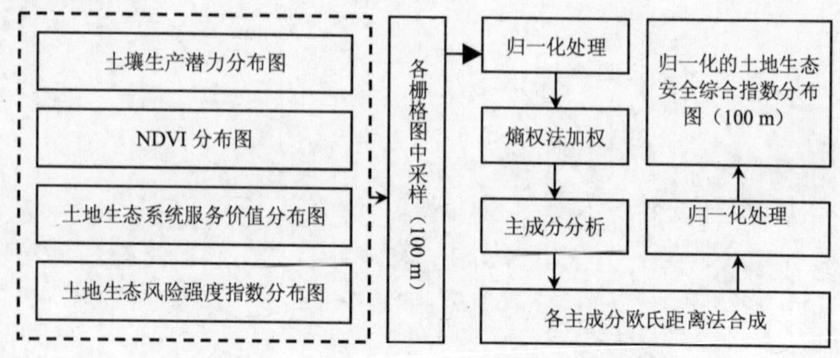

图 8-1　土地生态安全综合指数测算流程图

（1）各单项评价指标归一化：为消除评价指标量纲不同的影响，本书采用极值变换法对指标数据值进行归一化处理；书中的四项评价指标中，土地生态风险强度指数为逆向指标，其余三项为正向指标；各指标归一化模型如下：

$$G_{ij}=\frac{X_{ij}-\min X_j}{\max X_j-\min X_j}(\text{正向指标}) \tag{8-1}$$

$$G_{ij}=\frac{\max X_j-X_{ij}}{\max X_j-\min X_j}(\text{逆向指标}) \tag{8-2}$$

式中：X_{ij} 为 j 项指标图第 i 个栅格值；$\max X_j$ 和 $\min X_j$ 分别为指标栅格图最大值和最小值；G_{ij} 为归一后的栅格值。

（2）熵权法确定指标权重：指标权重确定方法有主观法、客观法、综合赋权法，熵权法属客观赋权法，它是依据各评价对象的指标值来确定各指标权重的一种方法。其计算模型如下：

$$S_j=(-1/\ln n)\times\sum_{i=1}^{n}\left(X_{ij}/\sum_{i=1}^{n}X_{ij}\right)\times\ln\left(X_{ij}/\sum_{i=1}^{n}X_{ij}\right) \tag{8-3}$$

$$W_j = \left(1 - S_j\right) / \sum_{j=1}^{m} \left(1 - S_j\right) \tag{8-4}$$

式中：S_j为第j项评价指标的熵值；W_j为第j项评价指标的权重；X_{ij}为第j项指标图第i个栅格值；n为第j项指标图的栅格数；m为评价指标数。

（3）主成分分析：土地生态安全各单项评价指标具有一定的交叉性，指标间的信息存在相互重叠、相互干扰的情况，从而难以客观地分析各评价指标的相对地位；主成分分析法能去除这些指标的相关性，从而获得相互正交的一组新指标。

（4）将各主成分按欧氏距离法合成，然后再采用极差归一化获取土地生态安全指数分布图。土地生态安全综合指数越大，说明土地生态越安全。

8.2 土地生态安全变化图谱分析

从彩图 8-1 可知：关中地区土地生态安全程度最高的是秦岭、关山区，其次为陇山、黄龙山、子午岭一带，土地生态安全程度最低的是平原地带的西安、咸阳、渭南等城市建成区。1986—2007年，关中地区土地生态安全程度总体提高，其中 2000—2007 年土地生态安全改善的程度和范围都远胜 1986—2000 年（表 8-1）。1986—2000 年土地生态安全改善区主要集中在研究区南部的秦岭、关山一线；土地生态安全恶化区则多分布在关中平原及其北部的渭北高原，其中又以城镇居民点、交通线等建设用地及其周边区域的土地生态安全恶化区的分布最为密集。2000—2007 年，研究区的土地生态安全改善区的分布范围较广，秦岭、关山及渭北高原基本都在改善之列；土地生态安全恶化区主要聚集于关中平原区。关中地区的土地生态安全程度分布及变化情况主要受产业布局政策、生态保护措施的影响；关中平原为工业密集区，城镇、交通等建设用地比重较大，土地生态系统的自然结构破坏严重，土地生态系统服务功能部分或全部丧失，故土地生态安全程度低，同时，平原地带的城镇化、工业化推进速度相对较快，因而该区成为土地生态安全恶化的重灾区；秦岭、关山、陇山、子午岭、黄龙岭等山地区，人类干扰程度相对来说是最低的，土地生态系统的自然度最高，土地生态系统的结构和功能最为完整，土地生态安全程度势必较高，同时，由于经济条件好转，人类对薪柴需求量减少，再加上国家实施森林保护政策，从而使山地的土地生态安全状况进一步改善；20世纪90年代实施的“退耕还林”政策使该区的林草比重有较大幅度增加，土地生态系统服务价值量增加，土地结构风险有所降低，因而，研究区土地生态安全在大部分地区向好的方向转化。

8.3 土地生态安全变化的地貌差异

从表8-1可知：在1986年、2000年、2007年三个时间断面中，关中地区各地貌单元中，土地生态安全程度最高的是山地区，其次为黄土梁峁区，最低的是黄土台塬区；1986年和2000年，平原区的土地生态安全程度高于黄土塬区，但到了2007年，黄土塬区的土地生态安全程度超过了平原区。1986—2007年，关中地区各地貌单元的土地生态安全情况均有所好转，其改善程度表现为：山地区＞黄土梁峁区＞黄土塬区＞黄土台塬区＞平原区；其中，1986—2000年，平原区和黄土塬区的土地生态安全恶化，其他三类地貌区土地生态安全改善，且以山地区改善最明显；2000—2007年，所有地貌单元的土地生态安全改善，其改善程度排序为：黄土塬区＞黄土梁峁区＞山地区＞黄土台塬区＞平原区。关中地区各地貌单元的土地生态安全变化的驱动因子是自然条件和国家相关政策主导下的人类活动，平原区和黄土台塬区为人口聚集和快速增长的区域，交通、居民点、社区服务设施、工业用地、商业用地等必定扩张，土地生态系统的生产总潜力必定下降，因此在无特殊政策制约的情况下，这些地区的土地生态安全程度自然比较低，同时会继续向不安全方向发展；山地区在人类逐步退出的情况下，土地生态系统的结构和功能都会逐渐走向顶级自然群落的平衡态，土地生态安全态势理所当然地向好的方面转变；20 世纪 90 年代末开始实施的大规模的坡耕地退耕及林草种植和恢复措施大幅度改善了土地生态系统的结构和功能，从而促使研究区各地貌单元土地生态安全程度的全面提高。

表 8-1　关中地区 1986—2007 年各地貌单元土地生态安全综合指数

	1986 年	2000 年	2007 年	1986—2000 年	2000—2007 年	1986—2007 年
黄土梁峁区	0.198 8	0.199 9	0.232 5	0.001 1	0.032 7	0.033 7
黄土台塬区	0.156 1	0.157 4	0.183 4	0.001 4	0.026 0	0.027 4
黄土塬区	0.173 9	0.172 0	0.206 6	−0.001 9	0.034 6	0.032 7
平原区	0.177 9	0.173 4	0.192 3	−0.004 6	0.018 9	0.014 4
山地区	0.290 7	0.312 0	0.339 4	0.021 3	0.027 4	0.048 7
关中地区	0.222 8	0.230 9	0.257 5	0.008 2	0.026 6	0.034 8

8.4 土地生态安全变化的坡度差异

由表 8-2 可见：在选定的三个时间断面中，关中地区各坡度带的土地生态安全程度都是随坡度的增加而增高的。1986—2007 年，关中地区所有坡度带的土地生态安全程度都是增加的，且增长幅度随坡度的加大而加大；其中，1986—2000 年，0°～3°带的土地生态安全程度降低，其余坡度带土地生态安全程度升高，且其升幅随坡度的增加而增加；2000—2007 年，所有坡度带的土地生态安全程度提高，升幅最大的是＞25°带，其次是 8°～15°带，升幅最小的是 0°～3°带。土地生态安全程度及变化的坡度差异性是由人类活动高密度区向平原性所决定的，无论是工业化的推进还是城镇的扩张，首先占领的一般都是地势平坦的区域，故坡度较平缓的地带生态保障性的土地面积占比就比较低，土地生态系统的结构性风险较大，因此土地生态安全程度低，而且在无特殊措施控制的情况下，土地生态安全态势会继续恶化。

表 8-2 关中地区 1986—2007 年各坡度带土地生态安全综合指数

	1986 年	2000 年	2007 年	1986—2000 年	2000—2007 年	1986—2007 年
0°～3°	0.165 5	0.164 2	0.183 6	-0.001 3	0.019 4	0.018 1
3°～8°	0.182 9	0.186 9	0.215 7	0.003 9	0.028 8	0.032 7
8°～15°	0.220 2	0.226 9	0.257 8	0.006 7	0.030 9	0.037 6
15°～20°	0.247 5	0.257 7	0.287 5	0.010 1	0.029 8	0.040 0
20°～25°	0.275 6	0.290 8	0.320 3	0.015 2	0.029 5	0.044 7
＞25°	0.324 9	0.352 3	0.384 6	0.027 4	0.032 4	0.059 8
关中地区	0.222 8	0.230 9	0.257 5	0.008 2	0.026 6	0.034 8

8.5 土地生态安全变化的地市差异

由表 8-3 可知：在选定的三个研究时间断面中，关中地区各地市的土地生态安全程度排序均表现为：宝鸡市＞西安市＞铜川市＞渭南市＞咸阳市。1986—2007 年，各地市的土地生态安全情况总体上都在改善，改善幅度最大的是宝鸡市，其次是西安市和铜川市，咸阳市的改善幅度最小；其中，1986—2000 年，渭南市、咸阳市的土地生态安全情况恶化，宝鸡、西安及铜川市的土地生态安全情况有小幅改善；2000—2007 年，各地市的土地生态安全改善幅度都比较大，改善幅度大小次序为：铜川市＞渭南市＞咸阳市＞宝鸡市＞西安市。关中地区各地市土地生态安全变化态势及变化幅度的差异性主要与各地市退耕还林还草的范围有关，铜川市、渭南市和咸阳市均有相当一部分区域分布在渭北高原，而这一区域正是退耕还林的重点地区，退耕范围比较大，林草覆盖情况在质和量两个方面均有较大程度的改善，土地生态系统的结构也得到了优化，因此这三个市的土地生态安全程度提升幅度较大；但宝鸡市、西安市原来保有的林草量比上述三市大，而且在 1986—2000 年林草的自然恢复成效较为显著，故土地生态安全程度总体较高。

表 8-3　关中地区 1986—2007 年各地市土地生态安全综合指数

	1986 年	2000 年	2007 年	1986—2000 年	2000—2007 年	1986—2007 年
渭南	0.191 4	0.190 8	0.219 7	−0.000 6	0.028 8	0.028 3
铜川	0.209 2	0.212 6	0.242 6	0.003 4	0.030 0	0.033 5
咸阳	0.176 4	0.173 8	0.201 9	−0.002 6	0.028 1	0.025 5
宝鸡	0.257 3	0.274 4	0.300 0	0.017 1	0.025 5	0.042 7
西安	0.253 0	0.268 9	0.291 6	0.016 0	0.022 7	0.038 7
关中地区	0.222 8	0.230 9	0.257 5	0.008 2	0.026 6	0.034 8

8.6 土地生态安全变化的区县差异

由表 8-4 可知：在 1986 年、2000 年和 2007 年三个时间断面中，关中地区各区县土地生态安全程度最高的都是太白县，其次为周至县；土地生态安全程度最低的都是西安市区（包括阎良区）。1986—2007 年，除西安市区的土地生态安全程度降低外，其他区县的土地生态安全程度均有不同幅度的提高，在所有土地生态安全改善的区县中，周至县是土地生态安全指数增幅最大的，其次为太白县和凤县，增幅最小的是高陵县和兴平市。其中，1986—2000 年，有 22 个区县土地生态安全恶化，土地生态安全程度降幅最大的是西安市区（包括阎良区），其次为咸阳市区，降幅最小的是乾县和白水县。其余 23 个区县的土地生态安全程度增加，增幅最大的是太白县，其次是周至县和凤县；增幅最小的是武功县，其次是渭南市临渭区和华阴市。2000—2007 年，关中地区所有区县的土地生态安全程度都是上升的，改善幅度最大的是彬县，其次是长武县和铜川市区；改善幅度最小的是高陵县，其次为西安市区和兴平市。各区县土地生态安全程度的高低主要与各区县的土地利用类型的数量构成和空间分布格局有关，一般来说，生产性土地面积大、林草比例高、林草与其他地类空间配置合理，土地生态安全程度相对较高；各地类比例和空间结构的变化是土地生态安全动态的直接驱动力。

表8-4 关中地区1986—2007年各区县土地生态安全综合指数

	1986年	2000年	2007年	1986—2000年	2000—2007年	1986—2007年
白水县	0.175 9	0.175 0	0.208 5	−0.000 9	0.033 5	0.032 6
宝鸡市	0.308 6	0.326 8	0.346 3	0.018 1	0.019 5	0.037 7
彬县	0.177 5	0.172 5	0.212 8	−0.004 9	0.040 3	0.035 4
长安区	0.235 5	0.250 1	0.263 5	0.014 6	0.013 4	0.028 0
长武县	0.177 9	0.170 9	0.210 7	−0.007 0	0.039 8	0.032 8
陈仓区	0.265 2	0.278 3	0.307 3	0.013 1	0.029 0	0.042 1
澄城县	0.143 2	0.136 6	0.173 2	−0.006 6	0.036 6	0.030 0
淳化县	0.170 3	0.165 9	0.200 8	−0.004 4	0.034 9	0.030 5
大荔县	0.189 1	0.186 6	0.207 1	−0.002 4	0.020 5	0.018 0
凤县	0.300 7	0.326 1	0.351 7	0.025 4	0.025 6	0.051 0
凤翔县	0.176 1	0.186 5	0.210 4	0.010 4	0.023 9	0.034 3
扶风县	0.176 6	0.184 8	0.202 5	0.008 2	0.017 7	0.025 9
富平县	0.153 7	0.156 7	0.187 6	0.003 0	0.030 9	0.033 9
高陵县	0.178 7	0.172 9	0.180 0	−0.005 9	0.007 1	0.001 3
韩城市	0.204 6	0.202 3	0.230 7	−0.002 3	0.028 4	0.026 1
合阳县	0.147 2	0.144 6	0.176 5	−0.002 6	0.031 9	0.029 3
户县	0.277 3	0.297 6	0.320 3	0.020 3	0.022 7	0.043 0
华县	0.304 6	0.315 5	0.338 3	0.010 9	0.022 8	0.033 7
华阴市	0.281 1	0.283 0	0.319 6	0.001 8	0.036 6	0.038 4
泾阳县	0.175 5	0.170 7	0.195 2	−0.004 8	0.024 5	0.019 7
蓝田县	0.243 1	0.256 5	0.284 8	0.013 4	0.028 3	0.041 7
礼泉县	0.164 9	0.162 3	0.186 4	−0.002 7	0.024 1	0.021 4

	1986 年	2000 年	2007 年	1986—2000 年	2000—2007 年	1986—2007 年
临潼区	0.182 8	0.179 4	0.199 2	−0.003 4	0.019 7	0.016 4
临渭区	0.205 6	0.206 9	0.225 7	0.001 3	0.018 8	0.020 0
麟游县	0.203 0	0.208 2	0.234 7	0.005 3	0.026 5	0.031 8
陇县	0.235 4	0.245 8	0.273 9	0.010 5	0.028 0	0.038 5
眉县	0.242 1	0.259 4	0.278 3	0.017 4	0.018 8	0.036 2
蒲城县	0.149 5	0.145 7	0.178 8	−0.003 7	0.033 1	0.029 4
岐山县	0.183 8	0.191 6	0.213 0	0.007 8	0.021 5	0.029 2
千阳县	0.199 4	0.204 1	0.240 1	0.004 7	0.036 0	0.040 7
乾县	0.147 9	0.147 3	0.172 4	−0.000 6	0.025 1	0.024 6
三原县	0.153 9	0.151 4	0.177 3	−0.002 5	0.025 9	0.023 4
太白县	0.351 8	0.389 9	0.412 5	0.038 1	0.022 7	0.060 8
铜川市	0.182 0	0.179 5	0.216 6	−0.002 6	0.037 1	0.034 6
潼关县	0.226 2	0.223 7	0.259 9	−0.002 5	0.036 2	0.033 7
武功县	0.164 6	0.164 7	0.174 4	0.000 1	0.009 7	0.009 8
西安市	0.152 5	0.134 4	0.142 7	−0.018 0	0.008 2	−0.009 8
咸阳市	0.159 5	0.150 3	0.167 3	−0.009 2	0.017 0	0.007 8
兴平市	0.172 8	0.168 3	0.176 6	−0.004 5	0.008 3	0.003 8
旬邑县	0.216 8	0.221 1	0.251 9	0.004 2	0.030 8	0.035 1
阎良区	0.143 0	0.101 9	0.116 0	−0.041 2	0.014 2	−0.027 0
耀州区	0.204 2	0.209 7	0.235 5	0.005 4	0.025 9	0.031 3
宜君县	0.228 6	0.233 1	0.263 9	0.004 5	0.030 9	0.035 3
永寿县	0.179 1	0.174 3	0.207 1	−0.004 8	0.032 8	0.028 0
周至县	0.322 2	0.358 5	0.389 3	0.036 3	0.030 8	0.067 1

8.7 小结

（1）1986—2007 年，关中地区土地生态安全程度总体提高，2000—2007 年土地生态安全改善的程度大于 1986—2000 年。

（2）研究期内，关中地区各地貌单元的土地生态安全情况均有所好转；但在 1986—2000 年，平原区和黄土塬区的土地生态安全恶化。研究期内，所有坡度带的土地生态安全程度情况均有改善；但在 1986—2000 年，0°～3°带的土地生态安全程度降低。

（3）1986—2007 年，各地市的土地生态安全情况总体上都在改善；但在 1986—2000 年，渭南市、咸阳市的土地生态安全情况恶化。研究期内，除西安市区（包括阎良区）的土地生态安全程度降低外，其他区县的土地生态安全程度均有不同幅度的提高；1986—2000 年，有 22 个区县土地生态安全恶化。

（4）保障土地生态安全可以通过控制建设用地的增长速度、合理布局城镇等人类活动区域的各类用地的比例和空间结构、加强土地生态脆弱区的保护等措施来改善；但最终还是必须控制人口规模和总的消费水平，转变人们的消费观念，强调绿色消费，培育人们的生态伦理观念，使人类的活动成为整个大自然良性小循环之一，从而达到人与自然的和谐相处。

参考文献

[1] 王耕，吴伟. 区域生态安全演变机制与过程分析[J]. 中国安全科学学报，2007，17（1）：16-21.

[2] 刘彦随. 保障我国土地资源安全的若干战略思考[J]. 中国科学院院刊，2006，21（5）：379-384.

[3] 杨京平. 生态安全的系统分析[M]. 北京：化学工业出版社，2002.

[4] 陈星，周成虎. 生态安全国内外研究综述[J]. 地理科学进展，2005，24（6）：8-20.

[5] 曲格平. 生态环境问题已成为国家安全的热门话题[J]. 环境保护，2002（5）：3-5.

[6] 王根绪，程国栋，钱鞠. 生态安全评价研究中的若干问题[J]. 应用生态学报，2003，14（9）：1551-1556.

[7] 崔胜辉，洪华生，黄云凤，等. 生态安全研究进展[J]. 生态学报，2005，25（4）：861-868.

[8] 梁留科，张运生，方明. 我国土地生态安全理论研究初探[J]. 云南农业大学学报，2005，20（6）：829-834.

[9] 刘勇. 区域土地资源可持续利用的生态安全评价研究[D]. 南京农业大学[硕士论文]，2004.

[10] 刘勇，刘友兆，徐萍. 区域土地资源生态安全评价——以浙江嘉兴市为例[J]. 资源科学，2004，26（3）：69-75.

[11] 郭凤芝. 土地资源安全评价的几个理论问题[J]. 山西财经大学学报，2004，26（3）：61-65.

[12] 高桂芹，韩美. 区域土地资源生态安全评价——以山东省枣庄市中区为例[J]. 水土保持研究，2005，12（5）：271-273.

[13] 李小玲. 土地资源生态安全研究综述[A]. 刘彦随. 中国土地资源战略与区域协调发展研究[C]. 北京：气象出版社，2006：488-492.

[14] 孟旭光. 我国国土资源面临的挑战及对策[J]. 中国人口·资源与环境，

2002，12（1）：47-50.

[15] 谷树忠，姚予龙，沈镭，等. 资源安全及其基本属性与研究框架[J]. 自然资源学报，2002，17（3）：280-284.

[16] 谢俊奇，吴次芳. 中国土地资源安全问题研究[M]. 北京：中国大地出版社，2004.

[17] 赵凤琴，汤洁，王晨野，等. 生态脆弱地区土地生态环境安全初探[J]. 水土保持通报，2005，25（1）：99-103.

[18] 毛良祥. 区域土地资源安全评价研究——以金坛市为例[J]. 国土与自然资源研究，2006（2）：29-30.

[19] 王楠君，吴群，陈成. 城市化进程中土地资源安全评价指标体系研究[J]. 国土资源科技管理，2006（2）：28-31.

[20] 陈美球，吴次芳. 土地健康研究进展[J]. 江西农业大学学报（自然科学版），2002，24（3）：324-329.

[21] 高长波，陈新庚，韦朝海，等. 区域生态安全：概念及评价理论基础[J]. 生态环境，2006，15（1）：169-174.

[22] 朱国宏. 人地关系论[J]. 人口与经济，1995，88（1）：18-24.

[23] 王爱民，刘加林，缪磊磊. 土地利用的人地关系透视[J]. 地域研究与开发，2002，21（1）：9-12.

[24] 樊杰，吕昕. 简论人地关系地域系统研究的核心领域——土地利用变化[J]. 地学前缘，2002，9（4）：1-2.

[25] 高长波，陈新庚，韦朝海，等. 区域生态安全：概念及评价理论基础[J]. 生态环境，2006，15（1）：169-174.

[26] 都沁军. 国土资源安全的系统学研究[J]. 科技进步与对策，2006（3）：81-83.

[27] 杨子生，Liang Luo-hui，王云鹏. 基于水土流失防治的云南金沙江流域土地利用生态安全格局初探[J]. 山地学报，2003，21（4）：402-409.

[28] 尹君，姚会武，王亚西，等. 土地生态规划与设计[J]. 河北农业大学学报，2004，27（3）：71-77.

[29] 王庆礼，邓红兵. 自然资源生态伦理观及其可持续发展[J]. 应用生态学报，2002，13（7）：892-894.

[30] 盛乐山，吴次芳，赵哲远. 论土地生态伦理及生态文明[J]. 国土资源科技管理，2004，21（1）：50-54.

[31] 杨国清，祝国瑞. 土地生态伦理观与土地伦理利用[J]. 科技进步与对策，

2005（2）：90-91.

[32] 吴次芳，陈美球. 土地生态系统的复杂性研究[J]. 应用生态学报，2002，13（6）：753-756.

[33] 梁留科，吴次芳，曹新向. 土地生态系统演化的时间观[J]. 华北农学报，2002，17（4）：123-127.

[34] 陈利顶，傅伯杰. 榆林地区无定河流域土地生态系统分类与评价[J]. 土壤侵蚀与水土保持学报，1996，2（2）：57-65.

[35] 李晶，任志远. 城市土地生态系统建设研究——以西安市为例[J]. 干旱区研究，2002，19（1）：75-78.

[36] 白晓飞，陈焕伟. 土地利用的生态服务价值——以北京市平谷区为例[J]. 北京农学院学报，2004，18（2）：109-111.

[37] 沈叶琴，李凤全，叶玮，等. 土地利用变化对浙江生态系统服务价值的影响[J]. 资源开发与市场，2005，21（5）：412-415.

[38] 曹顺爱，吴次芳，余万军. 土地生态服务价值评价及其在土地利用布局中的应用——以杭州市萧山区为例[J]. 水土保持学报，2006，20（2）：197-200.

[39] 周小莉，巫山，张玉奇. 土地生态利用能值分析方法初探[J]. 农村经济与科技，2006（1）：37-38.

[40] 汤洁，朱云峰，李昭阳，等. 东北农牧交错带土地生态环境安全指标体系的建立与综合评价——以镇赉县为例[J]. 干旱区资源与环境，2006，20（1）：119-124.

[41] 吴次芳，徐保根. 土地生态学[M]. 北京：中国大地出版社，2003.

[42] 吴次芳，鲍海君. 土地资源安全研究的理论与方法[M]. 北京：气象出版社，2004.

[43] 彭建，王仰麟，宋治清，等. 国内外土地持续利用评价研究进展[J]. 资源科学，2003，25（2）：85-93.

[44] 杨子生，刘彦随. 中国山区生态友好型土地利用研究——以云南省为例[M]. 北京：中国科学技术出版社，2007.

[45] 李玉平，蔡运龙. 河北省土地生态安全评价[J]. 北京大学学报（自然科学版），2007，2（3）：1-6.

[46] 谢花林. 基于 GIS 的典型农牧交错区土地利用生态安全评价[J]. 生态学杂志，2008，27（1）：135-139.

[47] 朱红波，张安录. 我国耕地资源生态安全的时空差异分析[J]. 长江流域资源与环境，2007，16（6）：754-758.
[48] 曹新向，郭志永，雒海潮. 区域土地资源持续利用的生态安全研究[J]. 水土保持学报，2004，18（2）：192-195.
[49] 张建新，邢旭东，刘小娥. 湖南土地资源可持续利用的生态安全评价[J]. 湖南地质，2002，21（2）：119-121.
[50] 肖笃宁，陈文波，郭福良. 论生态安全的基本概念和研究内容[J]. 应用生态学报，2002，13（3）：354-358.
[51] 付在毅，许学工，林辉平，等. 辽河三角洲湿地区域生态风险评价[J]. 生态学报，2001，21（3）：365-373.
[52] 肖荣波，欧阳志云，韩艺师，等. 海南岛生态安全评价[J]. 自然资源学报，2004，19（6）：769-775.
[53] 杜巧玲，许学工，刘文政，等. 黑河中下游绿洲生态安全评价[J]. 生态学报，2004，24（9）：1916-1923.
[54] 罗贞礼. 土地利用生态安全评价指标的系统聚类分析[J]. 湖南地质，2002，21（4）：252-254.
[55] 杨永生，田宝珍. 跋山库区土地生态评价定量系统模型研究[J]. 山东国土资源，2006，22（3）：57-60.
[56] 苏伟，陈云浩，武永峰，等. 生态安全条件下的土地利用格局优化模拟研究——以中国北方农牧交错带为例[J]. 自然科学进展，2006，16（2）：207-214.
[57] 黄妮，刘殿伟，王宗明. 辽河中下游流域生态安全评价[J]. 资源科学，2008，30（8）：1243-1251.
[58] 田克明，王国强. 我国农用地生态安全评价及其方法探讨[J]. 地域研究与开发，2005，24（4）：79-82.
[59] 钱金平. 土地生态系统定量评价初探[J]. 城市环境与城市生态，2001，14（2）：54-57.
[60] 刘占才. 干旱区城市生态安全评价——以兰州市为例[J]. 安徽农业科学，2008，36（4）：1523-1525.
[61] 郭建宏，钱莲文，彭道黎，等. 中国区域可持续发展综合优势能力空间关联分析[J]. 长江流域资源与环境，2007，16（2）：157-162.
[62] 吴开亚，孙世群，聂磊. 生态安全的灰关联评价方法探讨[J]. 安徽农业大

学学报，2004，31（3）：368-371.

[63] 陈浩，周金星，陆中臣，等. 荒漠化地区生态安全评价——首都圈怀涞县为例[J]. 水土保持学报，2003，17（1）：58-62.

[64] 林彰平，刘湘南. 东北农牧交错带土地利用生态安全模式案例研究[J]. 生态学杂志，2002，21（6）：15-19.

[65] 左伟，王桥，王文杰，等. 区域生态安全综合评价模型分析[J]. 地理科学，2005，25（2）：209-214.

[66] 施晓清，赵景柱，欧阳志云. 城市生态安全及其动态评价方法[J]. 生态学报，2005，25（12）：3237-3243.

[67] 门宝辉，梁川. 物元模型在土地生态系统定量评价中的应用[J]. 水土保持学报，2002，16（6）：62-65.

[68] 谢花林，张新时. 城市生态安全水平的物元评判模型研究[J]. 地理与地理信息科学，2004，20（2）：87-90.

[69] 耿海波，孙虎，李根明. 陕西省农业生态安全定量评价及其发展趋势分析[J]. 农业系统科学与综合研究，2008，24（1）：36-40.

[70] 崔丽，许月卿. 河北省农用地利用集约度时空变异分析[J]. 地理科学进展，2007，26（2）：116-125.

[71] 高长波，陈新庚，韦朝海，等. 熵权模糊综合评价法在城市生态安全评价中的应用[J]. 应用生态学报，2006，17（10）：1923-1927.

[72] 官紫玲. 中国省际资源节约指数的空间差异研究[J]. 自然资源学报，2007，22（5）：718-723.

[73] 李宗尧，杨桂山. 经济快速发展地区生态环境竞争力的评价方法[J]. 长江流域资源与环境，2008，17（1）：124-128.

[74] 吴炳方，罗治敏. 基于遥感信息的流域生态系统健康评价[J]. 长江流域资源与环境，2007，16（1）：102-106.

[75] 吴开亚. 主成分投影法在区域生态安全评价中的应用[J]. 中国软科学，2003（9）：123-126.

[76] 吴开亚，何琼，孙世群. 区域生态安全的主成分投影评价模型及应用[J]. 中国管理科学，2004，12（1）：106-109.

[77] 韦仕川，吴次芳，杨杨，等. 基于 RS 和 GIS 的黄河三角洲土地利用变化及生态安全研究——以东营市为例[J]. 水土保持学报，2008，22（1）：185-189.

[78] WU Kai-ya，JIN Ju-liang，WANG Ling-jie. Assessment of regional ecological security using back propagation neural network method[J]. Resources and Environment in the Yangtze Basin，2008，17（2）：317-322.

[79] 李翔，许兆义，孟伟. 城市生态承载力研究[J]. 中国安全科学学报，2005，15（2）：3-7.

[80] 任志远，黄青. 陕西关中地区生态安全定量评价与动态分析[J]. 水土保持学报，2005，19（4）：169-172.

[81] 任志远，黄青，李晶. 陕西省生态安全及空间差异分析[J]. 地理学报，2005，60（4）：597-606.

[82] 方一平，陈国阶. 西昌市生态空间占用及其生态系统安全评估[J]. 长江流域资源与环境，2004，13（3）：212-216.

[83] 俞孔坚. 生物保护的景观生态安全格局[J]. 生态学报，1999，19（1）：8-15.

[84] 角媛梅，肖笃宁. 绿洲景观空间邻接特征与生态安全分析[J]. 应用生态学报，2004，15（1）：31-35.

[85] 左伟，张桂兰，万必文，等. 中尺度生态评价研究中格网空间尺度的选择与确定[J]. 测绘学报，2003，32（3）：267-271.

[86] 田克明，王国强. 河南省农用地生态安全评价探讨[J]. 中国生态农业学报，2007，15（1）：156-158.

[87] 许联芳，王克林，刘新平，等. 洞庭湖区农业生态安全评价[J]，2006，20（2）：183-187.

[88] Waltner-Toews D. Ecosystem health：A framework for implementing sustainability in agriculture [J]. Bio-Science，1996，46（9）：686-689.

[89] Whitford W G，Rapport D J，Desoyza A G. Using resistance and resilience measurements for fitness tests in ecosystem health[J]. Journal of Environmental Management，1995，57：21-29.

[90] Rapport D L，Regier H A，Hutchinson T C. Ecosystem behavior under stress[J]. The American naturalist，1985，125：617-640.

[91] Costanza R. Predictors of ecosystem health[A]. Rapport D J，Costanza R，Epstein P R，et al.，eds ecosystem health[C]. Malden and Oxford：Blackwell Science，1998：40-250.

[92] Jorgensen S E，Nielson S N，Mejer H. Emergy，environ，energy and ecological modeling[J]. Ecological Modeling，1995，77：99-109.

[93] Rapport D J，Costanza R，McMichael A L. Assessing ecosystem health[J]. Trends in Ecology and Evolution，1999，3：397-402.

[94] Westman W E. Ecology impact assessment，and environmental planning[M]. New York：John Wiley & Sons，1997.

[95] 曲衍波，齐伟，束宏，等. 小城镇土地生态安全评价方法及应用——以山东省汶南镇为例[J]. 安徽农业科学，2006，34（5）：998-1000.

[96] 康相武，刘雪华，张爽，等. 北京西南地区区域生态安全评价[J]. 应用生态学报，2007，18（12）：2846-2852.

[97] 王耕，王利，吴伟. 基于 GIS 的辽河干流饮用水源地生态安全演变趋势[J]. 应用生态学报，2007，18（11）：2548-2553.

[98] 陈星. 区域生态安全空间格局评价模型的研究[J]. 北京林业大学学报，2008，30（1）：21-28.

[99] 陈雷，周敬宣，李湘梅. 基于耗散结构理论的城市生态水平评价研究[J]. 长江流域资源与环境，2007，16（6）：786-790.

[100] 王宏昌，魏晶，姜萍，等. 辽西大凌河流域生态安全评价[J]. 应用生态学报，2006，17（12）：2426-2430.

[101] 邓爱珍，陈美球，林建平. 鄱阳湖区土地生态安全评价[J]. 江西农业大学学报，2006，28（5）：787-792.

[102] 王耕，吴伟. 区域生态安全机理与扰动因素评价指标体系研究[J]. 中国安全科学学报，2006，16（5）：11-16.

[103] 刘世梁，郭旭东，连纲. 黄土高原典型脆弱区生态安全多尺度评价[J]. 应用生态学报，2007，18（7）：1554-1559.

[104] 李晶，任志远. GIS 支持下陕北黄土高原生态安全评价[J]. 资源科学，2008，30（5）：732-736.

[105] 赵有益，龙瑞军，林慧龙，等. 草地生态系统安全及其评价研究[J]. 草业学报，2008，17（2）：143-150.

[106] 巴日斯，安慧君，柳振龙，等. 额济纳绿洲景观邻接特征与生态安全评价[J]. 安全与环境学报，2008，8（4）：81-84.

[107] 李芬，王继军. 黄土丘陵区纸坊沟流域近 70 年农业生态安全评价[J]. 生态学报，2008，28（5）：2380-2388.

[108] 曲衍波，齐伟，商冉，等. 基于 GIS 的山区县域土地生态安全评价[J]. 中国土地科学，2008，22（4）：38-44.

[109] 荆玉平，张树文，李颖. 基于景观结构的城乡交错带生态风险分析[J]. 生态学杂志，2008，27（2）：229-234.
[110] 杨俊，李雪铭，张云. 基于因果网络模型的城市生态安全空间分异——以大连市为例[J]. 生态学报，2008，28（6）：2774-2783.
[111] 杨子生，刘彦随，贺一梅，等. 山区县域土地利用生态友好性评价原理、方法及实践[J]. 自然资源学报，2008，23（4）：600-611.
[112] 魏婷，朱晓东，李杨帆，等. 突变级数法在厦门城市生态安全评价中的应用[J]. 应用生态学报，2008，19（7）：1522-1528.
[113] 王娟，崔保山，姚华荣，等. 纵向岭谷区澜沧江流域景观生态安全时空分异特征[J]. 生态学报，2008，28（4）：1681-1690.
[114] 杨子生. 论土地生态规划设计[J]. 云南大学学报（自然科学版），2002，24（2）：114-124.
[115] 张爱国，张淑莉，秦作栋. 土地生态设计方法及其在晋西北土地荒漠化防治中的应用[J]. 中国沙漠，1999，19（1）：46-50.
[116] 曹可. 土地生态类型规划与设计方法探讨——以舒兰县水曲柳乡为例[J]. 资源科学，2001，23（5）：46-51.
[117] 吴次芳，丁敏. 城市土地生态规划探析——以杭州市为例[J]. 生态经济，1996（5）：41-43.
[118] 李杰. 土地生态经济规划探讨[J]. 江苏农村经济，2005（3）：42-43.
[119] Huete A R. A Soil-Adjusted Vegetation Index（SAVI） [J]. Remote Sensing of Environment，1988，25：295-309.
[120] Rundquist D，Lawson M，Queen L，et al. The Relationship Between the Timing of Summer-Season Rainfall Events and Lake-Surface Area [J]. Water Resources Bulletin，1987，23（3）：493-508.
[121] 杜云艳，周成虎. 水体的遥感信息自动提取方法[J]. 遥感学报，1998，2（4）：264-269.
[122] 都金康，黄永胜，冯学智，等. SPOT 卫星影像的水体提取方法及分类研究[J]. 遥感学报，2001，5（3）：214-219.
[123] Mc Feeters S K. The Use of Normalized Difference Water Index（NDWI） in the Delineation of Open Water Features [J]. International Journal of Remote Sensing，1996，17（7）：1425-1432.
[124] 徐涵秋. 利用改进的归一化差异水体指数（MNDWI）提取水体信息的研

究[J]. 遥感学报，2005，9（5）：589-595.
[125] 杨存建，周成虎. TM 影像的居民地信息提取方法研究[J]. 遥感学报，2000，4（2）：146-150.
[126] 杨山. 发达地区城乡聚落形态的信息提取与分形研究——以无锡市为例[J]. 地理学报，2000，55（6）：671-678.
[127] 查勇，倪绍祥，杨山. 一种利用 TM 图像自动提取城镇用地信息的有效方法[J]. 遥感学报，2003，7（1）：37-41.
[128] 李秀彬. 全球环境变化研究的核心领域——土地利用/土地覆被变化的国际研究动向[J]. 地理学报，1996，51（6）：553-558.
[129] 欧阳志云，王如松，赵景柱. 生态系统服务功能及其生态经济价值评价[J]. 应用生态学报，1999，10（5）：635-640.
[130] 吴钢，肖寒，赵景柱，等. 长白山森林生态系统服务功能[J]. 中国科学（C辑），2001，31（5）：471-480.
[131] 陈百明，刘新卫，杨红. LUCC 研究的最新进展评述[J]. 地理科学进展，2003，22（1）：22-29.
[132] Lambin E F，Baulies X，Bockstael N，et al. Land use and land cover change：Implementation strategy. IGBP Report No. 48 and IHDP Report No. 10，Stockholm：IGBP，1999.
[133] Turner II B L，Skole D，Sanderson S，et al. Land use and land cover change（LUCC） implementation strategy. IGBP Report No. 48 and HDP Report No. 10，Stockholm：IGBP，1999.
[134] 张镱锂，聂勇，吕晓芳. 中国土地利用文献分析及研究进展[J]. 地理科学进展，2008，27（6）：1-11.
[135] 于兴修，杨桂山，王瑶. 土地利用/覆被变化的环境效应研究进展与动向[J]. 地理科学，2004，24（5）：627-633.
[136] 王兵，臧玲. 我国土地利用/土地覆被变化研究近期进展[J]. 地域研究与开发，2006，25（2）：86-91.
[137] 刘新卫，陈百明，史学正. 国内 LUCC 研究进展综述[J]. 土壤，2004，36（2）：132-135.
[138] 朱会义，李秀彬，何书金，等. 环渤海地区土地利用的时空变化分析[J]. 地理学报，2001，56（3）：253-260.
[139] 陈群元，尹长林，陈光辉. 长沙城市形态与用地类型的时空演化特征[J]. 地

理科学，2007，27（2）：273-280.

[140] 吴文斌，杨鹏，柴崎亮介，等. 基于 Agent 的土地利用/土地覆盖变化模型的研究进展[J]. 地理科学，2007，27（4）：573-578.

[141] 岳书平，张树文，闫业超. 东北样带土地利用变化对生态服务价值的影响[J]. 地理学报，2007，62（8）：879-886.

[142] 摆万奇，赵士洞. 土地利用和土地覆盖变化研究模型综述[J]. 自然资源学报，1997，12（2）：169-175.

[143] 王秀兰，包玉海. 土地利用动态变化研究方法探讨[J]. 地理科学进展，1999，18（1）：81-87.

[144] 史培军，宫鹏. 土地利用/土地覆被变化研究的方法与实践[M]. 北京：科学出版社，2000.

[145] 朱会义，李秀彬. 关于区域土地利用变化指数模型方法的讨论[J]. 地理学报，2003，58（5）：643-650.

[146] 陈述彭. 地学信息图谱探索研究[M]. 北京：商务印书馆，2001.

[147] 廖克. 地学信息图谱的探讨与展望[J]. 地球信息科学，2002，（1）：14-20.

[148] 傅肃性. 遥感专题分析与地学信息图谱[M]. 北京：科学出版社，2002.

[149] 齐清文. 地学信息图谱的最新进展[J]. 测绘科学，2004，28（6）：15-23

[150] 陈燕，齐清文，杨桂山. 地学信息图谱的基础理论探讨[J]. 地理科学，2006，26（3）：306-310.

[151] 廖克. 现代地图学[M]. 北京：科学出版社，2003

[152] 陈述彭. 地理科学的信息化与现代化[J]. 地理科学，2001，21（3）：193-197

[153] 陈燕，齐清文，汤国安. 黄土高原坡度转换图谱研究[J]. 干旱地区农业研究，2004，22（3）：180-185.

[154] 齐清文. 数字地图的理论、方法和技术体系[J]. 测绘科学，2005，30（6）：15-18.

[155] 廖克. 中国自然景观综合信息图谱的建立原则与方法[J]. 地理学报，2001（56）：19-25.

[156] 李仁杰，郭风华，张军海，等. 双坐标系组合图在地球信息图谱化中的应用[J]. 测绘科学，2006，31（3）：89-91.

[157] 叶庆华，刘高焕，陆洲，等. 基于 GIS 的时空复合体——土地利用变化图谱模型研究方法[J]. 地理科学进展，2002，21（4）：349-357.

[158] 叶庆华，刘高焕，田国良，等. 黄河三角洲土地利用时空复合变化图谱分析[J]. 中国科学（D 辑），2004，34（5）：461-474.

[159] 樊玉山，刘纪远. 西藏自治区土地利用[M]. 北京：科学出版社，1994.

[160] 王思远，刘纪远，张增祥，等. 中国土地利用时空特征分析[J]. 地理学报，2001，56（6）：631-639.

[161] 徐岚，赵羿. 利用马尔科夫过程预测东陵区土地利用格局的变化[J]. 应用生态学报，1993，4（3）：272-277.

[162] BURGI M，RUSSELL E W B. Integrative methods to study landscape change[J]. Landscape Use Policy，2001，18（1）：9-16.

[163] ARES J，BERTILLER M，H'ECTOR DEL VALLE. Functional and structural landscape indicators of intensification，resilience and resistance in agro ecosystems in southern Argentina based on remotely sensed data [J]. Landscape Ecology，2001，16：221-234.

[164] 刘纪远，刘明亮，庄大方，等. 中国近期土地利用变化的空间布局分析[J]. 中国科学（D 辑），2002，32（12）：1031-1039.

[165] 吴波，慈龙峻. 毛乌素沙地景观格局变化研究[J]. 生态学报，2001，21（2）：191-196.

[166] 潘竟虎，刘菊玲. 黄河源区土地利用与景观格局变化[J]. 水保持通报，2005，25（1）：29-32.

[167] 于兴修，杨佳山，李恒鹏. 典型流域土地利用/覆被变化及其景观生态效应[J]. 自然资源学报，2003，18（1）：13-19

[168] 摆万奇，阎建忠，张镱锂. 大渡河上游地区土地利用/土地覆被变化与驱动力分析[J]. 地理科学进展，2004，23（1）：71-77.

[169] 王永军，李团胜，刘康，等. 榆林地区景观格局分析及其破碎化评价[J]. 资源科学，2005，27（2）：161-166.

[170] HU H S，WEI M C，TANG J G，et al. The landscape pattern changes and simulation in Lushan Mountain national park [J]. Acta Ecologica Sinica，2007，27（11）：4696-4706.

[171] 刘家福，王平，李京，等. 土地利用格局景观指数算法与应用[J]. 地理与地理信息科学，2009，25（1）：107-109.

[172] 陶军德，梁庆燕，刘伟. 土地承载力研究方法评述[J]. 黑龙江水专学报，1997，1（2）：50-54.

[173] 王礼先. 水土保持学[M]. 北京：中国林业出版社，1995.
[174] 李相玺，尹忠东，何长高. 土地生产潜力研究综述[J]. 水土保持学报，2001，15（5）：33-36.
[175] Loomis R S，Willians W A. Maximum crop productivity：an estimate. Crop Science，1963，3（1）：67-72.
[176] 黄秉维. 自然条件与作物生产—光合潜力[M]. 北京：中国农业科学院情报所，1978.
[177] 封志明. 资源科学导论[M]. 北京：科学出版社，2004.
[178] 黄秉维. 中国农业生产潜力—光合生产潜力[J]. 地理集刊（第17号），1985：15-22.
[179] 杨重一，庞士力，孙彦坤. 作物生产潜力研究现状与趋势[J]. 东北农业大学学报，2008，39（7）：140-144.
[180] 郭秀锐，毛显强. 中国土地承载力计算方法研究综述[J]. 地球科学进展，2000，15（6）：705-711.
[181] 戴进，聂庆华. 陕北黄土高原土地生产力与人口适宜容量研究[J]. 自然资源，1997，（6）：10-18.
[182] Cutforch H W，Shay Kewich C F. A temperature response function for corn development[J]. Agric For Meteorol，1990，50：159-171.
[183] 于沪宁，赵丰收. 光热资源和农作物的光热生产潜力[J]. 气象学报，1982，（3）：327-334.
[184] 侯光良，刘允芬. 我国气候生产潜力及其分区[J]. 自然资源学报，1990，5（1）：60-65.
[185] 张强，杨贤为，黄朝迎. 近30年气候变化对黄土高原地区玉米生产潜力的影响[J]. 中国农业气象，1995，16（6）：19-23.
[186] 谢云，王晓岚，林燕. 近40年中国东部地区夏秋粮作物农业气候生产潜力时空变化[J]. 资源科学，2003，5（2）：7-13.
[187] 黄明斌，李玉山. 黄土塬区旱作冬小麦增产潜力研究[J]. 自然资源学报，2000，15（2）：143-148.
[188] 郭建平，高素华，潘亚茹，等. 东北地区农业气候生产潜力及其开发利用对策[J]. 气象，1995，21（2）：3-9.
[189] 刘纪远，徐新良，庄大方，等. 20世纪90年代LUCC过程对中国农田光温生产潜力的影响——基于气候观测与遥感土地利用动态观测数据[J]. 中

国科学（D辑）——地球科学，2005，35（6）：483-492.
[190] 丁德峻，张旭晖. 粮食作物气候——土壤生产潜力探讨[J]. 气象科学，1993，11（1）：83-89.
[191] 沈思渊，席承藩. 淮北涡河流域农业自然生产潜力模型与分析[J]. 自然资源学报，1991，6（1）：23-33.
[192] 刘扬，贾树海，那波. 土地生产潜力计算方法研究[J]. 中国农学通报，2005，21（12）：376-381.
[193] 朱志辉，张福春. 我国陆地生态系统的植物太阳能利用率[J]. 生态学报，1985，5（4）：343-356.
[194] 康西言，马辉杰. 河北省气候生产潜力的估算与区划[J]. 中国农业气象，2008，29（1）：37-41.
[195] 张宏利，陈豫，胡伟，等. 陕西省户县气候生产潜力分析[J]. 水土保持研究，2009，16（1）：111-114.
[196] 常庆瑞，李岗，冯立孝. 乾县试区土地农业生产潜力估算与分析[J]. 干旱地区农业研究，1993，11（增刊）：106-112.
[197] Sellers P J，S O Los，C J Tucker，et al. A revised land surface parameterization（Sib2） for atmospheric gems. Part Ⅱ：The generation of global fields of terrestrial biophysical parameters from satellite data [J]. Journal of Climate，1996，9：706-737.
[198] 姚延娟，刘强，柳钦火，等. 遥感模型多参数反演相互影响机理的研究[J]. 遥感学报，2008，12（1）：1-8.
[199] 高晓岚，汪小钦. 多源遥感数据在植被识别和提取中的应用[J]. 资源科学，2008，30（1）：153-158.
[200] 盖永芹，李晓兵，张立，等. 土地利用/覆被变化与植被盖度的遥感监测——以北京市密云县为例[J]. 资源科学，2009，31（3）：523-529.
[201] 高素华，郭建平，刘玲，等. 中国北方地区植被覆盖率的遥感解译及水土保持作用系数推算研究[J]. 水土保持学报，2001，15（3）：65-68.
[202] 李存军，王纪华，刘良云，等. 基于数字照片特征的小麦覆盖率自动提取研究[J]. 浙江大学学报（农业与生命科学版），2004，30（6）：650-656.
[203] 杨秀春，徐斌，朱晓华，等. 北方农牧交错带草原产草量遥感监测模型[J]. 地理研究，2007，26（2）：213-222.

[204] 姜立鹏，覃志豪，谢雯，等. 中国草地生态系统服务功能价值遥感估算研究[J]. 自然资源学报，2007，22（2）：161-170.
[205] 陈晋，陈云浩，何春阳，等. 基于土地覆盖分类的植被覆盖率估算亚像元模型与应用[J]. 遥感学报，2001，5（6）：416-422.
[206] 马超飞，马建文，布和敖斯尔. USLE 模型中植被覆盖因子的遥感数据定量估算[J]. 水土保持通报，2001，21（4）：6-9.
[207] Duncan J，Stow D，Franklin J，et al. Assessing the relationship between spectral vegetation indices and shrub coverage in the Jornada Basin，New Mexico [J]. International Journal Remote Sensing，1993，14（18）：3395-3416.
[208] Larsson H. Linear regressions for canopy coverage estimation in Acacia woodlands using Land sat-TM，-MSS and SPOT HRV XS data [J]. International Journal Remote Sensing，1993，14（11）：2129-2136.
[209] 池宏康. 沙地油蒿群落覆盖度的遥感定量化研究[J]. 植物生态学报，2000，24（4）：494-497.
[210] 张仁华. 实验遥感模型及地面基础[M]. 北京：科学出版社，1996：87-110.
[211] 张志强，徐中民，程国栋. 生态系统服务与自然资本价值评估[J]. 生态学报，2001，21（11）：1919-1926.
[212] Costanza R，d'Arge R，de Groot R，et al. The value of the world's ecosystem services and nature [J]. Nature，1997，387：253-260.
[213] Gretchen C Dally. Nature's Service：Societal Dependence on Nature Ecosystems [M]. Washington D.C.：Island Press，1997.
[214] 毕绪岱，杨永辉，许振华，等. 河北省森林生态经济效益研究[J]. 河北林业科技，1992，1-5.
[215] 侯兆元，张佩昌，王琦，等. 中国森林资源核算研究[M]. 北京：中国林业出版社，1995.
[216] 李金昌. 生态价值论[M]. 重庆：重庆大学出版社，1999.
[217] 欧阳志云，王效科，苗鸿. 中国陆地生态系统服务功能及其生态经济价值的初步研究[J]. 生态学报，1999，19（5）：607-613.
[218] 黄兴文，陈百明. 中国生态资产区划的理论与应用[J]. 生态学报，1999，19（5）：602-606.
[219] 陈仲新，张新时. 中国生态系统效益的价值[J]. 科学通报，2000，45（1）：17-22.

[220] 肖寒，欧阳志云，赵景柱. 海南岛生态系统土壤保持空间分布特性及生态经济价值评估[J]. 生态学报，2000，20（4）：552-558.
[221] 张颖. 中国森林生物多样性评价[M]. 北京：中国林业出版社，2002.
[222] 姜文来. 森林涵养水源的价值核算研究[J]. 水土保持学报，2003，17（2）：34-40.
[223] 谢高地，鲁春霞，冷允法，等. 青藏高原生态资产的价值评估[J]. 自然资源学报，2003，18（2）：189-196.
[224] 李晶，任志远. 秦巴山区植被涵养水源价值测评研究[J]. 水土保持学报，2003，17（4）：132-134.
[225] 杜丽娟，柳长顺，王冬梅. 黄土高原水土流失区森林资源价值核算[J]. 水土保持学报，2004，18（1）：93-95.
[226] 谢高地，甄霖，鲁春霞，等. 一个基于专家知识的生态系统服务价值化方法[J]. 自然资源学报，2008，23（5）：911-919.
[227] 赵景柱，肖寒，吴钢. 生态系统服务的物质量与价值量评价方法的比较[J]. 应用生态学报，2000，11（2）：290-292.
[228] 谢高地，鲁春霞，成升魁. 全球生态系统服务价值评估研究进展[J]. 资源科学，2001，23（6）：5-10.
[229] 傅伯杰，陈利顶，马克明，等. 景观生态学原理及应用[M]. 北京：科学出版社，2001.
[230] 傅伯杰，陈利顶，王军，等. 土地利用结构与生态过程[J]. 第四纪研究，2003，23（3）：247-255.
[231] 邬建国. 景观生态学——格局、过程、尺度与等级[M]. 北京：高等教育出版社，2000.
[232] 董哲仁. 河流生态修复的尺度格局和模型[J]. 水利学报，2006，37（12）：1476-1481.
[233] 胡巍巍，王根绪，邓伟. 景观格局与生态过程相互关系研究进展[J]. 地理科学进展，2008，27（1）：18-24.
[234] 曾辉，刘国军. 基于景观结构的区域生态风险分析[J]. 中国环境科学，1999，20（1）：43-45.
[235] 臧淑英，梁欣，张思冲. 基于 GIS 的大庆市土地利用生态风险分析[J]. 自然灾害学报，2005，14（4）：141-145.
[236] 徐建华. 地理统计分析[M]. 兰州：兰州大学出版社，1991.

[237] 汤国安，杨昕. ArcGIS 地理信息系统空间分析试验教程[M]. 北京：科学出版社，2006.
[238] 王圆圆，李京. 遥感影像土地利用/覆盖分类方法研究综述[J]. 地理信息，2004，(1)：53-59.
[239] 李石华，王金亮，毕艳，等. 遥感图像分类方法研究综述[J]. 国土资源遥感，2005，64（2）：1-6.
[240] 刘仁钊，廖文峰. 遥感图像分类应用研究综述[J]. 地理空间信息，2005，3（5）：11-13.

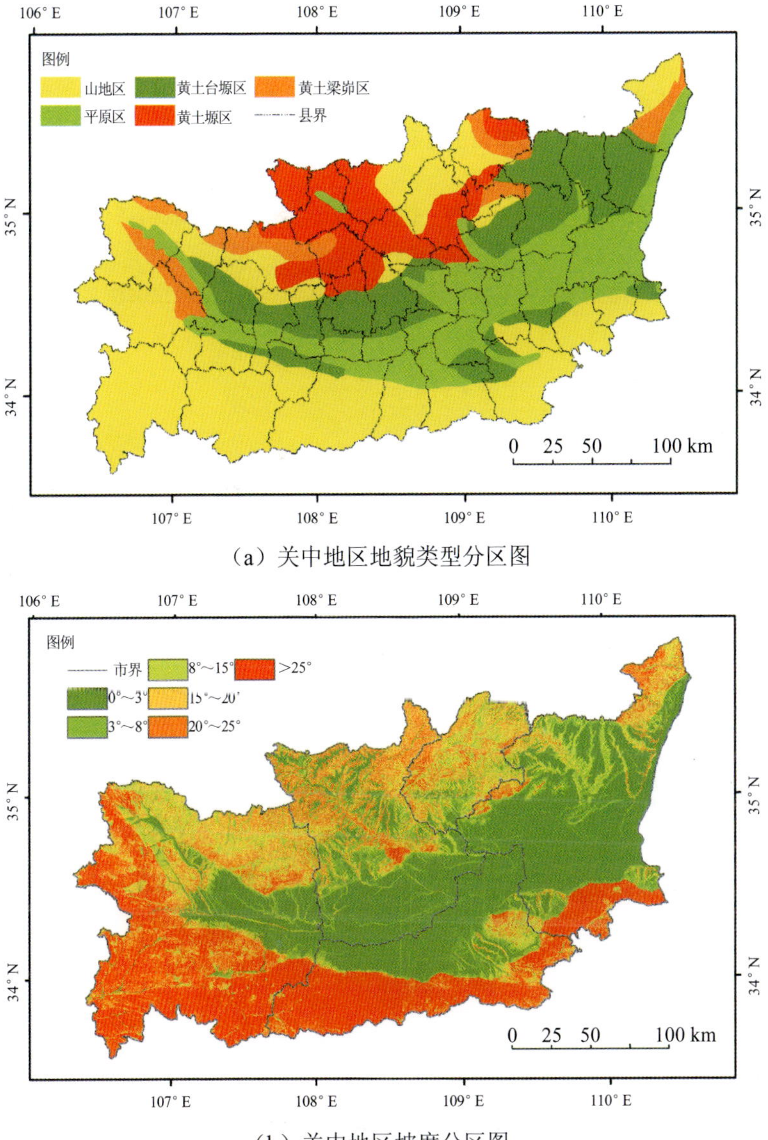

（a）关中地区地貌类型分区图

（b）关中地区坡度分区图

彩图 1-1　关中地区地貌类型及坡度分区图

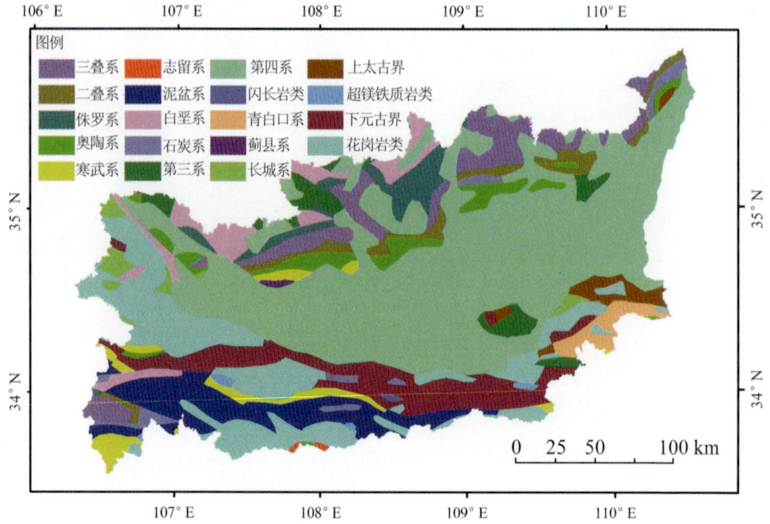

彩图 1-2　关中地区地层分布图

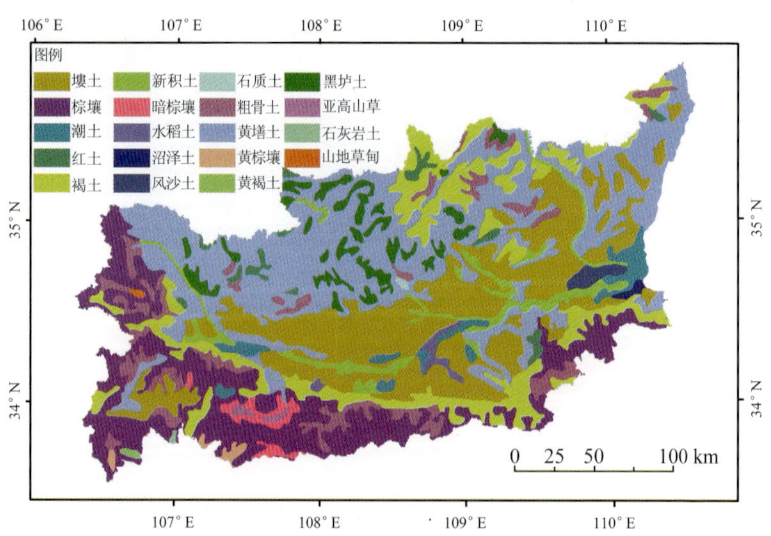

彩图 1-3　关中地区土壤类型分布图

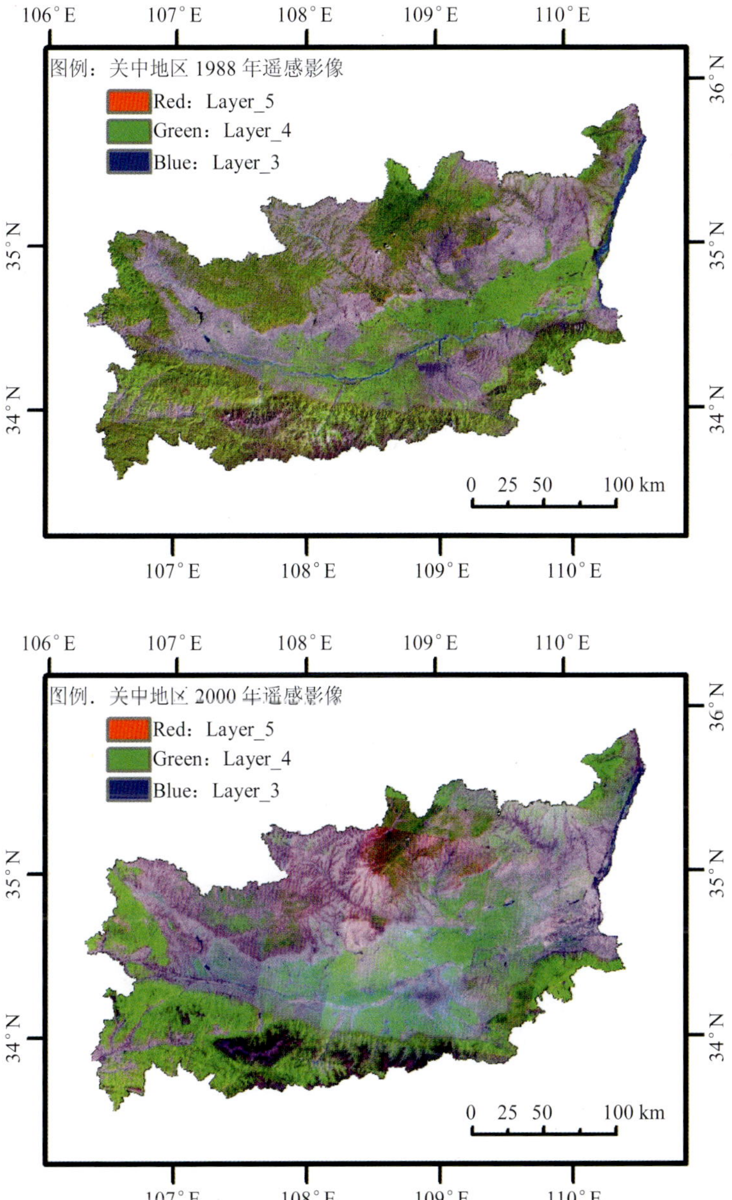
106°E
107°E
108°E
109°E
110°E
图例：关中地区 1988 年遥感影像
Red：Layer_5
Green：Layer_4
Blue：Layer_3
36°N
35°N
34°N
0 25 50 100 km
107°E
108°E
109°E
110°E
106°E
107°E
108°E
109°E
110°E
图例. 关中地区 2000 年遥感影像
Red：Layer_5
Green：Layer_4
Blue：Layer_3
36°N
35°N
34°N
0 25 50 100 km
107°E
108°E
109°E
110°E

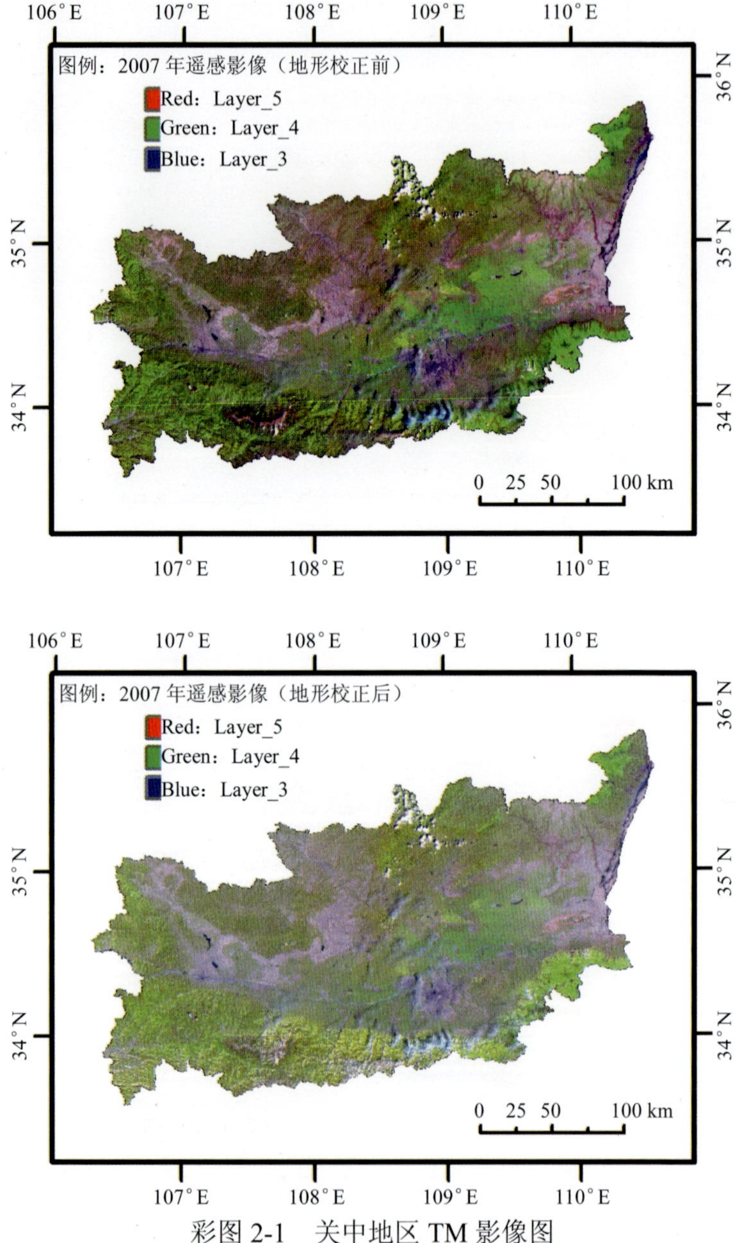

彩图 2-1　关中地区 TM 影像图

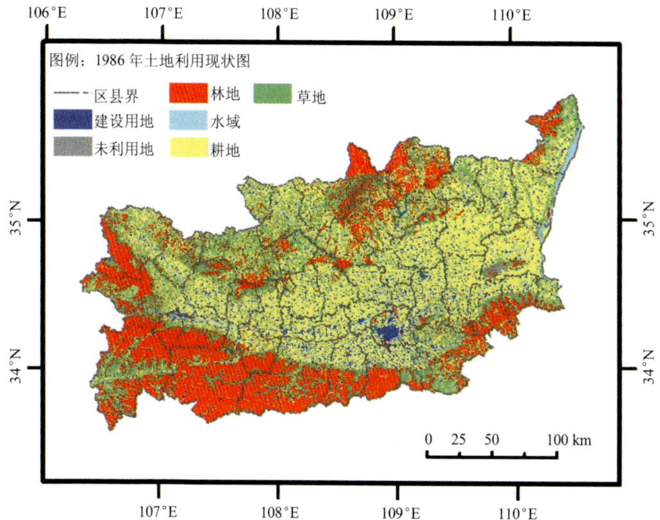
106°E
107°E
108°E
109°E
110°E
图例：1986年土地利用现状图
区县界
林地
草地
建设用地
水域
未利用地
耕地
35°N
34°N
0 25 50 100 km

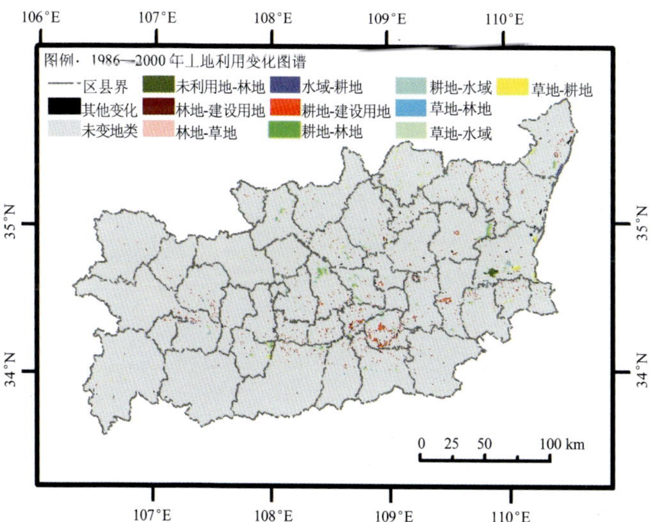
106°E
107°E
108°E
109°E
110°E
图例：1986—2000年土地利用变化图谱
区县界
未利用地-林地
水域-耕地
耕地-水域
草地-耕地
其他变化
林地-建设用地
耕地-建设用地
草地-林地
未变地类
林地-草地
耕地-林地
草地-水域
35°N
34°N
0 25 50 100 km

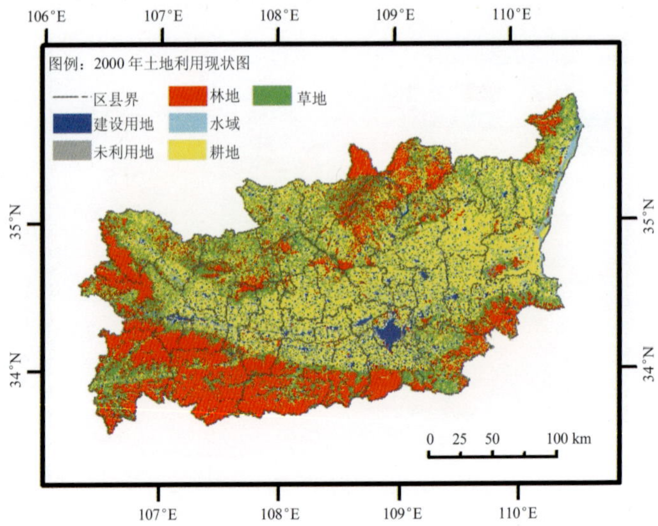

图例：2000 年土地利用现状图
区县界
林地
草地
建设用地
水域
未利用地
耕地
0 25 50 100 km
106°E
107°E
108°E
109°E
110°E
35°N
34°N

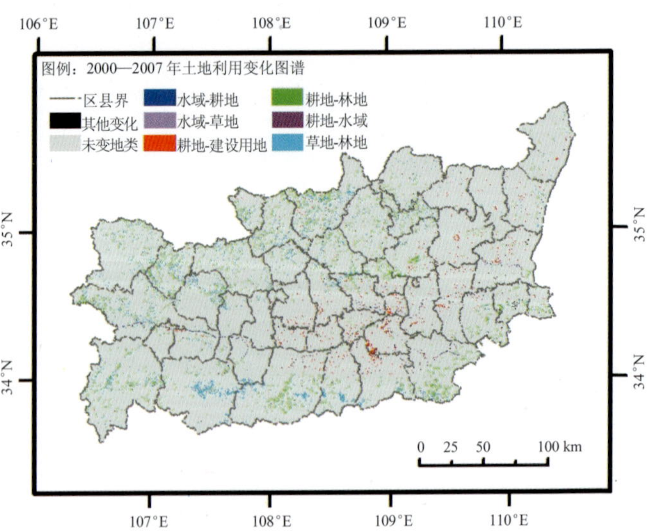

图例：2000—2007 年土地利用变化图谱
区县界
水域-耕地
耕地-林地
其他变化
水域-草地
耕地-水域
未变地类
耕地-建设用地
草地-林地
0 25 50 100 km
106°E
107°E
108°E
109°E
110°E
35°N
34°N

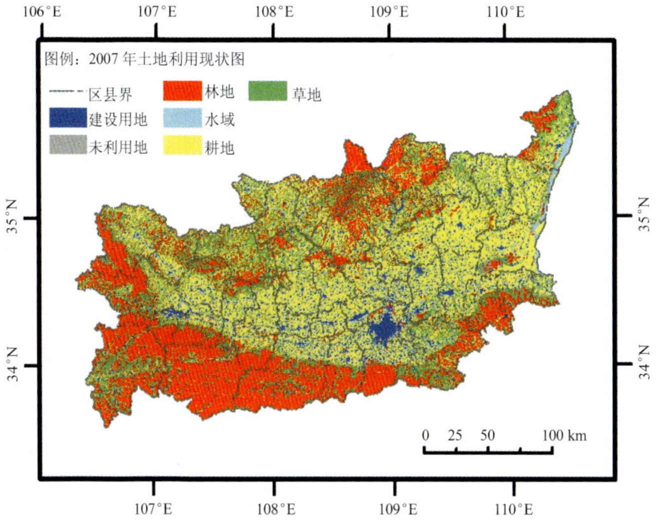

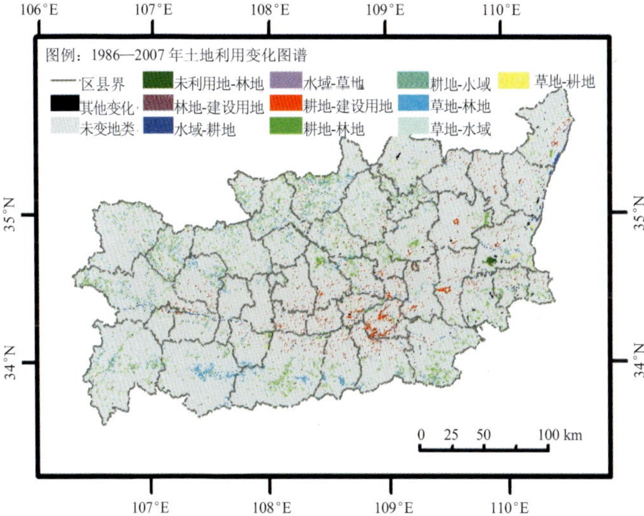

彩图 3-1　关中地区 1986—2007 年土地利用现状及变化图谱

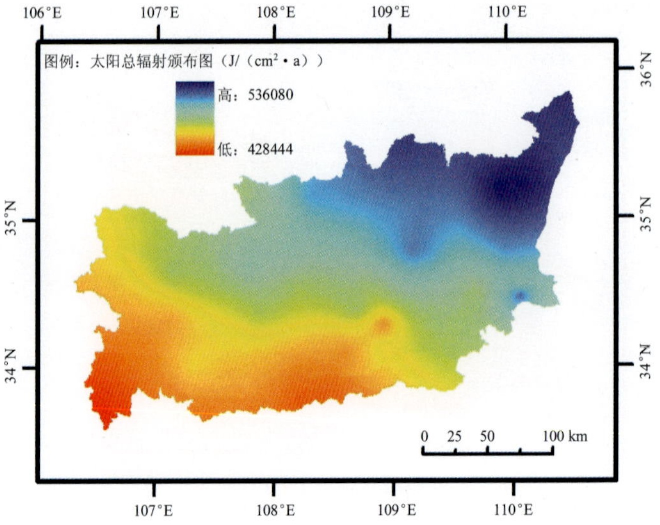
106°E
107°E
108°E
109°E
110°E
图例：太阳总辐射颁布图（J/（cm²·a））
高：536080
低：428444
36°N
35°N
34°N
0 25 50 100 km

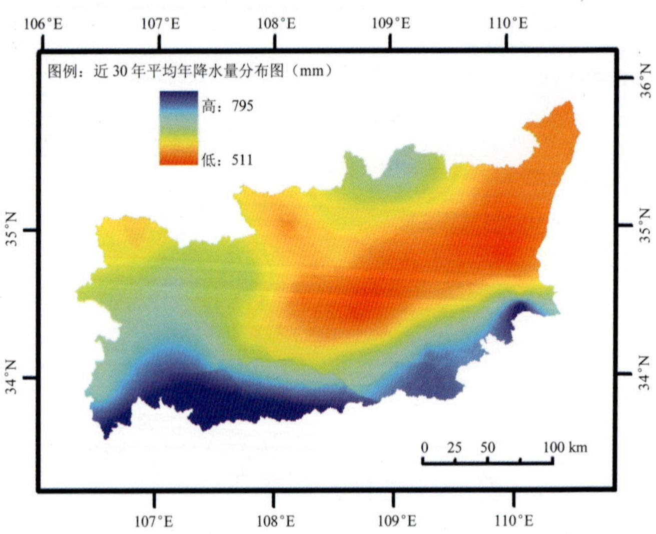
106°E
107°E
108°E
109°E
110°E
图例：近30年平均年降水量分布图（mm）
高：795
低：511
36°N
35°N
34°N
0 25 50 100 km

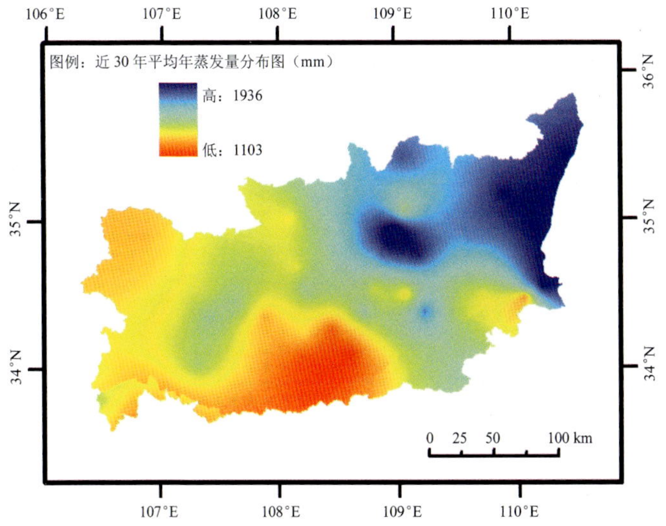

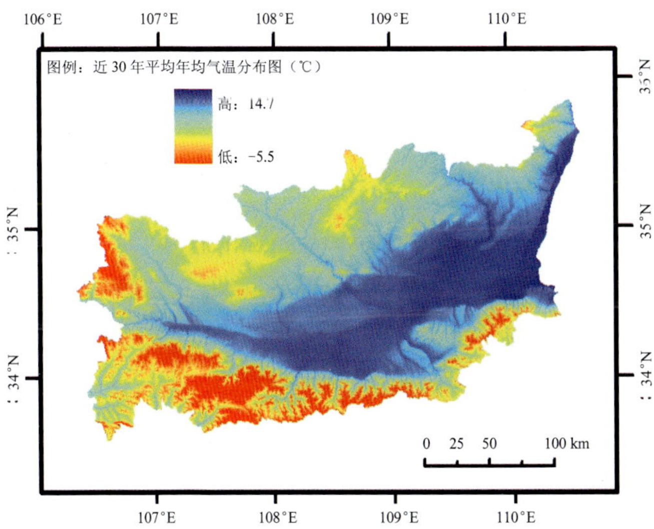

彩图 4-1 关中地区气候因子分布图

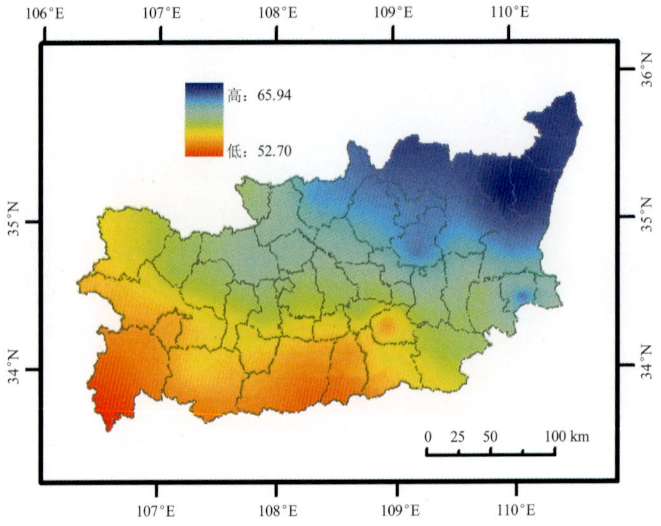

（a）关中地区光合潜力分布图

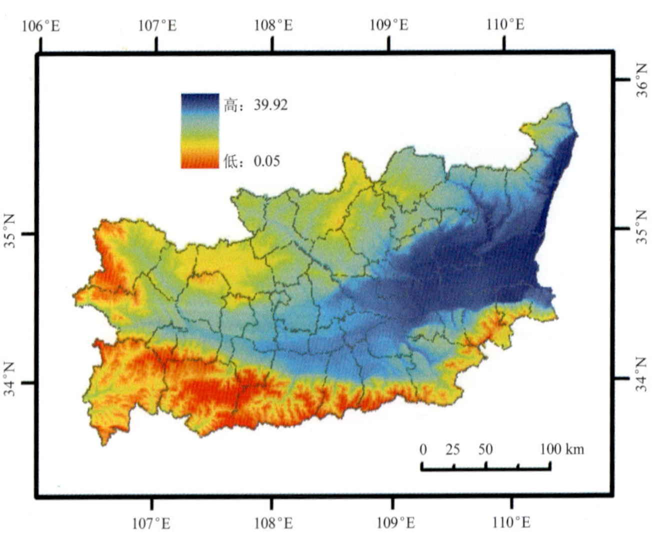

（b）关中地区光温潜力分布图

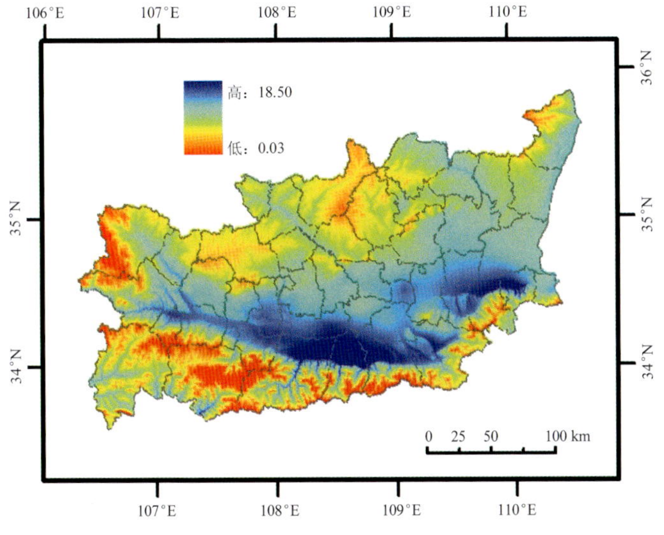

（c）关中地区气候潜力分布图

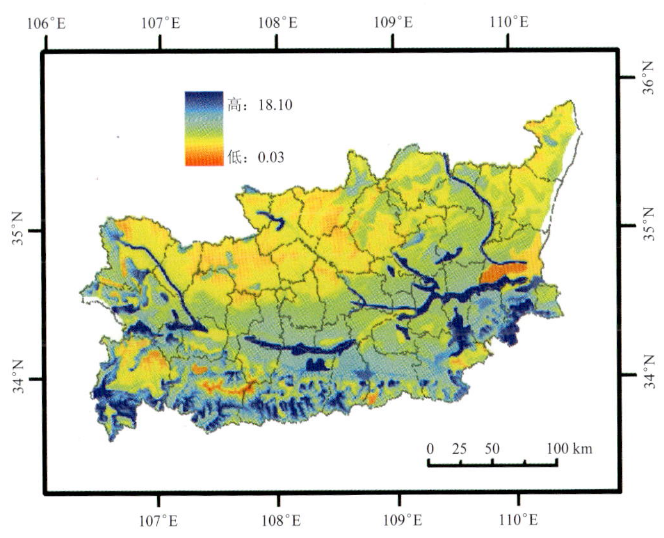

（d）关中地区土壤潜力分布图　　单位：t/（hm^2・a）

彩图 4-2　关中地区土地生产潜力分布图

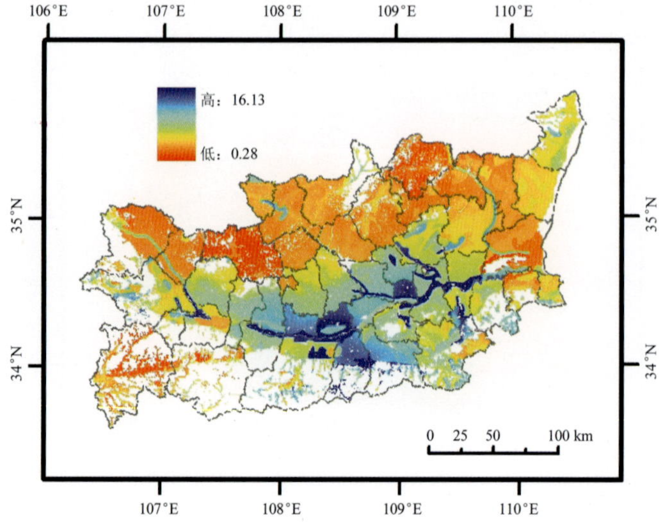

（a）1986 年耕地单产分布图　　单位：t/hm²

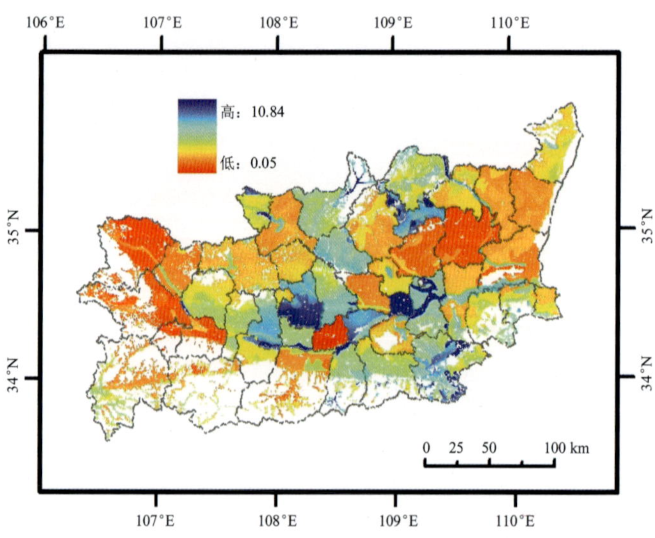

（b）1986—2000 年耕地单产变化图　　单位：t/hm²

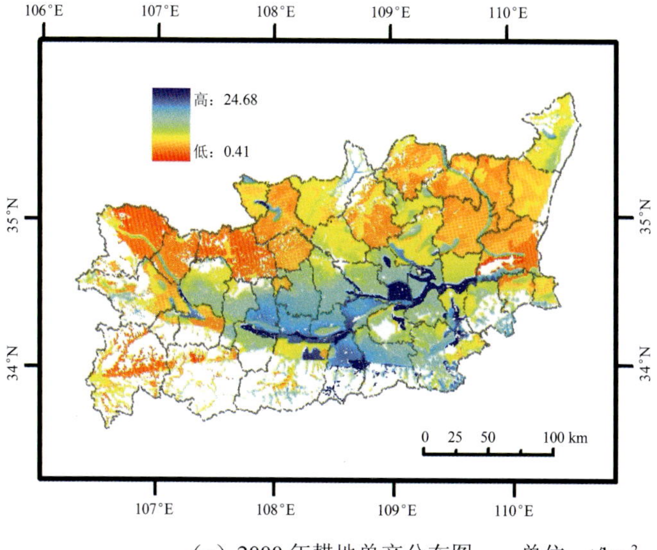

（c）2000 年耕地单产分布图　　单位：t/hm^2

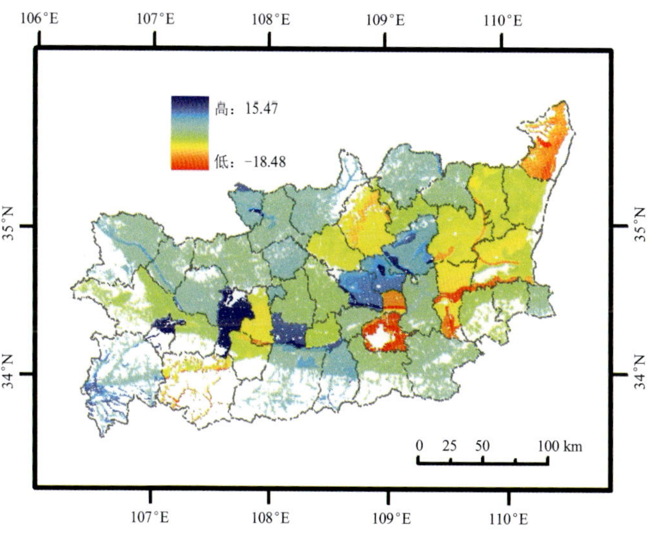

（d）2000—2007 年耕地单产变化图　　单位：t/hm^2

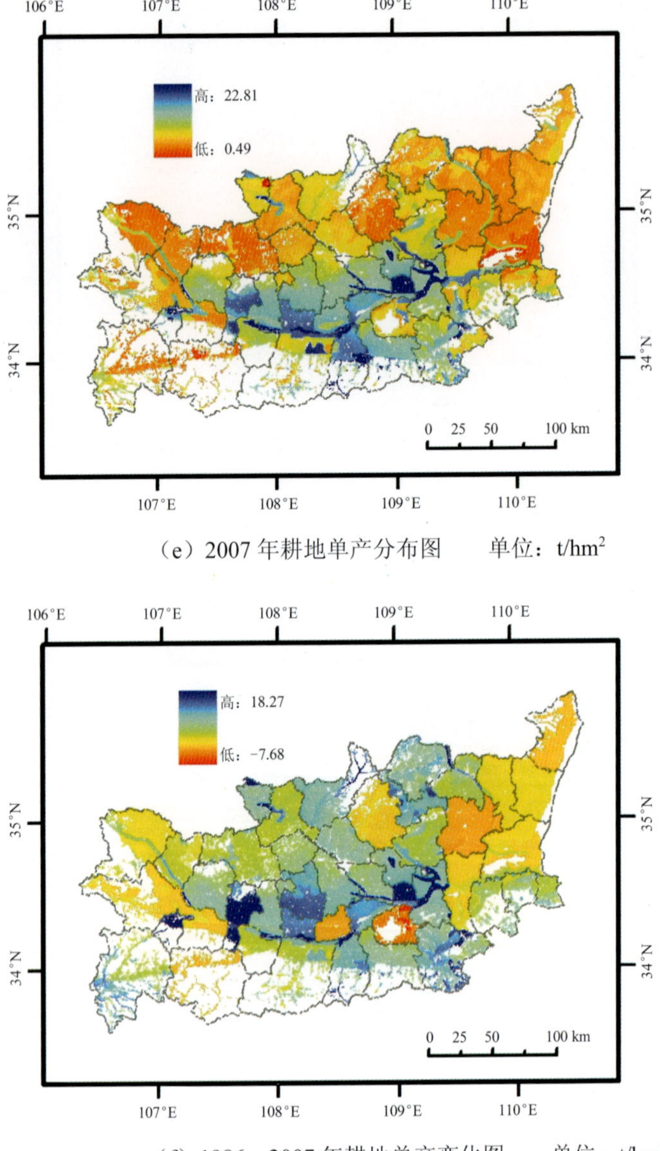

（e）2007 年耕地单产分布图　　单位：t/hm²

（f）1986—2007 年耕地单产变化图　　单位：t/hm²

彩图 4-3　关中地区 1986—2007 年耕地单产及其变化图

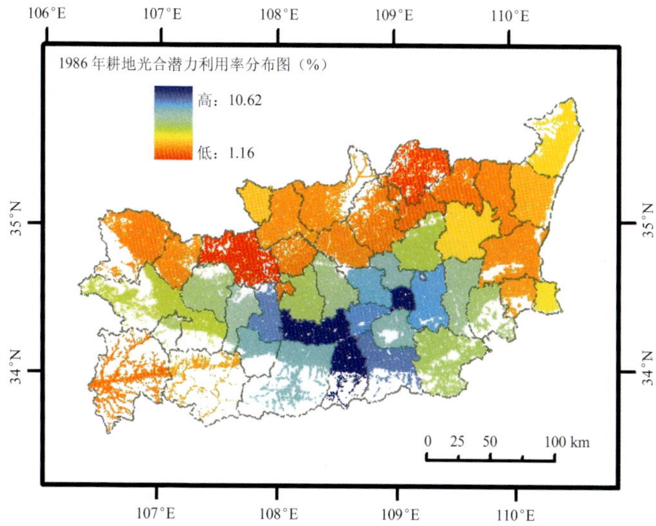
1986年耕地光合潜力利用率分布图（%）
高：10.62
低：1.16
106°E
107°E
108°E
109°E
110°E
35°N
34°N
0 25 50 100 km

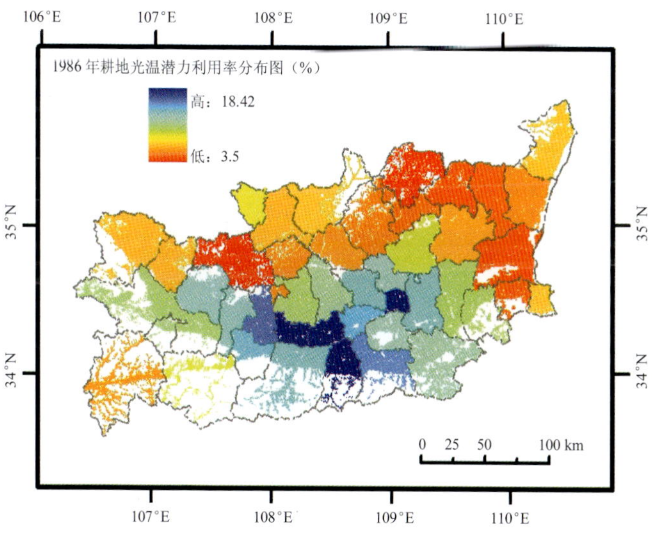
1986年耕地光温潜力利用率分布图（%）
高：18.42
低：3.5
106°E
107°E
108°E
109°E
110°E
35°N
34°N
0 25 50 100 km

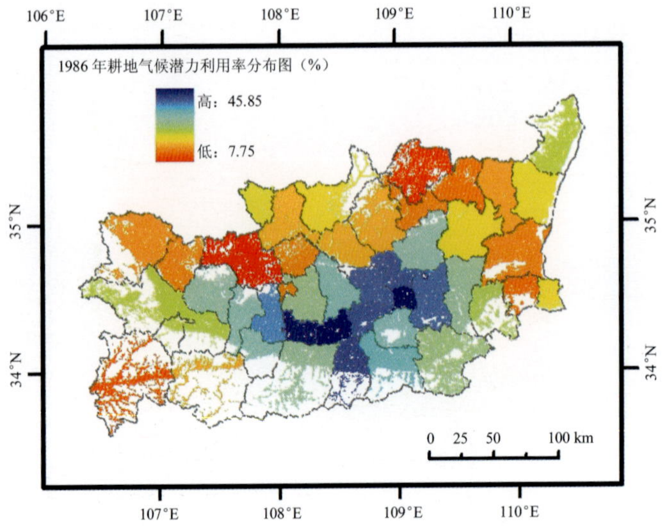

106°E
107°E
108°E
109°E
110°E
1986年耕地气候潜力利用率分布图（%）
高：45.85
低：7.75
35°N
34°N
0 25 50 100 km

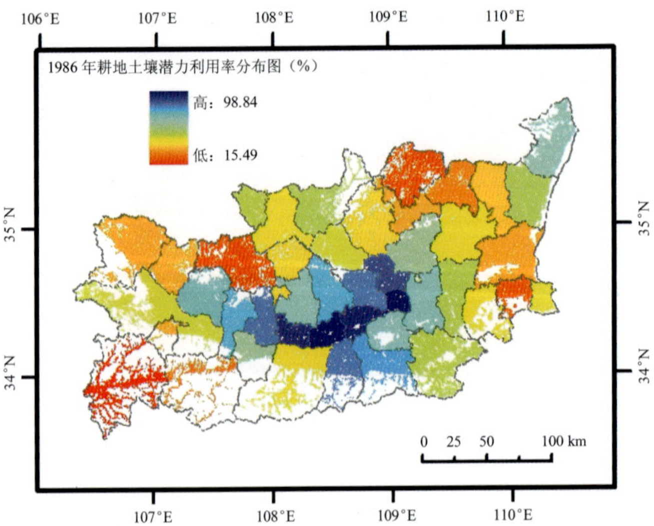

106°E
107°E
108°E
109°E
110°E
1986年耕地土壤潜力利用率分布图（%）
高：98.84
低：15.49
35°N
34°N
0 25 50 100 km

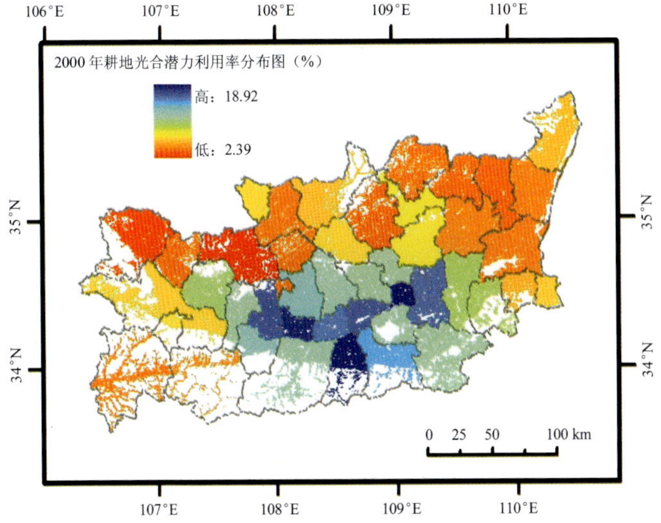
106°E
107°E
108°E
109°E
110°E
2000年耕地光合潜力利用率分布图（%）
高：18.92
低：2.39
35°N
34°N
0 25 50 100 km

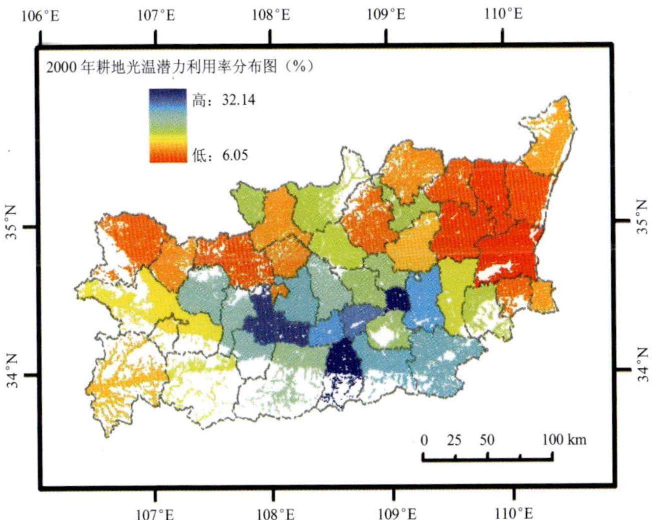
106°E
107°E
108°E
109°E
110°E
2000年耕地光温潜力利用率分布图（%）
高：32.14
低：6.05
35°N
34°N
0 25 50 100 km

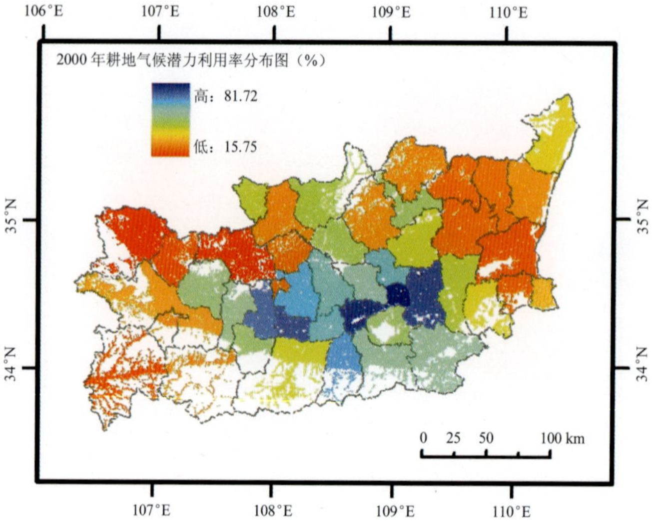
2000年耕地气候潜力利用率分布图（%）
高：81.72
低：15.75
106°E
107°E
108°E
109°E
110°E
35°N
34°N
0 25 50 100 km

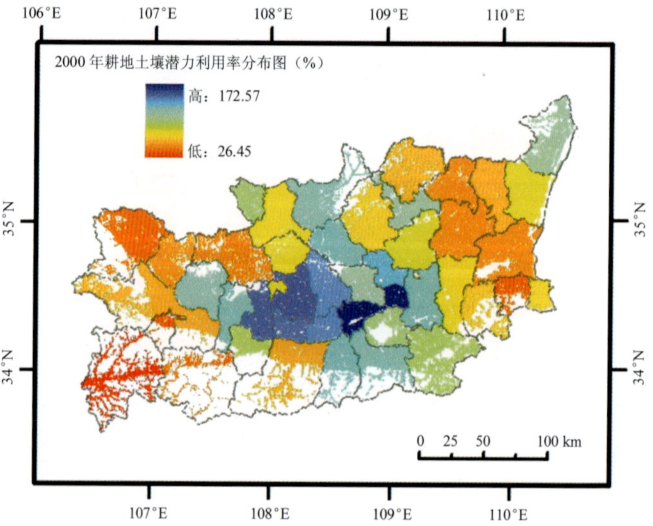
2000年耕地土壤潜力利用率分布图（%）
高：172.57
低：26.45
106°E
107°E
108°E
109°E
110°E
35°N
34°N
0 25 50 100 km

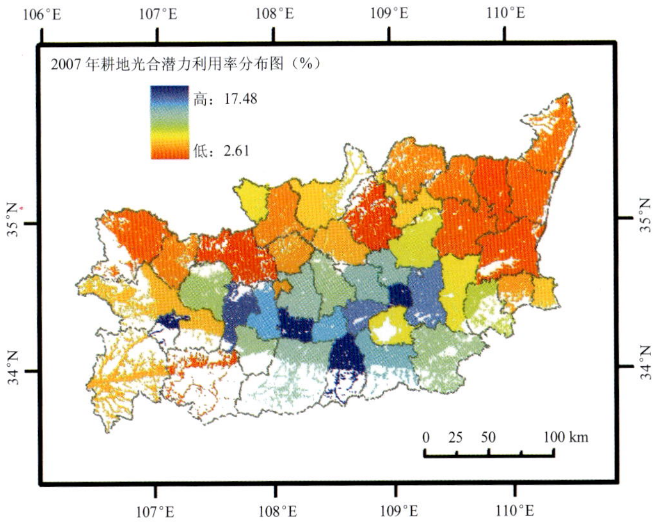
106°E
107°E
108°E
109°E
110°E
2007 年耕地光合潜力利用率分布图（%）
高：17.48
低：2.61
35°N
34°N
0 25 50 100 km

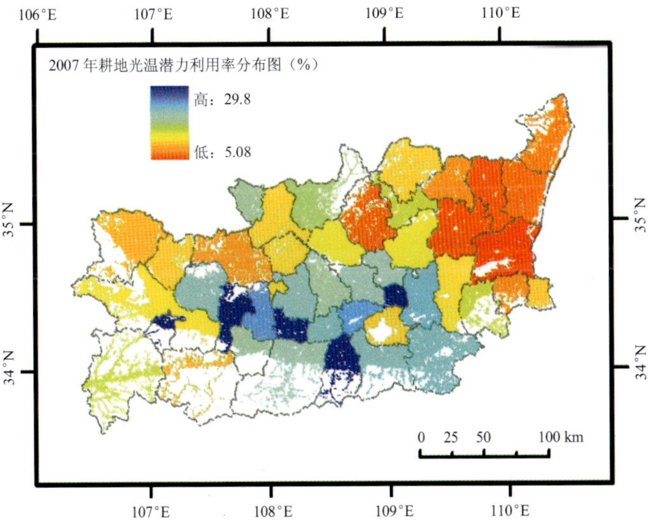
106°E
107°E
108°E
109°E
110°E
2007 年耕地光温潜力利用率分布图（%）
高：29.8
低：5.08
35°N
34°N
0 25 50 100 km

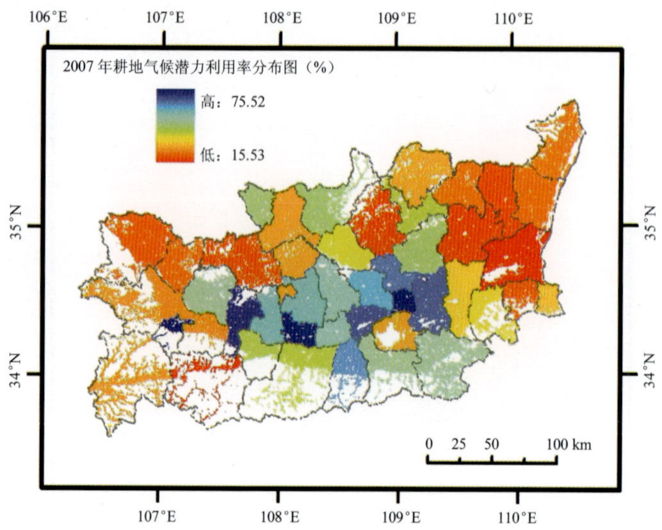

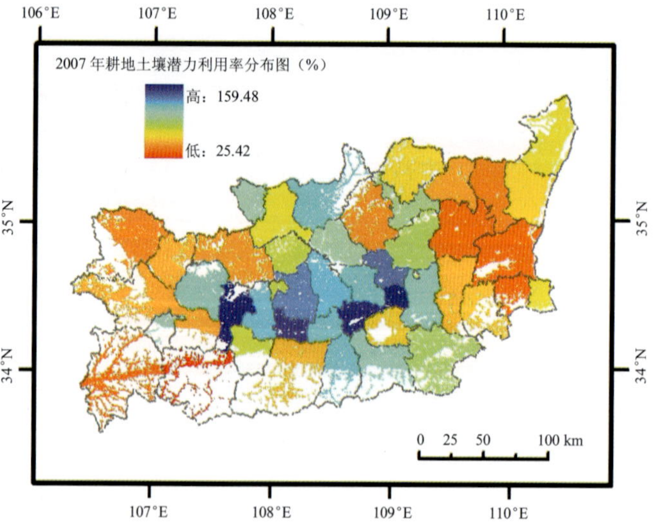

彩图 4-4 关中地区耕地生产潜力利用率分布图

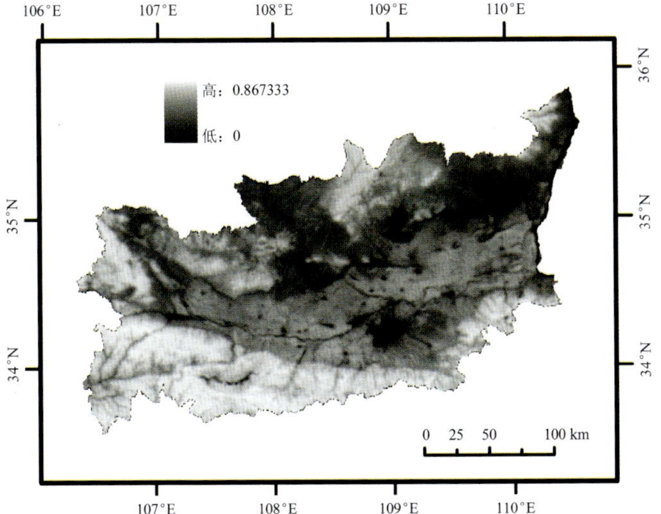

（a）关中地区 1986—2007 年年度 NDVI 平均值分布图

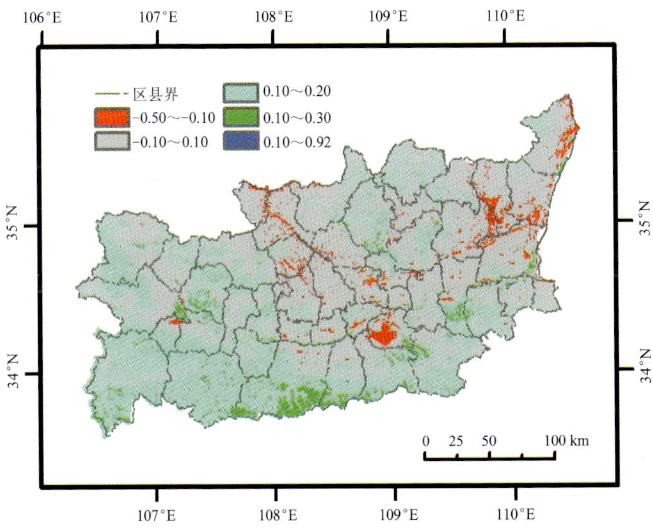

（b）关中地区 1986—2000 年年度 NDVI 变化图谱

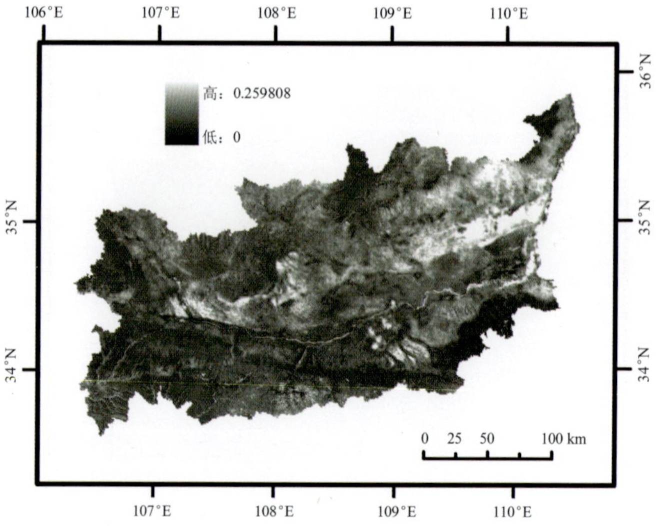

（c）关中地区 1986—2007 年年度 NDVI 标准差分布图

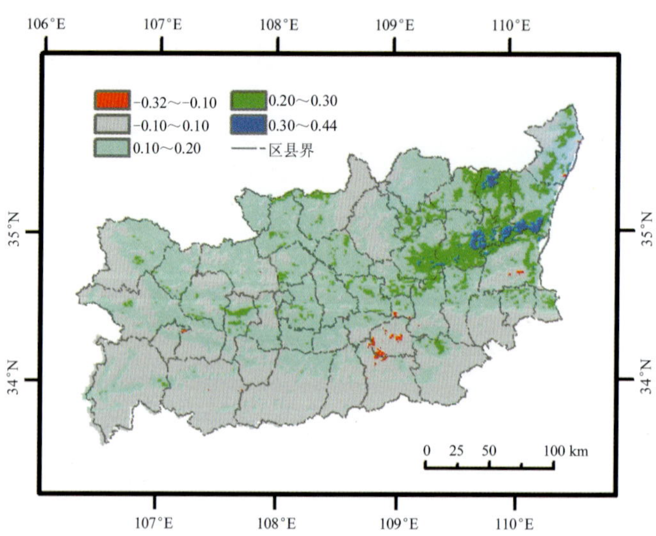

（d）关中地区 2000—2007 年年度 NDVI 变化图谱

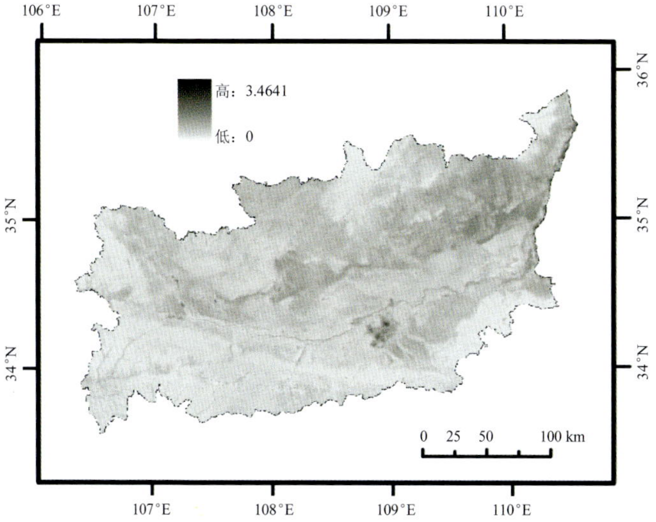

（e）关中地区 1986—2007 年年度 NDVI 变异系数分布图

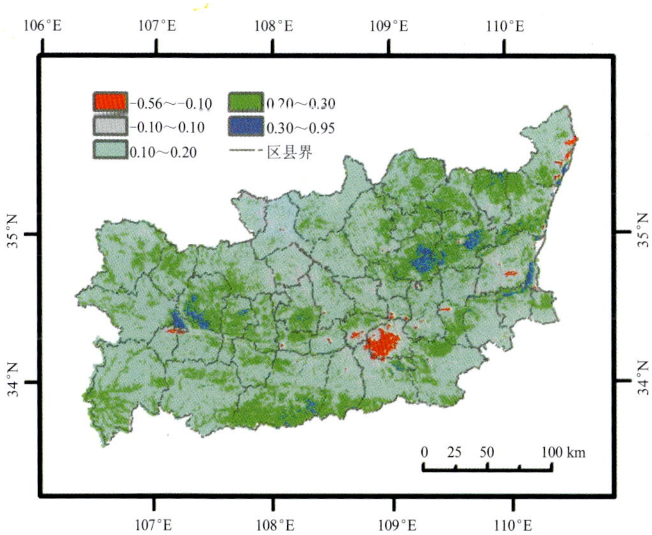

（f）关中地区 1986—2007 年年度 NDVI 变化图谱

彩图 5-1　关中地区 1986—2007 年年度 NDVI 分布及变化图谱

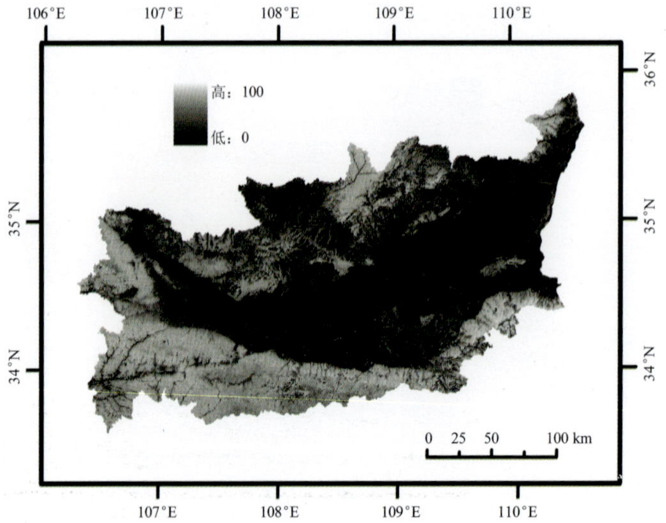

（a）关中地区 1986 年林草覆盖率分布图　单位：%

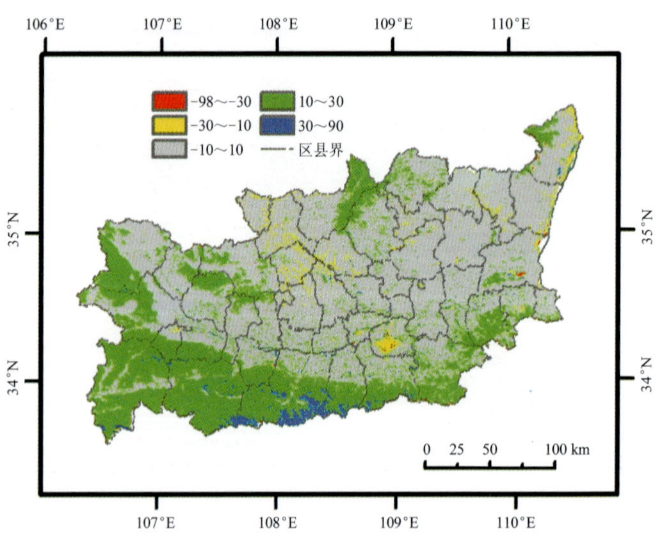

（b）关中地区 1986—2000 年林草覆盖率变化图谱　单位：%

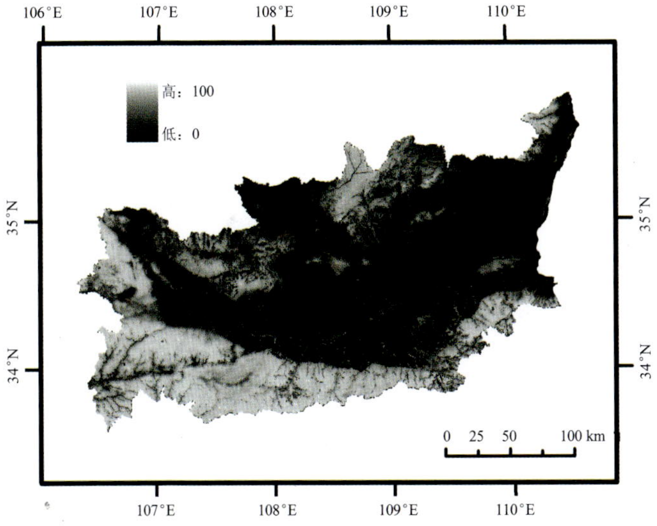

（c）关中地区 2000 年林草覆盖率　单位：%

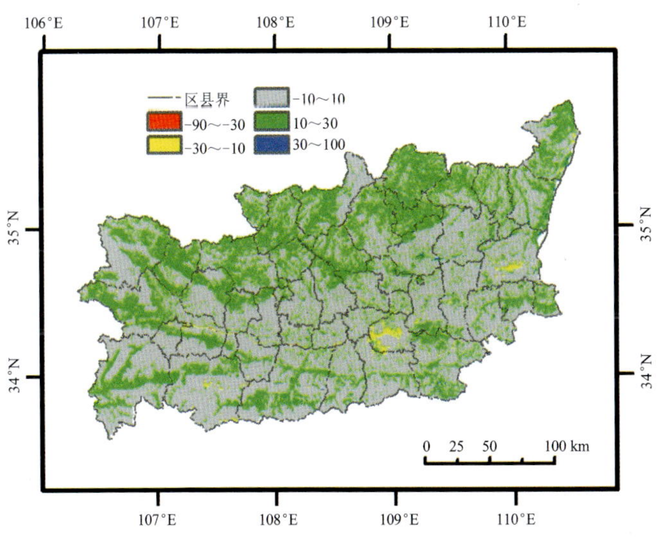

（d）关中地区 2000—2007 年林草覆盖率变化图谱　单位：%

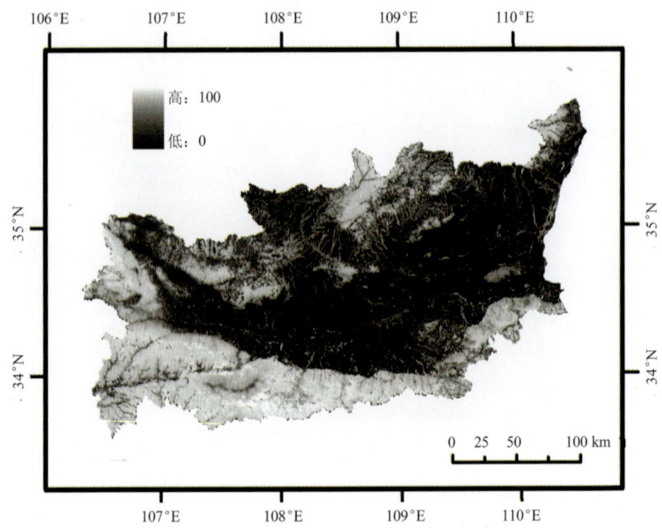

（e）关中地区 2007 年林草覆盖率　单位：%

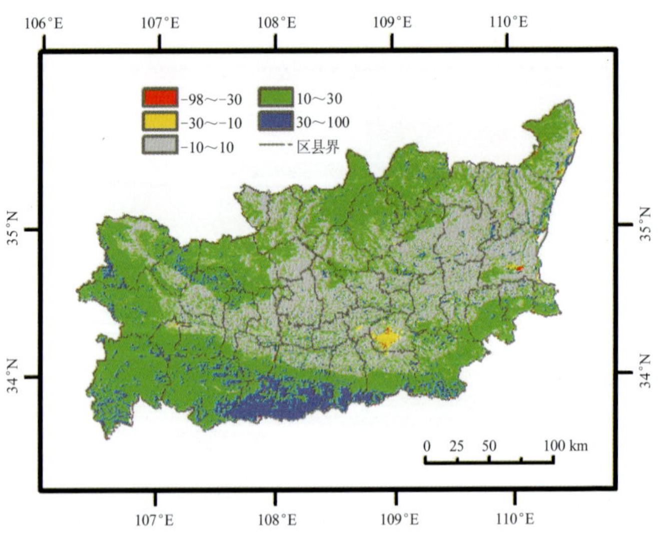

（f）关中地区 1986—2007 年林草覆盖率变化图谱　单位：%

彩图 5-2　关中地区 1986—2007 年林草覆盖率分布及其变化图谱

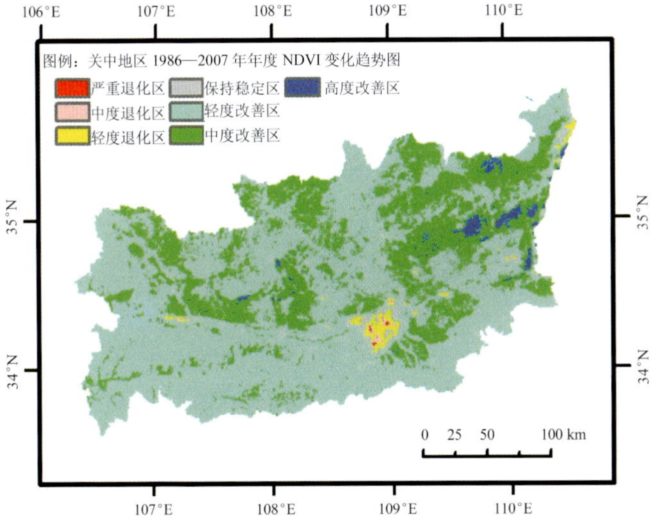

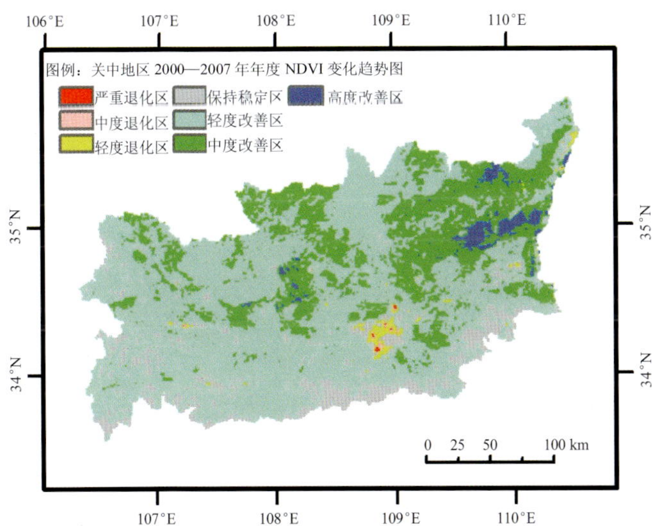

彩图 5-3　关中地区年度 NDVI 变化趋势图

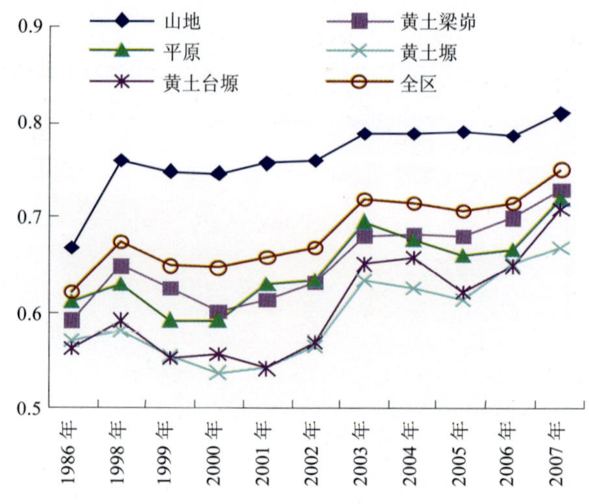

（a）各地貌单元

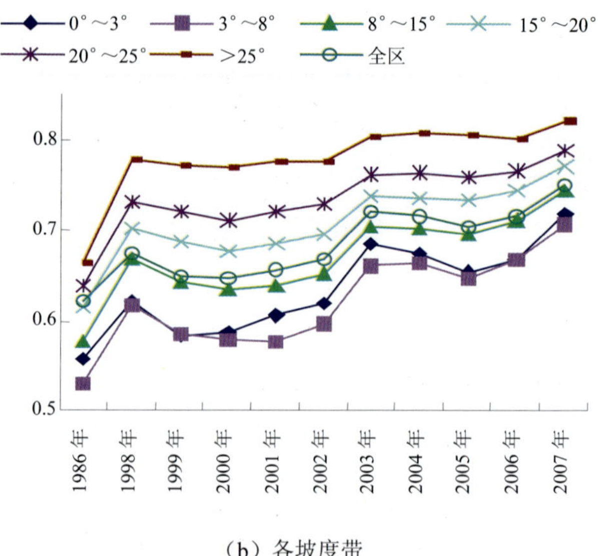

（b）各坡度带

彩图 5-4　关中地区各地貌单元及各坡度带年度 NDVI 变化图

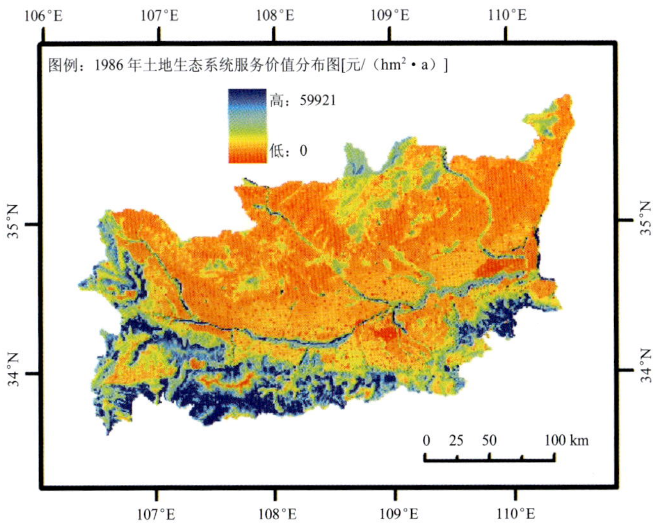
106°E
107°E
108°E
109°E
110°E
图例：1986 年土地生态系统服务价值分布图[元/（hm²·a）]
高：59921
低：0
35°N
34°N
0 25 50 100 km

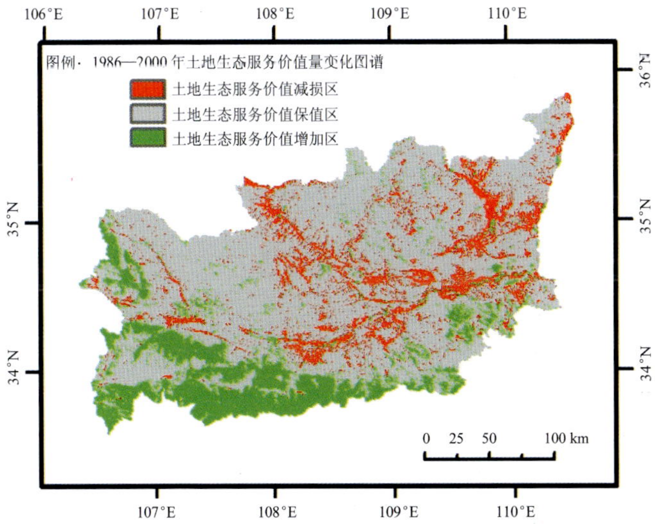
106°E
107°E
108°E
109°E
110°E
图例：1986—2000 年土地生态服务价值量变化图谱
土地生态服务价值减损区
土地生态服务价值保值区
土地生态服务价值增加区
36°N
35°N
34°N
0 25 50 100 km

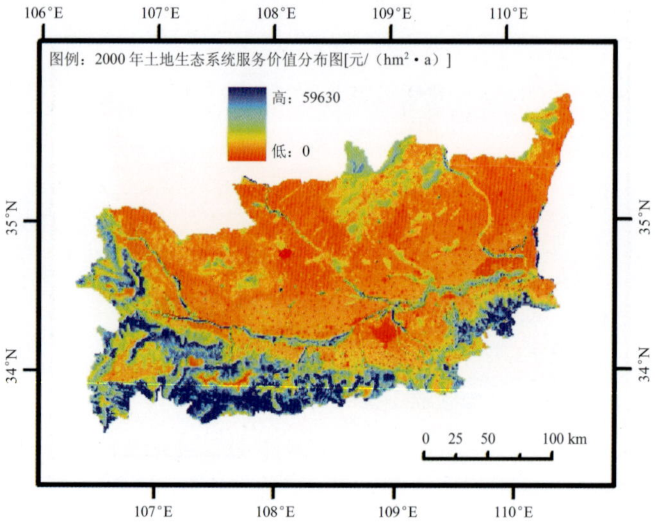

106°E
107°E
108°E
109°E
110°E
图例：2000 年土地生态系统服务价值分布图[元/（hm²·a）]
高：59630
低：0
35°N
34°N
0 25 50 100 km

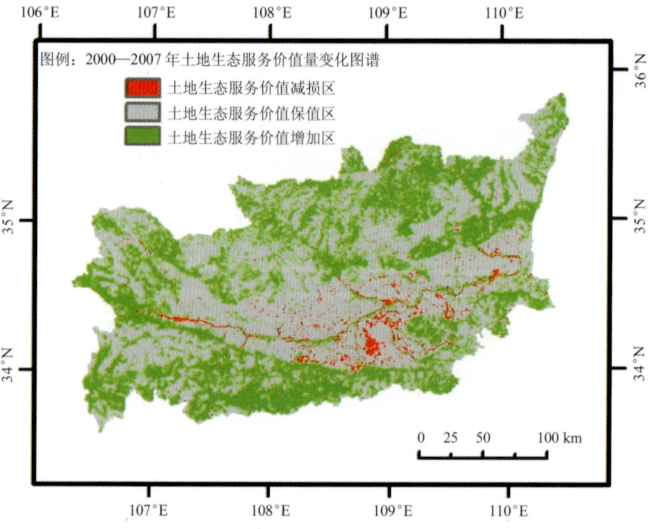

106°E
107°E
108°E
109°E
110°E
图例：2000—2007 年土地生态服务价值量变化图谱
土地生态服务价值减损区
土地生态服务价值保值区
土地生态服务价值增加区
36°N
35°N
34°N
0 25 50 100 km

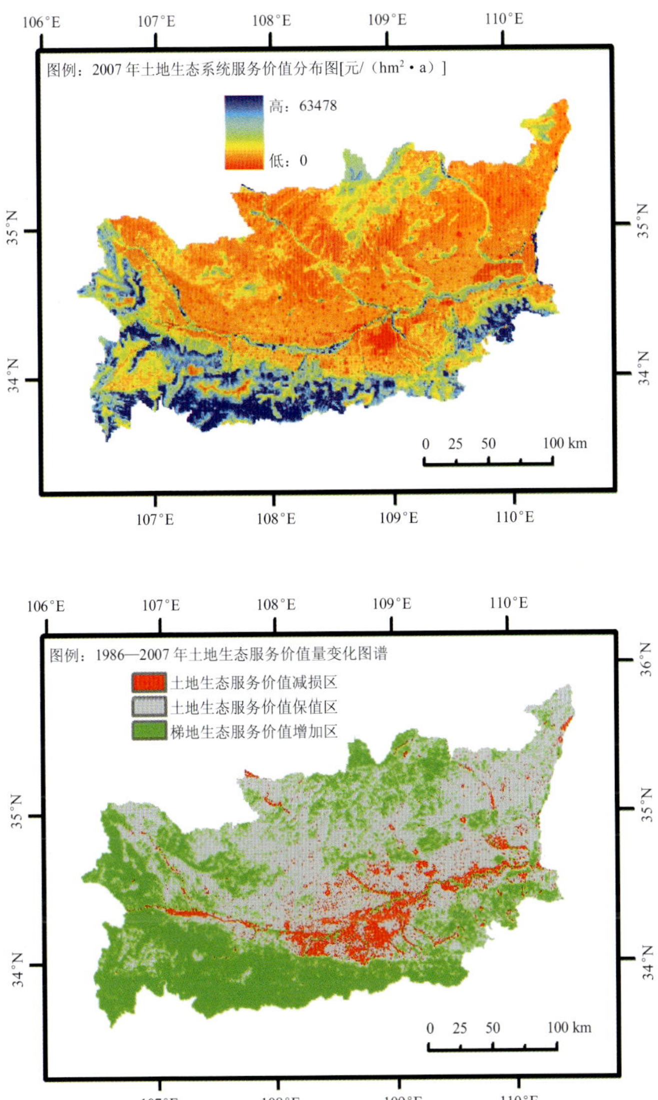

彩图 6-1 关中地区 1986—2007 年土地生态系统服务价值分布变化图谱

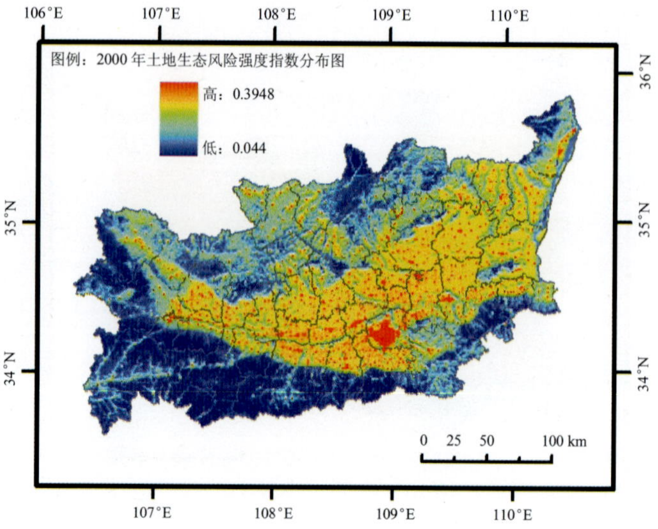

图例：2000 年土地生态风险强度指数分布图
高：0.3948
低：0.044
0 25 50 100 km
106°E
107°E
108°E
109°E
110°E
36°N
35°N
34°N

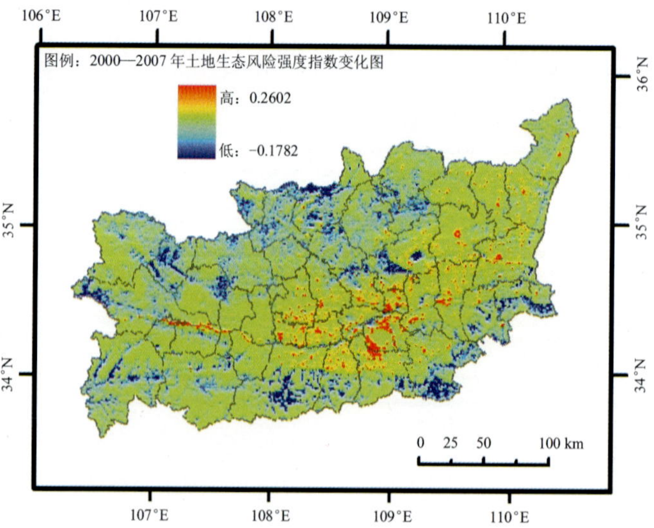

图例：2000—2007 年土地生态风险强度指数变化图
高：0.2602
低：-0.1782
0 25 50 100 km
106°E
107°E
108°E
109°E
110°E
36°N
35°N
34°N

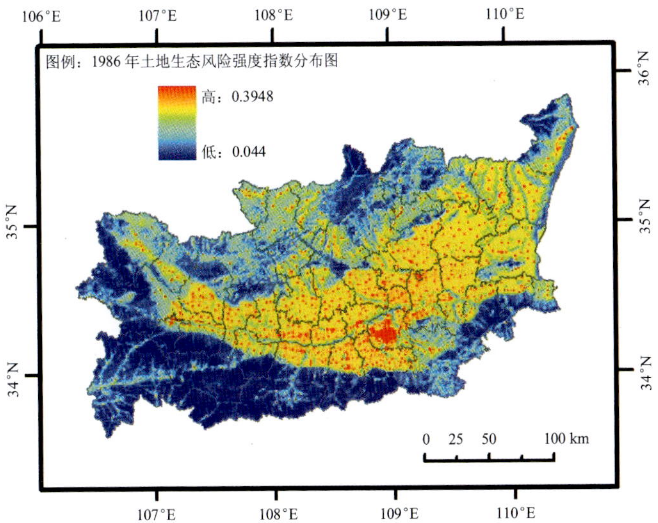
106°E
107°E
108°E
109°E
110°E
图例：1986 年土地生态风险强度指数分布图
高：0.3948
低：0.044
36°N
35°N
34°N
0 25 50 100 km

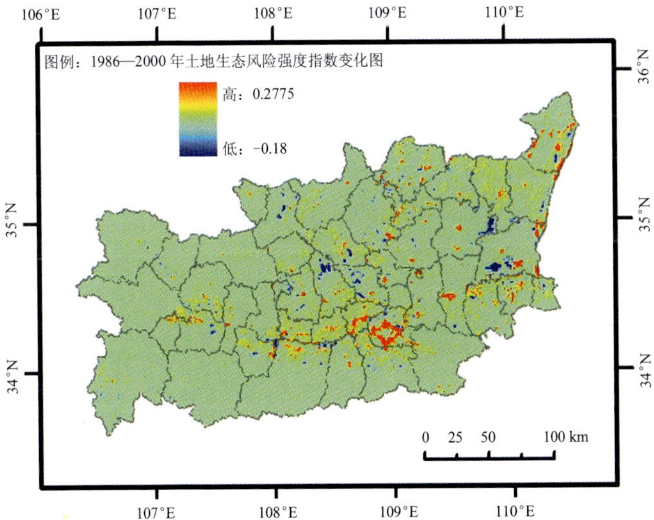
106°E
107°E
108°E
109°E
110°E
图例：1986—2000 年土地生态风险强度指数变化图
高：0.2775
低：-0.18
36°N
35°N
34°N
0 25 50 100 km

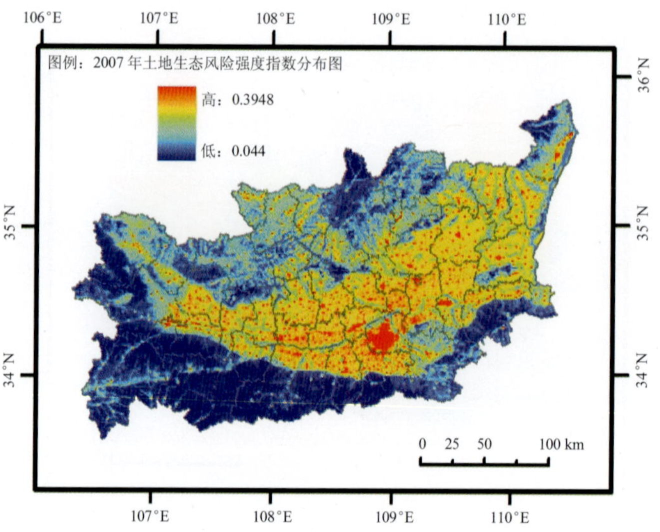

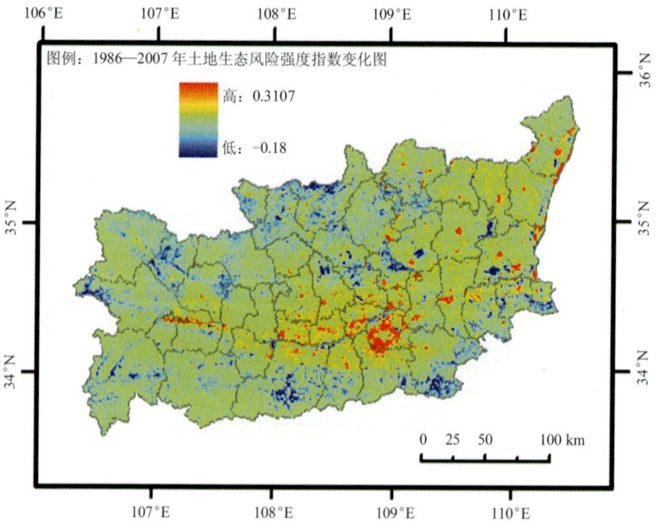

图 7-1 关中地区 1986—2007 年土地生态风险强度指数分布及变化图

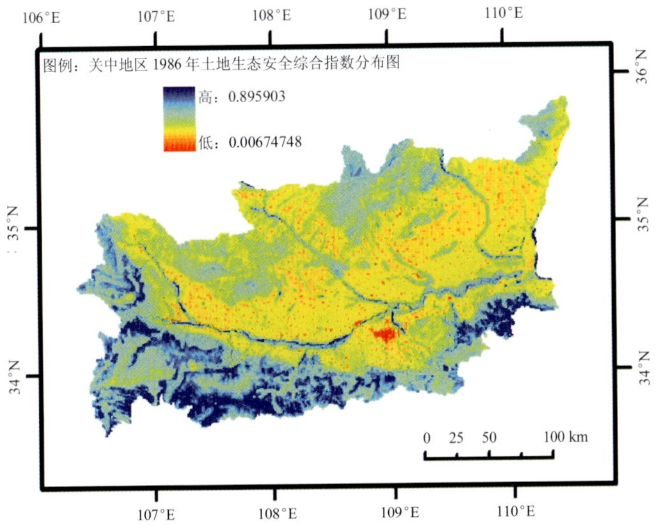
106°E
107°E
108°E
109°E
110°E
图例：关中地区 1986 年土地生态安全综合指数分布图
高：0.895903
低：0.00674748
36°N
35°N
34°N
0 25 50 100 km

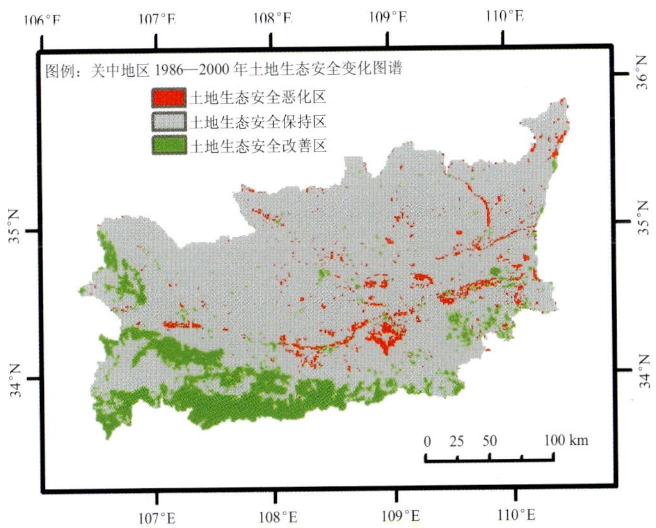
106°E
107°E
108°E
109°E
110°E
图例：关中地区 1986—2000 年土地生态安全变化图谱
土地生态安全恶化区
土地生态安全保持区
土地生态安全改善区
36°N
35°N
34°N
0 25 50 100 km

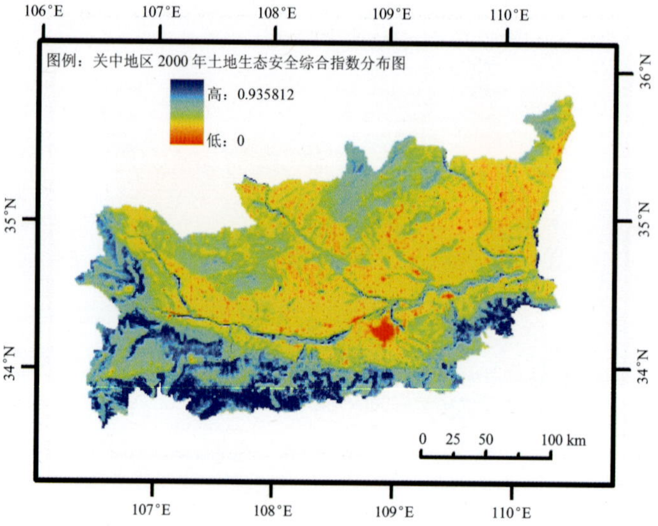
106°E
107°E
108°E
109°E
110°E
图例：关中地区 2000 年土地生态安全综合指数分布图
高：0.935812
低：0
36°N
35°N
34°N
0 25 50 100 km

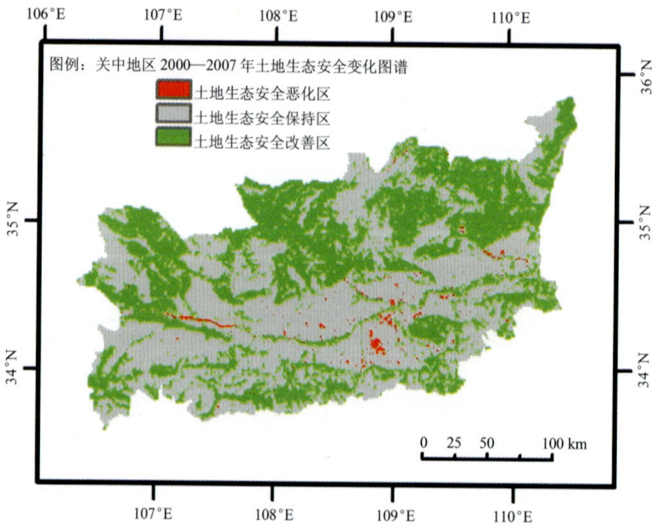
106°E
107°E
108°E
109°E
110°E
图例：关中地区 2000—2007 年土地生态安全变化图谱
土地生态安全恶化区
土地生态安全保持区
土地生态安全改善区
36°N
35°N
34°N
0 25 50 100 km

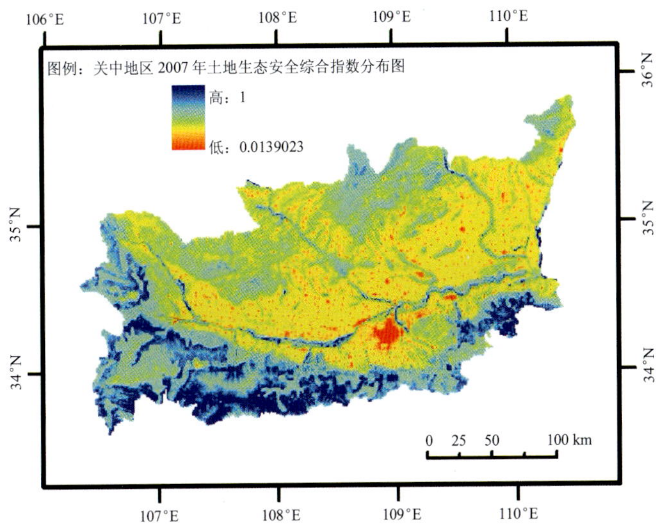

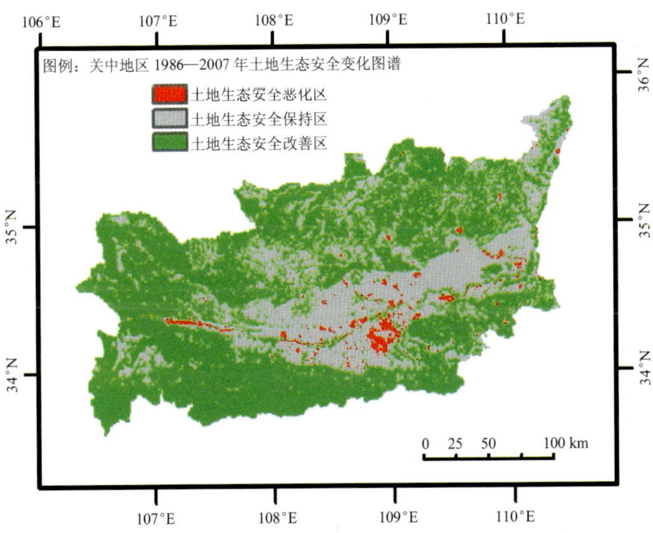

彩图 8-1　关中地区 1986—2007 年土地生态安全综合指数分布及变化图谱